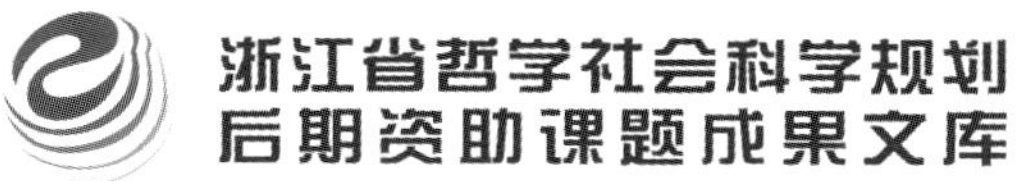

边沁的惩罚思想研究

宁利昂　著

中国社会科学出版社

图书在版编目(CIP)数据

边沁的惩罚思想研究/宁利昂著.—北京：中国社会科学出版社，2021.1
(浙江省哲学社会科学规划后期资助课题成果文库)
ISBN 978-7-5203-7749-2

Ⅰ.①边… Ⅱ.①宁… Ⅲ.①边沁（Bentham，Jeremy 1748-1832）—刑罚—思想评论 Ⅳ.①B561.41②D914.104

中国版本图书馆 CIP 数据核字(2021)第 016298 号

出 版 人 赵剑英
责任编辑 宫京蕾
责任校对 秦 婵
责任印制 李寡寡

出 版 中国社会科学出版社
社 址 北京鼓楼西大街甲 158 号
邮 编 100720
网 址 http：//www.csspw.cn
发 行 部 010-84083685
门 市 部 010-84029450
经 销 新华书店及其他书店

印刷装订 北京君升印刷有限公司
版 次 2021 年 1 月第 1 版
印 次 2021 年 1 月第 1 次印刷

开 本 710×1000 1/16
印 张 13.25
插 页 2
字 数 220 千字
定 价 78.00 元

凡购买中国社会科学出版社图书，如有质量问题请与本社营销中心联系调换
电话：010-84083683

谨以此书

献给关心、帮助、宽容我的

老师、朋友和家人

前　言

杰里米·边沁（1748—1832）是功利主义惩罚观的集大成者。他的惩罚思想，在当时的西方产生了广泛而深远的影响，并形成了与报应惩罚观的世代对垒而一直延续至今。西方学者对于边沁的惩罚思想展开了诸多富有成效的研究，而在我国，学者们对该领域的涉足主要是 20 世纪 80 年代以后。总体来说，国内对于边沁惩罚思想的探讨尚处在起步阶段，实有进一步深入研究的必要。

本书分为八章。第一章梳理了边沁功利思想的源流。在伊壁鸠鲁以来若干重要人物的启发下，边沁构建起了包括苦乐学说、功利原则及道德计算在内的功利主义学说。在边沁之后，功利主义得到了发展并衍生出了新的类型。第二章介绍了边沁惩罚理论的根基。惩罚的定义、目的与价值，以及十三条惩罚与犯罪之间的比例规则和十二个惩罚的特性，被边沁作为了功利惩罚观的预设。尤其是惩罚的特性，因其联结了惩罚目的、比例规则与具体的惩罚种类，实际上成为了边沁惩罚理论体系的枢纽。第三章考察了边沁对折磨性惩罚、限制性惩罚、劳作性惩罚以及死刑的分析。在死刑问题上，由于西方有关学者已经做出较为经典的解读，故本书从边沁用于分析惩罚的基本框架和他的关于惩罚效益的论证入手，意图在新的视角指出边沁相关学说的局限以及可能的出路。第四章关注了边沁对使之丧失名誉的惩罚、财产性惩罚、剥夺身份的惩罚以及使之丧失法律保护的惩罚的分析。该类惩罚与前面的身体刑一道，构成了边沁所说的简单的惩罚类型。其中，边沁明确表达了对前两种惩罚的偏好。第五章展示了边沁对复合型惩罚的分析。在此，英国式惩罚的时空特色得以凸显。边沁主要以不确定性和不稳定性为依据，对该类惩罚进行了批判。第六章阐释了边沁的惩罚发动思想。不宜于惩罚的情形和“坐错了地方”的惩罚分别叙述了不适合发动惩罚的情形。就惩罚无辜者的问题而言，通过分析可知边沁对于该种取向持有否定的态度；然而，通过对边沁学说真正逻辑的理解，会发现功利主义惩罚观的确无法决然排除惩罚无辜者的情形。第七章论述了边沁的惩罚执行思想。俄国之旅给边沁带来了关于全景监狱的灵感，相关的建筑结构和制度设计无不浸透了功利性惩罚的哲思。边沁的计划虽然遭遇了现实性挫败，也不能破解监狱改革的悖论，但导致了福柯权力学说的问世，并在一个积极的意义上，促使人们将反思的目光从监狱本身转移到了监狱之外。第八章探讨了边沁惩罚思想的定位。边沁学说中关于刑法与民法关系的处理，表明其认同刑法的保障法属性，惩罚应相应保持克制。边沁对实体法与程序法关系的处理，则意味着功利主义惩罚的全流程实现，有赖于惩罚理论与司法裁判学说的结合。边沁的惩罚思想在西方学术界取得了巨大成功，对我国学术发展也产生了重要影响，具有世界意义。

目　　录

第一章

边沁功利思想的源流

杰里米·边沁（Jeremy Bentham，1748—1832），以功利主义大师的身份闻名于世。关于边沁的功利主义学说，古往今来有太多的叙说与纷争：就偏重而言，存在起源追溯、内容阐释、类型分析等方面的不同；以视角来看，既有专注于伦理基础的探索，又有从政治、法律、经济等特定领域出发的引介或审视，以及其他。这些因边沁之“原生性”学说而形成的“衍生性”研究，在某种程度上衬托出了边沁思想的迷人魅力。同时，这些解读体现出来的繁杂，也使得有必要对边沁的功利主义学说沿着“源”与“流”的条线予以梳理。本章正属于朝着这个方向的努力。但应看到，研究思想的通常困难，在于要来回往复于“走近”的向度与“走进”的限度之间，因而，在此力图达到也至多只能做到对边沁功利主义学说的一个“素描”①。

第一节　源起

边沁功利主义学说的源头，一般认为要追溯到古希腊时期的伊壁鸠鲁。美国学者诺尔曼·李莱佳德也指出，边沁是纯粹的伊壁鸠鲁派，其基本观点来源于后者是清楚而明显的。② 那么，伊壁鸠鲁的何种思想造成了对后世的影响，需要对其内容有一个大概的了解。同时，边沁所处时代或稍早一些的思想大家，以休谟、爱尔维修、贝卡里亚等人为主要代表，各自并非相同却存有交集的领悟与洞见，对边沁的思想产生了较为直接的激励；而作为英国法律传统卫道士的布莱克斯通，在边沁心中播种下的疑问

---

① “素描”，即用线条刻画而不着颜色，意味着本章的简明取向。

② ［美］诺尔曼·李莱佳德：《伊壁鸠鲁》，王利译，中华书局2005年版，第105—109页。

与不满，则加速了其与传统的分道扬镳。由此，也需要对这些关键人物思想的相关方面予以一番点睛式（但非全面）的研读。

一 伊壁鸠鲁

伊壁鸠鲁（Epicurus，公元前342或341—前270或271）生活在遥远的过去，对于这么一位人物，期待找到其曾经完成的所有作品，是一件不可能的事情。所幸的是，在对其书信、格言集等残片的留存与整理，以及对其学派追随者文本的解读中，至少可以窥见到伊壁鸠鲁思想的部分精髓。[①]

关于快乐和痛苦。在《致梅瑙凯信（伦理学纲要）》中，伊壁鸠鲁言及，“……快乐是幸福生活的开端和目的，因为我们认为快乐是首要的好，以及天生的好。我们的一切追求和规避都开始于快乐，又回到快乐，因为我们凭借感受判断所有的好”[②]。在此，至少可见两点：一为快乐主义，这被后世公认为伊壁鸠鲁在伦理思考中的主要见地；二为作为判断快乐的感受，这涉及了散落在伊壁鸠鲁思想中而不时涌现出的经验主义认识论。但是，伊壁鸠鲁的快乐观并非完全是正向或积极的。在这封信靠前一点的位置，他谈道，“……正确无误的思考会把一切选择和规避都引向身体的健康和灵魂的无烦恼，既然这是幸福生活的终极目的。我们做的其他一切事情，都是为了这个目的：免除身体的痛苦和灵魂的烦恼”[③]。这就揭示出了一个联结，即追求快乐与对痛苦和烦恼的规避或免除，因而说其注意到了负面或消极的意义也是容易理解的。实际上，对于某些快乐与痛苦呈现出互为因果的纠结关系，伊壁鸠鲁有非常清醒的认识，这明显地体现在其主张“不选择所有的快乐”而要“放弃”带来更多痛苦的“许许多多的快乐”之中。同时，作为对同时代人的抨击的回应，他指出，“当我们说快乐是目的的时候，我们说的不是那些花费无度或沉溺于感官享乐的人的快乐”[④]。这一反驳，还原了伊氏“快乐”的真实面目，使之从庸

① 罗国杰、宋希仁主编：《西方伦理思想史（上卷）》，中国人民大学出版社1985年版，第231—232页。

② ［古希腊］伊壁鸠鲁、［古罗马］卢克来修：《自然与快乐：伊壁鸠鲁的哲学》，包利民、刘玉鹏、王玮玮译，中国社会科学出版社2004年版，第32页。

③ 同上书，第32页。

④ 同上书，第33页。

俗、肤浅之享受的误解中解脱出来。

关于感受与理性。如前所述，伊壁鸠鲁在把对快乐的追寻作为伦理首要之事时，就已经告诉我们经验性感受的重要性，而这在伊氏的自然天文哲思中也有类似的体现。在《致希罗多德信（论自然纲要）》中，伊壁鸠鲁强调，研究、解决问题与意见要找“标准”，要“遵循感觉”，要“遵循直接的‘苦乐’感受”。[①] 在《致皮索克勒信（天文学纲要）》中，他又说，“我们从经验中的明白现象推断天上的事情……我们要注意每一种感觉到的现象，同时要区分开与之伴随的现象”[②]。可以说，伊壁鸠鲁的所谓“感受”，几乎贯穿了其在自然、天文及伦理领域的思想建构。但是，感受本身，并没有直接回答如何做到对快乐的追寻与对痛苦的规避的问题。对此，伊壁鸠鲁借用了“理性”。他宣称，“快乐……是运用清醒的理性研究和发现所有选择和规避的原因，把导致灵魂最大恐惧的观念驱赶出去”[③]。换言之，理性构成了对苦乐权衡的指导并得以促成实践中的行动。然而，可以看出，“理性”在伊壁鸠鲁这里并不具有本身的最高意义，而是充当了工具的角色。同时，尽管“感受”本身无以单独应对趋乐避苦的问题，但构成了对“理性”之审慎选择的前提性条件。“理性只是一种派生物，若没有感觉它就不能提供可靠的知识。”[④] 由此来看，在伊壁鸠鲁的思想中，感受还是占据了更为重要的位置，而理性则止步于对其工具的定位。在那个充溢神秘的特别年代，伊壁鸠鲁将认识诉诸经验性感受的努力，无疑是另辟蹊径的做法。

对伊氏快乐主义思想的回顾，是在有限文本下得到的若干碎片式论断（尽管可能是最终的）。可以看出，这种快乐学说有其内部构造，以至于在当时形成了与斯多葛学派的竞争。在边沁身上，是可以看到伊壁鸠鲁思想的痕迹的，但两者之间存有巨大的鸿沟也是明显的。美国学者诺尔曼·李莱佳德认为，边沁与伊壁鸠鲁在人们对共同体的幸福是否有兴趣这点上发生了分歧，前者的态度是肯定的，而后者却似乎不这么认为。这在各自的不同形象中可以得到一个验证，亦即面向公众的“立法者”与平静归

---

① ［古希腊］伊壁鸠鲁、［古罗马］卢克来修：《自然与快乐：伊壁鸠鲁的哲学》，包利民、刘玉鹏、王玮玮译，中国社会科学出版社2004年版，第4页。

② 同上书，第21页。

③ 同上书，第33页。

④ 同上书，第234页。

隐的“菜园哲人”之间的反差。[①] 但是，更为重要也非常鲜明的，则是边沁以苦乐为基本假设，通过功利原则的详细阐发，进而形成了诸多分支性应用，建构起了功利主义思想的大厦，使得在伊壁鸠鲁这里简略与粗疏的学说走向了系统化、精致化，这才真正将两者完全区别开来。

二 其他若干重要人物的影响

在边沁生活的时代，欧洲已经历经了文艺复兴的初步解放，并正在接受启蒙运动的进一步洗涤。社会生活的巨变，造就了思维领域活跃非凡的景象，为边沁思想的成长提供了充足的养料，也为其在辨识的道路上走得更远创造了可能。

（一）大卫·休谟就道德与功利关系的阐释

大卫·休谟（David Hume，1711—1776）作为苏格兰启蒙运动与经验主义的代表人物，影响力是十分重大的。在认识论上，休谟贯彻了彻底的经验主义。他在《人性论》中对知觉的二分，即印象和观念，以及对经验之外任何存在的怀疑态度，划分了可知与不可知的界限。[②] 在学术上，被认为解决了自洛克、贝克莱以来西方经验论发展史上关于认知来源的模糊性问题。[③] 他在观念间联系上，所谈到的类似、时空接近与因果关系，既是对其经验主义内涵解释的深化，也促进了当时西方联想心理主义的发展。[④] 这些，都共同指向了休谟对作为主体的人的重点思考。

在《人性论》第三卷中，休谟的讨论集中到了德与恶，从中牵出了作为区别之物的道德感，并具体到“德和恶是被我们单纯地观察和思维任何行为、情绪或品格时所引起的快乐和痛苦所区别的”[⑤]。后世对休谟作为功利主义者的认识，大体来自于其论说涉及了苦乐这么一个事实。而在《道德原则研究》中，休谟表现出同化传统道德与功利观念的明显取向。他讲道，“社会性的德性的公共效用是它们尤以派生出它们的价值的主要

---

① ［美］诺尔曼·李莱佳德：《伊壁鸠鲁》，王利译，中华书局2005年版，第107页。

② ［英］休谟：《人性论》，关文运译、郑之骧校，商务印书馆1980年版，第16—17页、第83页。

③ 尹景旺：《休谟对洛克观念论的批判及其政治意蕴》，《哲学研究》2010年第12期；赵敦华：《休谟的经验论真的摆脱了矛盾吗?》，《河北学刊》2004年第1期。

④ ［英］休谟：《人性论》，关文运译、郑之骧校，商务印书馆1980年版，第22页。

⑤ 同上书，第515—516页。

因素……所趋向于促进的目的必定是某种令我们感到愉快的方式……必定或者出于对自我利益的考虑，或者出于更慷慨的动机和考虑而使人快乐"[①]。依此逻辑，休谟展开了对自己有用、直接令自己愉快及直接令他人愉快等品质的分析，将自古以来西方传统中对相关品质的内在善的设定引向对其外在善的关注，这就形成了一种所谓"德性效用"观。[②] 连同休谟在《人性论》第二卷中关于情感的详细展示，使人不免产生一种疑问，即休谟思想中是否也涵括了情感主义以及道义论的内容。[③] 对此，我国有学者认为，休谟的道德理论本质上是属于自爱主义和功利主义的。[④] 可见，对于休谟思想中显露的诸多面向，以及是否有遭致相互抵牾之困境的可能，仍待进一步厘清。

休谟的思想，对边沁是有所启迪的。边沁曾认为，是休谟关于功用的阐述提醒了他，从而激发他对"美德"事业的献身。后来，边沁又转而认为休谟的相关学说是模糊而有缺陷的。[⑤] 对于边沁前后态度的迥异，从其学说立论上可以找到一些解释，因为边沁在《道德与立法原理导论》中，明确倡导功利原理，而将同情与厌恶原理（涵括了休谟的"道德感"）作为了反例予以说明。[⑥] 如从上述争议中为休谟辩护的观点来看，也许边沁确实存在对休谟思想的某种误读，进而在其理论建构中将后者当作了一个靶子；又或者边沁也好，休谟也罢，都可纳入功利主义这个大的范畴，而两者的区别不过是不同理路的展示而已。但是，可以肯定的是，在传统道德与功利论上表现出来的"休谟式"兼容，无疑成为了边沁思想灵感的扬弃之源。

（二）克劳德·阿德里安·爱尔维修对个人利益与社会利益的协调

边沁认为，克劳德·阿德里安·爱尔维修（Claude Adrien Helvétius,

---

① ［英］休谟：《道德原则研究》，曾晓平译，商务印书馆 2001 年版，第 65 页。

② 萨·巴特尔：《论休谟的德性效用价值论》，《北京师范大学学报（社会科学版）》2008 年第 6 期。

③ 张钦：《休谟伦理思想研究》，博士学位论文，湖南师范大学，2005 年，第 76—96 页；罗伟玲：《休谟道德哲学的道义论倾向》，《山东师范大学学报（人文社会科学版）》2011 年第 3 期。

④ 陈晓平：《功利与情感之间——评休谟的道德哲学》，《哲学研究》2003 年第 2 期。

⑤ ［英］菲利普·斯科菲尔德：《邪恶利益与民主——边沁的功用主义政治宪法思想》，翟小波译，法律出版社 2010 年版，第 4—5 页。

⑥ ［英］边沁：《道德与立法原理导论》，时殷弘译，商务印书馆 2000 年版，第 73—74 页。

1715—1771）建立起了幸福与快乐和痛苦的联系，最先在道德和立法事务上，将功用原则确立为正确和错误的唯一且普遍的标准。[①] 边沁的积极评价，让我们对爱尔维修的卓越见识产生了兴趣。爱尔维修思想的成熟，大约在18世纪中期左右，当时的法国正处在革命前夕，风云际会，思潮涌动。对唯灵主义的批判与对唯物主义感觉论基本原理的运用，使得爱尔维修意欲创立的新伦理学遭受到以不同意识形态为支撑的多个方面的攻击，这也为其作为资产阶级革命思想武器的说法提供了市场。[②] 如不考虑政治革命相关的因素，在爱尔维修的学说中，确实展现出了如边沁评价的特质。作为爱尔维修代表作的《精神论》，字里行间完全浸透了他对自爱与利益的深刻洞悉：小到个人的生活事务，中到人与人之间的尊重、友谊等，大到民族和国家关系的处理，事无巨细皆源于此种考虑。他认为，"……痛苦和快乐就是道德世界底唯一动力，而自爱底感情乃是能够筑下一个有益的道德底之唯一的基础"[③]。这与其感觉观是一脉相承的，正因为人有了感性，才使得了解苦和乐以及追求自身的利益成为可能，用其原话来说，就是"物理的感受性在我们心中发生快乐底爱慕和痛苦底仇恨"[④]。而就自私心或自利心而言，爱尔维修确立了其在源头上的中立性，即并非必然导向某种事先确定之物，而是"快乐和痛苦……把那自爱底根芽栽下……发出我们底一切恶行及一切德行"[⑤]。

对个人利益的强调，并未引导爱尔维修走向对社会利益的排斥，尽管他承认，"众人乃只是一切个人底集合。他们只有以自己底利益作为判断地准绳"[⑥]。因为，爱尔维修将为着大众利益的行为视为"合法"的乃至"有德"的。[⑦] 这就使得，如何把个人利益与社会或一般利益联系起来，成为爱尔维修意欲坚持其观点所必须回答的问题。在此，爱尔维修借助了

---

① ［英］菲利普·斯科菲尔德：《邪恶利益与民主——边沁的功用主义政治宪法思想》，翟小波译，法律出版社2010年版，第5—6页。

② ［苏联］赫·恩·蒙让：《爱尔维修的哲学》，涂纪亮译，商务印书馆1962年版，第340—358页、第395—423页。

③ ［法］爱尔维修：《精神论》，杨伯恺译，辛垦书店1933年版，第129页。

④ 同上书，第131页。

⑤ 同上。

⑥ 同上书，第65页。

⑦ 同上书，第76—77页。

政治和立法。他认为，“政治与立法所讨论的对象，是人民之伟大和世俗的福利”①。其进而指出，“……把所有的法律建立于一个单纯的原则之上，就如公众利益这个原则，这即是说，服从同一政府形式的最大多数人底利益”②。当然，爱尔维修意识到了时空差异会影响对利益认识的判断，因而立法者要根据时间和环境做出改变；③ 同时，立法者也要学会合理地运用报酬与荣誉。④ 由此，制度实践的重要性被爱尔维修敏锐地发觉到，并进而成为协调个人利益与社会利益的中介。对于爱尔维修的这种论断，只能认为其是一种应然性肯定，因为就是其本人也不时地会发出因为各种因素而可能难以做到的感慨。另一不那么显眼却可归为爱尔维修思想的闪光之处，即为其明确地认为道德应当关注政治、立法，“要想对于世界有益，哲学家应当以立法家静观事物的观点去考察事物”⑤。这种关于使命的赋予之说辞，不仅符合了爱尔维修学说对政治、立法的关注，更是成为了后世追随者的伟大目标和行动指南，而边沁无疑属于众多努力者中典型的一个。

（三）切萨雷·贝卡里亚在刑事功利观上的展示

思想的长久性与广延性是难以捉摸却又十分神奇的。休谟与爱尔维修应该料想不到，他们的著作会给远在意大利的贝卡里亚（Cesare Beccaria，1738—1794）留下深刻印象，并成为后者思想的启发与劝引之物。⑥ 贝卡里亚成名于《论犯罪与刑罚》，后者将其推至了声誉的巅峰。从这本小册子的题名看出，贝卡里亚的视域是专一的，仅限于刑事相关领域。因此，将贝氏视为道德哲学或伦理学家的观点较少，而大多将其归为刑法学家。令人惊叹的，也就是在这个领域，贝卡里亚涉猎了从刑罚到犯罪、从实体到程序的诸多议题，被后世公认为发出了刑法近代化的先声。爱尔维修认识到了，好的政治、立法应当承担提升个人以及社会利益的重任，并且也予以了若干事例的说明，但仍然停留在指向性说明的层面。须知，无论政

---

① ［法］爱尔维修：《精神论》，杨伯恺译，辛垦书店 1933 年版，第 102 页。

② 同上书，第 110 页。

③ 同上书，第 102—110 页。

④ 同上书，第 189—194 页。

⑤ 同上书，第 104 页。

⑥ 1766 年贝卡里亚致莫雷莱的回信，参见［意］贝卡里亚《论犯罪与刑罚》，黄风译，中国大百科全书出版社 1993 年版，第 123—125 页。

治抑或立法，即便不考虑时空的差异，在各自名下也都应有进一步的分支性内容。而贝卡里亚，在刑事相关领域展开的论释，将法律制度对相关利益的实现予以了展析，延伸了伦理法则的触角而使之融通入世俗事务，既有继承又有剥离地成就了爱尔维修的一般教导向具体实践的“一跃”。

奠定贝卡里亚历史地位的刑法思想，主要表达出了较以往更易于理解的功利观。“最大多数人分享最大幸福”，这个作为冷静考察者的研究依据构成了贝卡里亚整个思想的灵魂，抑或论述的主线。从刑罚的起源开始，贝卡里亚就宣称惩罚的权力是人们让渡自由的集结，为的是获取剩下的并希冀相对付出而言更多的自由。① 他把刑罚的目的设定为“阻止罪犯再重新侵害公民，并规诫其他人不要重蹈覆辙”②。在当时，这是惊为天人的，古老的报应观统摄人们的思维时日太长，以至演变为一种惯习，而贝卡里亚预防犯罪观的提出，正式在学理上亦即精神的高端交流上打破了报应“常识”的垄断，引导人们在对刑罚的认识上开始朝着一种合理计算的方向前行。尽管在此之后，预防犯罪观在发展的过程中遇到了新的甚至近乎毁灭的挑战，但其积极的历史意义无法一概抹杀。贝卡里亚的才华，在刑罚的相称性、及时性、宽和与残酷等方面，在作为刑种的耻辱、驱逐和没收财产、死刑等方面，以及诸如法律明确性、严格执法、奖励美德、完善教育等方面，都相继得到了全面与充分的展示。③

掌握贝卡里亚思想的关键，如要以简练的话归纳出来，可以尝试以下这么一个表述：功利要在法律事务中得以实现，而预防犯罪恰好满足了这个要求。因为，“预防犯罪比惩罚犯罪更高明，这乃是一切优秀立法的主要目的……立法是一门艺术，它引导人们去享受最大限度的幸福，或者说最大限度地减少人们可能遭遇的不幸”④。贝卡里亚对刑事改革的巨大贡献，是应当肯定而不应质疑的。但也必须承认，就思想而言，比较边沁在刑事法研究上以及在政治、经济、语言等其他领域的探索，贝卡里亚无论在广度或深度上都有所欠缺。然而，贝卡里亚在边沁

---

① ［意］贝卡里亚：《论犯罪与刑罚（四十七章版）》，黄风译，中国方正出版社 2004 年版，第 7—9 页。

② 同上书，第 28 页。

③ 同上书，第 17—18 页、第 44—45 页、第 50—51 页、第 53 页、第 57—58 页、第 59—65 页、第 91—98 页。

④ 同上书，第 91 页。

之前，率先打开了刑事功利的大门，这为边沁的更深入探讨提供了一个提纲。事实上，边沁的惩罚理论构成了其整体学说的中流砥柱，贝卡里亚在这方面的影响显然是厚重的，这也使之与边沁一道成为刑事古典学派中的杰出代表。

（四）威廉·布莱克斯通为普通法和自然法的辩护

在18世纪的英国，威廉·布莱克斯通（William Blackstone，1723—1780）在法学领域是享有极高声誉的。他的四卷本《英国法释义》（*Commentaries on the Laws of England*），成为了全面而系统地阐述普通法法律制度的经典著作。然而，与休谟、爱尔维修、贝卡里亚等人不同，同样负有盛名的布莱克斯通，在边沁思想的形成上却起到了反向推进器的作用。

其实，边沁在学生时代就和布莱克斯通相识了。据考证，边沁去牛津上课时，就曾听过布莱克斯通讲授的英国法律课。[①] 但是，也正是从那时开始，边沁将布莱克斯通视为了抨击的对象。1776年，边沁发表了《政府片论》。在这本册子里，边沁对布莱克斯通的讽刺和厌恶毫无保留地展现了出来。在序言里，边沁引入了一个重要的概念，即“解释者”和“评论者”的界分。“前者的任务主要是叙述或探讨事实；而后者的任务则是探讨理由。”[②] 边沁以此为基础，认为布莱克斯通没有区分清楚两者的不同职责而陷入了混淆之中。不仅如此，边沁甚至认为布莱克斯通没能充当好评论者的角色，而败坏了后者的名声。[③]

公正地说，布莱克斯通对于英国法的整理还是做出了相当的贡献。对于庞杂知识的梳理和使之体系化，确实需要足够的耐心和坚强的毅力而为之，布莱克斯通在这方面的努力是无可指责的。但是，仅靠布莱克斯通的努力，难以化解他所遇到的困境。因为，普通法对历史实践的强烈依赖性，是无法单凭演绎推理的方式所能够圆满完成的。[④] 这样，布莱克斯通因此授人以把柄，也就不难理解了。边沁正是看到了这点，将之作为了武

---

① ［英］边沁：《政府片论》，沈叔平等译，商务印书馆1995年版，第7页。

② 同上书，第97页。

③ ［英］菲利普·斯科菲尔德：《邪恶利益与民主——边沁的功用主义政治宪法思想》，翟小波译，法律出版社2010年版，第70—73页。

④ 仝宗锦：《布莱克斯通法律哲学的两张面孔》，载高鸿钧《清华法治论衡（第5辑）》，清华大学出版社2005年版，第238—253页。

器来批判布莱克斯通，并开始了其生涯主要成就之一的法典编纂计划。[①] 这是其一。其二为布莱克斯通是自然法的捍卫者。正是对自然法一般原理的运用，才使得布莱克斯通找到了他的普通法体系化路径的起点。[②] 但在边沁眼里，自然法无异于虚幻的学说，没有涉入经验之中而显得并非其倡导者说得那么重要。边沁在此后建立的功利主义学说，基本上摆脱了自然法的束缚，而迈向了世俗之说。普通法和自然法这两方面都是布莱克斯通的骄傲，却都无一例外地成为了边沁拒斥的东西。因此，布莱克斯通并没有为边沁思维组成提供直接的营养，但从反向激励的角度看无疑加速了边沁学说的问世。[③]

除了上述的关键人物以外，还有霍布斯、孟德斯鸠、哈特莱、哈奇逊等思想家都或多或少地影响到了边沁。其实，一个人思想的形成也并非仅仅是几个人的作用，与其成长的背景环境、个人的经历遭遇、接触的学说思想等都有密不可分的关系。上文的探索，旨在从一连串的事件和人物中摘取出几个典型形象，提供一个外围的知识储备，以为深入探究边沁的思想做基本的热身运动。

第二节　边沁式功利主义

自伊壁鸠鲁以降，功利主义学说几经沉浮，终究成为了具有足够影响力的思想流派。边沁在其中的定位，是紧密联系于古典功利主义的。谓之“古典”，大体源自对以往相关学说的“集成”：边沁之前，功利主义思想呈现出局部或零落的状况，有作为片思而非主体性学理出现的，有交织于传统道德观而不能自拔的，有应用于单一实践而缺乏对社会其他实践观察的，以及其他。边沁承担了系统化的任务，严谨地遵循了功利主义这根主线，将其推至了一个历史的新高度。谓之“古典”，也较为连续地考虑到了后来者的“继承”：边沁之后，功利主义衍生出了诸多的形式或分支，这些思想成长于激烈的批评、质疑声中，在若干方面改变了传统功利主义

① 徐国栋：《边沁的法典编纂思想与实践——以其〈民法典原理〉为中心》，《浙江社会科学》2009 年第 1 期。

② 李杰赓：《布莱克斯通法律思想研究——以法律稳定性与变动性关系为视角》，博士学位论文，吉林大学，2010 年，第 43 页。

③ 何勤华：《布莱克斯通与英美法律文化近代化》，《法律科学》1996 年第 6 期。

的部分内容，并牵涉到了论证视角及进路的不同程度的转换，但若要追根溯源的话，还是可以寻到传统功利主义这里。那么，边沁式古典功利主义到底包括了哪些内容呢？在下文中试着给予一个关键性的概括。

一　功利为何及其原则

在《道德与立法原理导论》中，边沁表达了其功利立论的基本观点。与前人相比，作为边沁功利主义基石的苦乐学说，在根底上并无实质性更新。因为，快乐及对其的追求，痛苦及对其的规避，都是自伊壁鸠鲁以来就有人提及的论说。但是，边沁在前人基础上将之往前推进了。此外，边沁从苦乐学说生发出了他的功利主义原则，并在与其他原则的对比中确立起了较为扎实的地位。接下来对这两个方面分别予以解析。

（一）苦乐学说

相对伊壁鸠鲁的较为朴素的苦乐学说而言，边沁的苦乐学说无论是在内容还是构造上都要复杂得多，主要表现在以下几个方面：第一，在简单快乐的名下罗列了十四种类型，在简单痛苦的名下分述了十二种类型，并对其中类型可能存在的多种表述与变形做了梳理，与以往学说的粗略性相比走向了精细化；① 第二，从繁细的列举中，根据苦乐是否与其他人的苦乐相联系而又可划分为“自我关系”与“外在关系”，前者比如感官之乐和感官之苦，后者比如仁慈或善意之乐和仁慈之苦；② 第三，快乐和痛苦是“真确实体”，“拟制实体”最后都要化约成“真确实体”。③

关于快乐和痛苦的来源，边沁归纳出了政治、道德、宗教和自然这四种约束力。④ 其中，政治约束力在边沁后来的惩罚、政府、立法等理论的建构中扮演了主要的角色，而道德和宗教的约束力也起到了一定的作用。在边沁的功利主义体系中，苦乐学说构成了基础性内容：它是功利原则得以施展的前提，因为边沁对于功利的定义，便是指能够给人带来快乐的任何客体的性质；⑤ 同时，它又是道德计算得以运行的目的。因为边沁认为

---

① ［英］边沁：《道德与立法原理导论》，时殷弘译，商务印书馆 2000 年版，第 90—98 页。

② 同上书，第 97 页。

③ ［英］菲利普·斯科菲尔德：《邪恶利益与民主——边沁的功用主义政治宪法思想》，翟小波译，法律出版社 2010 年版，第 43 页。

④ ［英］边沁：《道德与立法原理导论》，时殷弘译，商务印书馆 2000 年版，第 81—85 页。

⑤ 同上书，第 58 页。

快乐和痛苦有数值上的大小之分，并且，快乐和痛苦比较彻底地结合了边沁思想的经验主义倾向。因此，苦乐学说成为了进入边沁思想体系要打开的第一道门。

（二）功利主义原则

在建立起苦乐学说和界定完功利之后，边沁开始进入了功利原则的打磨阶段。在这一过程中，结合了两个对立面亦即禁欲原则、同情与厌恶原则的阐释，从而更为鲜明地衬托出了功利原则的唯一主体地位。

第一，功利原则，除了追求快乐与避免痛苦外，还包含了将快乐予以最大化或将痛苦予以最小化的意思。在边沁的用词上，可以找到一些表露其心迹的证据。“功利原则”（Utility Principle）、“最大多数人的最大幸福”（The Greatest Happiness of The Greatest People）以及“最大幸福原则”（Greatest Happiness Principle），都是指代的同一个原则。在社会实践中，复杂的人类行为并非全都是单纯地带来快乐或者导致痛苦，快乐和痛苦相伴而生也是常见的情形，因而需要对快乐与痛苦的数值进行比较，快乐的数值大过痛苦的数值则为可取，痛苦的数值大于快乐的数值则不可取。至此，功利原则的内涵才基本得以明确。这是边沁的正面叙述。

第二，作为功利原则的一个对立面，禁欲主义被边沁认为是违背人性的，而且即便能够适用于个人，在公共性上也缺乏考虑。这个见地，是基于反对整体宗教与部分学者在精神领域的独裁论断及其可能导致的压抑人性之结果而产生的。以边沁的思路推之，欲望是追求快乐的源泉，而禁欲又是对源泉的围堵，势必造成快乐的枯竭，最终有损于整体幸福的获取，无疑是不值得提倡的。然而，似乎会出现这样的质疑，即边沁过于关心“为了禁欲而禁欲”的部分，而没有考虑到欲望本身带来的快乐在数量上可能比不上同时引发的痛苦的情形，并且也可能没有注意到“以禁欲本身为乐”的部分。另外，边沁对于“不入世”观念的否定，如单纯地看，可以说是片面的。因为所谓“独善其身”，既可通过消极的不入世的方式，也可以通过积极的入世方式，比如损人利己的行为。如若发生后者的情形，反而不如“不入世”的状况。对于这些质疑与看法，边沁是有所顾及的，他做了理论上的补充，这在政府、惩罚等理论中可以找到相应的回答。因此，从联系的角度看，边沁对于爱尔维修曾经提出的立法事务在道德形塑中的作用是持乐观态度的，这可以抵消个人的入世之坏而保留入世之好的部分，从而为个人对禁欲的弃绝提供辩护。在此，边沁对于私人伦理与公共立法的界分初现其形。

第三，作为功利原则的另一对立面，同情与厌恶原则也受到了边沁的批评。相对禁欲主义而言，同情与厌恶原则更容易与功利原则混为一谈。此种情况出现于这么一个场合，即以同情心或厌恶心为起始，却达到了以追求快乐或避免痛苦为初衷的同样结果，可以称之为“结果同一引致的起源混淆”。这里涉及理解的准度，因而需要辨识清楚，即边沁所驳斥的到底是主观性还是随意性。乍看之下，主观性可以与随意性等同视之，然而，两者之间存在关键性差异。边沁的功利原则，其作为一种普适标准或尺度的意图是相当明显的。如认为边沁所针对的是主观性，则他对“影响敏感性因素”的整理，会让人萌生出一些模糊感。[①] 因为，个体差异是不同的，在各自眼中何为快乐、何为痛苦以及程度的大小都不尽一致，这确系事实。换言之，边沁如要彻底地遵守客观性，在深处必然滑向对个体主观感受的绝对尊重，这就陷入了客观与主观的搅缠。然而，如不从始至终贯彻客观性，则边沁对主观性的批评本身，也将沦为另一种“主观”，使人无法适从。如认为边沁所针对的是随意性，则“敏感性”说明的作用可解释为补充性质，亦即历史形成的一般经验之外的个别体会。这就形成了一种稳定性，而规避了主观与客观之区分这一重大而近乎“不可能完成的任务”。边沁在其法典化思想中，进一步体现了对获得稳定性的渴望。因而，边沁之意，应在对随意性的痛恨与排斥，而非对主观性的否定。应当提及的是，边沁在“影响敏感性因素”中提及了同情心与厌恶心，但并非作为一种原则，而是属于功利主义苦乐学说的附带内容。[②]

功利及其原则的设定，为边沁整体学说的展开奠定了基调。在边沁的这一根基性理论中，伊壁鸠鲁、休谟、爱尔维修等前人的灵思，或同一或异化地有所体现，并且以一种带有自身独特性的方式展示于世人面前。对此，哈列维认为，边沁的功利原则是以一种学说实现了双重属性。第一，是一种积极的描述性原则，亦即对人之行为驱动的真实写照；第二，是一种规范意义上的要求，亦即指明了人们应当如何行为。以哈列维自己的话说，即实现了“利益的人为同一”，这是出于弥补“利益的天然同一”之

① ［英］边沁：《道德与立法原理导论》，时殷弘译，商务印书馆 2000 年版，第 99—121 页。

② 同上书，第 106—110 页。

不足的需要。① 这一论断，在近一个世纪里被诸多学者认为是对边沁功利原则的经典解析。直至 20 世纪末，出现了相对不同的声音。弗兰西斯科·范盖拉在《哲学》上发表了对哈列维的批判，指出后者将功利原则作为一种心理规律的描述是错误的，将会导致自私原理与规范要求的冲突，而使得功利原则失去或部分丢弃所强调的规范性功能。② 作为回应，菲利普·摩金和娜塔莉·西哥特坚持认为哈列维所解读的“边沁”是足够真实的“边沁”，而范盖拉犯了一个重大错误，即将哈列维对边沁功利原则中的心理规律部分的揭示，不经意间偷换成了他自己所理解的自私原理，这无疑属于“欲加之罪”。③ 通过这一论战，哈列维的见地得到了巩固，至少目前为止尚未出现比其更具说服力的认识，因而，关于边沁功利原则的描述性与规范性的双重蕴含，在今后一段时期仍属于强有力的断言。

二　道德计算及其可能

无疑，边沁已经树立起了功利观的大旗。然而，边沁若止步于此，必将湮没在普通的芸芸众生之中。因为，当时的英国已经处在工业革命的进程当中，人们认知能力的提升及随之而生的自信，使得对于幸福或快乐的向往变得不再是一件较为隐晦的事情，而更显得是顺乎自然而理所应当的追求。前人留下的功利遗产，以及当时社会意识的功利倾向，已经为边沁提供了一个平台，同时，这种平台的存在也意味着，如若在此之上没有取得新的发展或突破，则边沁学说不得不接受一般而非重要的认定结论。庆幸的是，边沁找到了一条在当时属于全新的路径，这就是被后世学者所指称的“道德微积分”。边沁的雄心壮志，是在一份颇有价值的手稿中被披露出来的。边沁认为，爱尔维修在道德哲学领域扮演了培根的角色，而他立志于成为自然科学之外的“牛顿”。④ 作为人类历史上的伟大科学家，

① ［法］埃利·哈列维：《哲学激进主义的兴起——从苏格兰启蒙运动到功利主义》，曹海军、周晓、田玉才等译，吉林人民出版社 2006 年版，第 17 页。

② Francisco Vergara, “A Critique of Elie Halévy: Refutation of an Important Distortion of British Moral Philosophy”, *Philosophy*, Vol. 73, 1998, pp. 97–111.

③ Philippe Mongin and Nathalie Sigot, “Halévy's Bentham Is Bentham”, *Philosophy*, Vol. 74, 1999, pp. 271–281.

④ Wesley C. Mitchell, “Bentham's Felicific Calculus”, *Political Science Quarterly*, Vol. 33, 1918, pp. 161–183.

牛顿以万有引力的发现及微积分的创立等系列成果而闻名于世。而边沁，在牛顿成就的启示下，开始了对道德世界中一般性规律的探索。作为道德界的“万有引力”，边沁找到了功利原则；作为道德界的“微积分”，边沁则创设了一套计算快乐或痛苦的方法。

首先，道德计算的方法需要依赖基本的变量符号。为此，边沁指定了七个要素，分别为强度、延续时间、确定性或不确定性、邻近或偏远、丰度、纯度和广度。① 法国学者哈列维认为，贝卡里亚在边沁之前就已经涉足其中的四个要素了。② 从内容的一致上来看，这四个要素完全有可能是边沁从贝卡里亚处继承过来的，但须注意，边沁将之用到了他的功利主义学说中，亦即作为他的思想体系的指导性部分，而与贝卡里亚用于惩罚理论的这一事实区别开来。在后文对边沁惩罚理论的解读中也将看到，除了在此处列举的要素或性质之外，边沁又专门设计了一套“惩罚的特性”。因此，边沁对贝卡里亚的继承并非是一味的抄袭，而真正改造成了带有自身特色的知识。对于这七个要素，边沁并没有等同视之，而是分为了三个阵营。其中的“第一阵营”，由强度、延续时间、确定性或不确定性、邻近或偏远组成。这四个要素共同构成了边沁计算快乐或痛苦的值的大小的基本变量。在如何计算上，边沁并没有给出明确的答案。如若要以数理计算来匹配或者比拟，大概就是进行乘法运算了。具体而言，强度和延续时间不用多说，而确定性或不确定性以及邻近或偏远可当成分数来看待，最后的乘积则为值的大小。当然，边沁的未明示，让上述分析只能永远地成为不可能证实的猜想了。“第二阵营”由丰度和纯度组成，前者是指随快乐而产生快乐或者随痛苦而产生痛苦的可能性，后者是指痛苦不随快乐而产生或者快乐不随痛苦而产生的可能性。丰度和纯度的提出，是边沁为处理复杂苦乐关系所埋下的伏笔，仅在特殊的事例中才予以考虑。最后，广度构成了单独的一项。由于指的就是人数，关涉广度的运算就最为简单了，可以明确为就是加法计算。因此，从整体来看，边沁的道德计算呈现出的模式可以用数理上的先乘后加方式来予以描述。③

① ［英］边沁：《道德与立法原理导论》，时殷弘译，商务印书馆2000年版，第87页。

② ［法］埃利·哈列维：《哲学激进主义的兴起——从苏格兰启蒙运动到功利主义》，曹海军、周晓、田玉才等译，吉林人民出版社2006年版，第75页。

③ ［英］边沁：《道德与立法原理导论》，时殷弘译，商务印书馆2000年版，第88页。

那么，边沁的这个计算模式能否展开吗？它有何限度？边沁对此的回答是，“不要指望在每个道德判断之前，或者在每项立法或司法操作之前，上述程序都会严格地得到遵守。但是，可以始终考虑到它；而且，在这些场合实际遵从的程度与之越接近，就将越准确”①。这种否定以后又略加肯定的方式，无疑会使人产生一定的模糊感。前半句话说明，边沁自己心里是明白的，无论他的道德计算采用怎样的变量或者何种计算模式，都不可能成为纯粹的数理计算。比拟而不等同，差距就在这里。然而，如何在实际的场合实现一种接近的遵从，在边沁后半句话的回答中又是无法知悉的。因此，道德计算的限度在此就初步地体现出来了。或许，边沁料想到了这些疑问的存在，便举了一个如何衡量财产的价值的例子。他认为，一个人对某项财产的经营时间、财产归属上的确定性以及开始归其所有的时间长短可以成为给这个人带来快乐的价值大小的衡量因素，但他否认了作为通常计算的第一个因子即强度，甚至进一步否认了丰度或纯度。② 在此，可以惊异地发现，原来在整套的道德计算中，强度反而与丰度、纯度一起成为了最不稳定的因素了！联系边沁对个体敏感性的考察，此处举例的确不能说就是他凭空捏造的。由此，道德计算的限度被进一步地暴露出来，或许，这才是“道德微积分”的真实内涵所在，而简单的乘法显得有些不堪重任了。

通过苦乐学说、功利原则和道德计算，边沁的功利主义体系已经基本架设起来。与思想源头相比，这个功利主义体系已经进化得更为精致和复杂了。尽管与同一时期欧陆的康德、黑格尔等相比，功利主义学说显得不那么端庄、神圣和高雅，但边沁确实已经行走在了经验性内容理论化的道路上。这个功利主义的学说，被边沁适用到了他在各个领域的理论建构上，因而在本质上形成了一种类似于唯理论的“命令”。这又使得边沁超脱了他所在的国家和地域，而和康德、黑格尔具有了某种形似。其实，在形似与不似的纠葛之下，隐藏的却是功利主义的真正命题：对于目的的追求以及为之匹配相应的手段。这才是功利主义统摄全局的核心所在。功利主义诞生之后与其他学说发生的纷争与对抗，大体要归咎于这个中心要义。总而言之，在道德伦理学上，功利主义作为一门理论在边沁手里建立

① ［英］边沁：《道德与立法原理导论》，时殷弘译，商务印书馆 2000 年版，第 89 页。

② 同上。

起来了。

第三节 边沁之后：J. S. 密尔及其他

作为边沁的信徒，约翰·斯图亚特·密尔（John Stuart Mill，1806—1873）直接继承了边沁思想体系的衣钵，被后世认为是古典功利主义的代言人之一。[①] 与此同时，密尔也修正了边沁学说中的一些内容，以调和这些内容与其他学说的矛盾。此外，功利主义开始朝着新的方向前进了。在这个过程中，衍生出了两种对后世影响较深的子类型，即规则功利主义（rule utilitarianism）和行为功利主义（act utilitarianism）。无论是密尔的发展还是在后世衍生出来的分支，一方面都表现出了功利主义具有较强的可塑性和生命力，另一方面也都意味着功利主义学说本身确实存在着需要改进的地方。功利主义与报应主义的世代对垒，从功利主义自身存有问题的角度来看也就变得不足为奇了。

一 密尔的发展

密尔首先对边沁的苦乐学说予以了补充。在边沁那里，苦乐是有详细分类的，并且还呈现出了一定的复杂性，但总体来说还是比较容易理解的。原因很简单，因为边沁没有将不同苦乐的质的部分标明出来。从上文中也可以看出，边沁的心思花在了如何进行量的测定上，亦即一种所谓“道德微积分”的建构，而没有谈及如何进行质的衡量。这种理论上的回避，固然降低了道德计算的难度，从而使得最大幸福的求得有一个模式可循，但也相应地给功利主义带来不少的非难。比如，古典功利主义中趋利避害的核心要义，竟被人讽为了浅薄、低劣且无知的主张，“……除快乐之外没有更好更高尚的追求对象了，那是全然卑鄙无耻的想法，是一种仅仅配得上猪的学说”[②]。

这种近乎于诋毁、攻击和谩骂的论调，对于古典功利主义拥护者的密尔来说显然是无法接受的。但是，来自外部的嘲笑确实抓住了边沁功利主

① “Mill”的另一中文译名为“穆勒”。

② ［英］约翰·穆勒：《功利主义》，徐大建译，世纪出版集团、上海人民出版社 2008 年版，第 8 页。

义的小辫子：不同苦乐的同质性化约了世间万物，建立起了一个恒定的评价标准，而人在其中也不可避免地被一同消融掉了。因此，密尔要进行有力的回击或者说完成有效的抵抗，苦乐的同质性问题是必须要予以正面应对的。于是，破除苦乐的同质化而实现不同苦乐在质上的界分，成为了密尔的努力方向。[①] 他说道，“承认某些种类的快乐比其他种类的快乐更值得欲求，更有价值，这与功利原则是完全相容的”[②]。在此，密尔以边沁传人的身份，完成了对边沁式功利主义的第一次修正。需要指出，密尔的改进是根本性的，但他也巧妙地维护了以边沁为代表的功利主义者的尊严。下面有一个佐证，即密尔认为以往功利主义者的注意力尽管没有深入对快乐的内在本质的探寻上，但一般都还是将心灵快乐放在了比肉体快乐更高的位置。[③] 换言之，密尔指出了功利主义者的逻辑结论是没有问题的，只是在逻辑论证的过程中还有所欠缺。这种苦乐不同质的观念附带地产生了一个必须予以回答的问题，即如何来判断苦乐的质。对此，密尔并没有提供一个脱离于个人的统一性判断规则。“至于快乐质量的判定，以及有别于数量衡量的质量衡量规则，则全靠那些经历丰富的人的偏好，加上他们的自我意识和自我观察的习惯，此外，最好再辅以比较的方法。”[④] 在此，应当说密尔恪守了功利主义的经验性基础。然而，密尔的解决方案显然会带来一些困扰。首先，它将使得道德计算更为复杂；其次，按照密尔的说法，谁是经历丰富的人？在边沁那里，立法者或许可以充当起这样的角色，甚至，到了密尔这里，立法者也同样可以承担起相应的职责。但是，并不是每个人都如拟定的立法者一样经历得那般丰富，但又都要在各自的生活中进行道德计算，这就导致了难以想象的复杂局面的出现。

在如何从利己走向利他的问题上，密尔试图建立起一个约束体系。最初，这是由最大多数人的最大幸福原理所引出来的疑问。因为，在边沁的学说中，每个人到底是追求自己的最大幸福还是追求最大多数人的最大幸福，抑或追求自己最大幸福的同时就等同于了追求最大多数人的最大幸

---

① Maria Dimova-Cookson, “Bentham, Mill and Green on the Nature of the Good”, *Journal of Bentham Studies*, Vol. 6, 2003.

② ［英］约翰·穆勒：《功利主义》，徐大建译，世纪出版集团、上海人民出版社 2008 年版，第 8—9 页。

③ 同上书，第 8 页。

④ 同上书，第 12 页。

福，没有足够详细而清晰的解释。或许，边沁认为个体在追求自身幸福的同时也就增进了整体数量上的幸福，这不太能够成为问题。但是，这样一种情形是存在的，即个人在追求自身幸福的同时折损了别人所应获得的幸福，在约束条件不太足够的情况下，这无异于是对整体意义的最大幸福做减法。因此，亟待一种更为详细的说法来拨开缠绕在人们心中的困惑。密尔对这个问题给予了回答，基本内容如下：首先，人具有自我牺牲的道德权利，这并非是斯多葛学派和先验论者的专属品；其次，这种自我牺牲必须增进幸福的总量，否则就是浪费而不值得；最后，法律和社会的安排应当使个人利益与社会利益尽可能的一致，除此之外，教育和舆论也应当发挥对人的品性的塑造作用。① 在所谓功利原则的最终约束力中，密尔还提到了人类的社会情感，“要和我们的同胞和谐一致的愿望，早已是人性中的一个有力原则”②。应当说，相对边沁把同一化任务抛给了他心目中的功利原则这个“万有引力”去完成，密尔更多地调动了人性中较好、向善的要素，形成了一套比较缜密的说辞，是取得了不少进步的。然而，利己与利他的联合，或者说以利己为目的的利他，和利己而不利他仍然是两码事。简言之，一个人可以做出有利于社会的事情，但不能保证他就一定不会做出对社会有害的事情，这并非是从现实情况出发的反驳，而是由功利主义核心的趋利避害引力所决定的。

密尔还进行了一项大胆的尝试，即重构正义与功利的关系，以期消除两者之间的矛盾。其中，关键的环节便是将正义与功利学说中的利益联结起来。密尔首先解释了为什么人们在谈及社会功利之时不能牵连性地想到正义。“那是因为，正义感的构成不仅包含一种理性的要素，而且也包含了一种动物性的要素即报复欲。”③ 在这里，密尔将自己以及他身后的功利主义摆在了一个充满理性的气场下。换言之，正义感和功利主义的矛盾并不能完全归咎于后者，相反，正是因为前者所内涵的较为朴素且原始的报复要素，而使之与精打细算、审慎考虑的功利主义形同陌路。在推卸完一定的责任之后，密尔又开始强调，正义实际上联系到了一种基础性的重

① ［英］约翰·穆勒：《功利主义》，徐大建译，世纪出版集团、上海人民出版社 2008 年版，第 17 页。

② 同上书，第 31 页。

③ 同上书，第 55 页。

要利益即安全利益，而这几乎对每个人来说都是不可或缺的。于是，经过密尔的变通，正义通过安全利益而被纳入了功利学说的体系之中了。最后，密尔还不忘添上一笔，“一切正义的问题也都是利益的问题，这始终是显而易见的；两者的不同之处在于正义附有一种特殊的情感”①。从表面上看，正义和功利的矛盾被密尔轻而易举地化解了，但实际上并非如此简单。功利固然关注了正义，但密尔的论证是在其框架和体系之内进行的；超越这个范畴，比如与报应结盟的正义，功利学说基本是束手无策的。因而，密尔的调和是部分而非完全地消除了紧张关系。

密尔在边沁之后的发展，是古典功利主义遭遇危机的一个必要的应对。没有密尔的努力，古典功利主义的转型或挫败在时间上会来得更早一些。在苦乐学说、利己和利他、正义与功利的关系方面，密尔都展开了富有启发的论证。但是，密尔的维护并没有使古典功利主义安然无恙地度过这场危机。② 在后世，功利主义的支持者开始对古典理论予以反思，而发展出了更为现代化的分支性理论。

二　衍生的类型

在边沁和密尔之后，古典功利主义的命题范式与论证逻辑遭遇到了困境。这种举步维艰的状况，与伦理学领域发生的目的论与道义论之争有密切的关系。古希腊时期，作为与伊壁鸠鲁教义完全不同的斯多葛学派，在其倡扬德行、仁爱、理性并对自然法、天赋人权等产生重要影响的理念中，实质性地蕴含了道义论的思想。③ 伦理道义论曾一度沉寂，直到康德那里才又开始扭转颓势而得以复兴。善和恶，都被康德的道德法则所决定，而丧失了在其之先被决定的可能。通过康德的批判性建构，自然法在功利主义面前逐步抬头，而重新焕发出光彩。相反的，以往那种到处都充满着功利主义气息的社会氛围和理论环境开始由活跃转向低落，并进而退

---

① ［英］约翰·穆勒：《功利主义》，徐大建译，世纪出版集团、上海人民出版社 2008 年版，第 65 页。

② 牛京辉：《从快乐主义到幸福主义——J. S. 密尔对边沁功用主义的修正》，《湖南社会科学》2002 年第 6 期。

③ ［英］罗素：《西方哲学史（上卷）》，何兆武、李约瑟译，商务印书馆 1963 年版，第 319—341 页；［美］E. 博登海默：《法理学：法律哲学与法律方法》，邓正来译，中国政法大学出版社 2004 年版，第 16—26 页。

缩到了防卫的境地。功利主义始于对自然法的鞭挞，在后者的反抗与回击中，又不得不转向思考如何抵抗的问题。

事实上，在密尔对功利主义的阐释中，就已经涵括了部分关于规则或称准则的理念。他提到了平等和公正的准则，肯定这些准则在社会制度和公民生活中的重要性。但是，密尔很快就跨过了诸如此类的道德规则或准则，而进入了他所认为的最终渊源之处，亦即所谓的“第一道德原则”——最大幸福原理。① 作为古典功利主义的卫道士，密尔给后人留下了忠诚、可靠的形象。然而，他的发展和修正，以及他对道德规则或准则的论述，为两种不同思维的分野留下了空间，以至于后者逐步发展成为了偏重有别的功利主义的新形式，即规则功利主义和行为功利主义。这两种衍生类型的出现，使得功利主义研究进入了新的阶段。

规则功利主义和行为功利主义的区别在于道德判断的标准不同。前者以引致最大功利的普遍性规则为据，一个行为如果符合这种规则就会视为正当的或者说可欲的，反之则是不正当的或者说不可欲的；后者并不依赖于对规则契合程度的测量，而是就这个行为本身是否能达到最大功利来直接断定，如果答案为是，则行为正当或者说可欲，如果答案为否，则行为不正当或者说不可欲。在功利的道德判准上，是坚持规则还是坚持行为，实际上是在关注一般性情境还是关注个殊化情境的取向上闹起了矛盾。规则功利主义假设了一个较为普遍的状态，个别行为即便在具体的情形下可能有损功利或者导致功利的丧失，也不会对整体利益的平稳获取造成较大的影响。行为功利主义则固守在了个殊化的情境中，主张普遍状态，既不需要也是不现实的，如斯马特认为，摆在人面前的现实条件是有限的，人只能对具体情境负责，而不用去掌控不可预期的未来。②

那么，两种不同的新型功利主义与边沁的功利主义存有何种联系呢？这要从以下几方面来予以梳理。首先，以边沁为代表的古典功利主义基本命题为，设定特殊的目的（即功利最大化）并通过一定的手段来达到它。在说明“共同体利益”时，边沁认为就是“组成共同体的若干成员的利益总

① ［英］约翰·穆勒：《功利主义》，徐大建译，世纪出版集团、上海人民出版社 2008 年版，第 63 页。

② 张晓东：《“准则功利”抑或“行为功利”？——兼评西方新旧功利主义道德理论》，《学海》2007 年第 3 期。

和……不理解什么是个人利益，谈论共同体的利益便毫无意义”[①]。在此处可以察觉，边沁的思想存在这样的倾向，即个人利益达到了最大化也就意味着共同体的利益达到最大化了，亦即两者实现了某种同一性。如以这种逻辑推之，个人不以共同体而以自己为行为的出发点，是能够达到最大多数人的最大幸福这一最终目的的。从这个方面来看，可以说行为功利主义与边沁的功利主义保持了高度的近似。然而，哈列维曾经提及的边沁思想中体现了“利益的人为同一”也是具有一定道理的。边沁的学说中，立法者这一概念占据了较为重要的地位；通过立法者，各种制度的建设和配置得以完成，来实现不同利益的人之间的和谐，从而进一步深化了在爱尔维修那里就已经提出来的想法。如以此逻辑观之，立法命令就需要以一种较为稳定的形式出现，自然也就暗含了规则或准则的内容在里面；如以此逻辑观之，规则功利主义似乎在边沁的功利主义中也有迹可循，或者说找到了其生发的源头。

可是，行为功利主义与规则功利主义之间的矛盾，已经扩大到了一个远非能在边沁的功利主义学说中共存的地步，这就导向了对第二个问题的询问，即它们距离边沁的功利主义有多远。在追求功利或者说利益、幸福等最大化的最终目的上，行为功利主义和规则功利主义都遵循了来自边沁的教导，这是无疑义的；在判断行为是否正当的依据或途径上，在上文中也已经指出两者与边沁的功利主义或多或少地存有一些渊源。但是，相对行为功利主义而言，规则功利主义受到了作为功利主义对手的道义论的更多影响。要理解这种影响，就需要处理一个逻辑关系，即功利、道德和规则的关系。行为功利主义因为不涉及规则，因而呈现的是功利决定道德的直接关系。不同的是，规则功利主义在功利和道德之间安插进了规则，因而将原有的简单关系割裂为两段关系：前一段为功利和规则的关系，亦即一种能够达到最大功利的规则的选取或者设定；后一段为规则和道德的关系，即选取或设定好的规则足以确保道德层面的正当性。然而，就是这种分裂轻松地为道义论的乘虚而入提供了机会。因为规则功利主义虽然主张相关的规则是以获得功利为取向的，道义论却可以这样来反驳，即用来证明道德的终究是事先确定好了的规则。而且，道义论中的命令并不就绝然等同于一种类似苦行僧式的修行法则，说规则功利主义在某种程度上滑向了道义论并不为过。

---

① ［英］边沁：《道德与立法原理导论》，时殷弘译，商务印书馆2000年版，第58页。

规则功利与道义论的微妙关系，在美国学者罗尔斯的身上得到了明显的体现。在《正义论》中，罗尔斯通过“作为公平的正义”已经表达了他的义务论立场。[①] 而在之前《两种规则概念》的论文中，罗尔斯所持的立场却并不显得那么坚决。具体而言，在处理惩罚正当性的问题时，罗尔斯采用了一种分而处之的策略，即在不同层面、不同场域、不同时段下，来确定到底是以报应主义还是以功利主义为指导。由于罗尔斯将惩罚分为了制度和实践两种情形，并且在作为制度的惩罚上明示应当以功利主义为指导，实际上就公开地承认并肯定了规则功利主义的存在及其价值。[②] 因而，一维逻辑在罗尔斯的思想中并没有真正、完全地贯彻下来。就罗尔斯本人而言，固然有其思想产生了变化与发展的原因可言，但从他身上可以看出的，却是规则功利主义与道义论之间的距离并非想象中那样遥远。这种形式外观上的神似性，使得人们在辨识规则功利主义与道义论的不同上变得困难起来。尽管在源头上，规则功利主义仍然承认古典功利主义的根本命题，但实质上已经渐行渐远了。

在今天，功利主义的基础学说仍在继续发展。[③] 而在某些方面，对伦理学上分歧极大的目的论与道义论予以调和，也开始成为有关学者努力的方向。[④] 这些景象的存在，既是功利主义在时代发展过程中的自我应变、蜕变，也是对于其他学说合理性的借鉴、融合。但是，功利主义的内部纷争、外部抵抗以及内外之间的勾连，却是较之古典时期变得更为热闹和多样化了。[⑤] 这种流变，及在其中显现出来的复杂性，或许是边沁在创立功利主义学说之初所始料未及的。

---

① 罗尔斯受到了有关学者的质疑，被认为在阐发立场的方式上存在问题。参见［丹麦］阿斯格·索伦森《义务论——功利主义的宠儿与奴仆》，肖妹译、韦海波校，《哲学分析》2010年第2期。

② 王立峰：《评罗尔斯的规则功利主义惩罚思想》，《国家行政学院学报》2004年第2期。

③ 吴映平：《从快乐或幸福到偏好——黑尔对功利界定的改进》，《西南民族大学学报（人文社会科学版）》2010年第5期。

④ 吴映平：《黑尔对功利主义和义务论的统一》，《四川大学学报（哲学社会科学版）》2010年第5期；万俊人：《论道德目的论与伦理道义论》，《学术月刊》2003年第1期。

⑤ 盛晓明、马婷婷：《在行动与规则之间——论效用主义与道义论的关系问题》，《浙江大学学报（人文社会科学版）》2009年第3期。

第二章

边沁惩罚理论的根基

边沁关于功利主义学说的一般性建构，及其在思想长河中的源流，已经大概且初步地为人知晓；作为整体思想体系的重要组成，边沁惩罚观的真容却还掩藏在面纱之后。惩罚是什么？这个问题的回答涉及了边沁对惩罚的本源性认识。惩罚为了什么？这个问题的回答则关系到边沁对惩罚的目的性认识。除此之外，功利计算在惩罚领域如何得以展开，以及惩罚观成为一项理论的基础何在，也都需要逐个予以澄清。本章即集中于上述几个方面，对边沁朝向理论建构的惩罚观的根基性内容进行考察。

第一节　定义、目的与价值

一　惩罚的定义

边沁开宗明义地指出，“惩罚，无论其可能呈现出什么形态，都是一种恶”①。在边沁的功利观中，恶是联系于快乐与痛苦的，具体为快乐的丧失与痛苦的获得。惩罚也不例外，这在实践中是可以找到对应物的，比如剥夺性的惩罚，最先感受到的就是快乐的丧失，又比如曾经盛行的折磨性惩罚，痛苦的获得是再平常不过的事了。当然，快乐的丧失与痛苦的获得并不是截然区分开来的，在很多的时候两者是一并而至的。

然而，惩罚是一种恶，犯罪也是一种恶；显见的常识却为，前者正当而后者不正当。那么，在作为正当的恶的惩罚与作为不正当的恶的犯罪之间，到底有何区别？或者说，辨识两者的根据何在？这应该是边沁关于

---

① Jeremy Bentham, *The Rationale of Punishment*, New York: Prometheus Books, 2009, p. 49. 《惩罚原理》第一部分的中文翻译已由邱兴隆先生完成，相关译文参见邱兴隆主编《比较刑法（第二卷·刑罚基本理论专号）》，中国检察出版社 2004 年版。

"惩罚是恶"的立论需要首先解决的问题了。对此，边沁指出，"惩罚是由于被实施或者疏忽的某种行为，而从他人的直接故意中给一个人所造成的恶"[①]。其中有两点需要注意。首先，惩罚的原因是犯罪。边沁的所谓"被实施的行为"实际上对应了作为犯罪行为方式之一的"作为"，而"被疏忽的行为"则对应了作为另一种方式的"不作为"，前者违反了禁止性规范而后者违反了命令性规范。边沁还以运动中的嬉戏以及出于憎恨他人容貌所产生的恶意为例，指出不因犯罪而起的恶仅为伤害而非惩罚。[②] 其次，惩罚在主观方面表现为一种"直接故意"，而在主体上应当立于主权者的立场，即以主权者实施惩罚的意志来理解，这点也尤其使得惩罚与犯罪区分开来。事实上，在随后的行文中，边沁明确提及了进行宏观把握的立法者和进行微观操作的法官。[③]

从原因和主体的角度，惩罚已经可以与犯罪分离开来，可边沁认为惩罚为何还说明得不够充分。因为，作为惩罚的恶有其专属性，亦即内容是服务于事先设定的目的的，但也有通用性，亦即可通过另外的形式存在于惩罚之外。这就意味着，惩罚与有些理念之间会存有一个交集。在交集之外，两者的界限是清晰的，而交集的存在，则可能导致两者界限在某种程度上的混淆。因此，基于这种辨识的需要，边沁选取了一些其认为容易引起混淆的概念，与惩罚之恶做了一番比较。复仇、憎恨、改造、剥夺犯罪能力、威吓、自卫、自我保护、保安拘禁、控制、强制、折磨、补偿、征税，都进入了边沁的视野。[④] 其中，复仇、憎恨与惩罚的区别是比较容易认识的，因为前者是在自然人意义上说的，而后者是作为主权意志的体现；改造、剥夺犯罪能力、威吓作为"最终的有意的结果"，则属于边沁的惩罚目的观中的内容，在惩罚的定义中予以提及，可视为边沁预先埋下的伏笔；如把国家比拟为人，则因为惩罚是对犯罪的反应，可被看成是国家的一种自卫行为，或者说是一种自我保护；保安拘禁与惩罚在很大程度上相似；禁止性法律中体现了控制之恶，但要获得所禁之事从文本规定到实际落实的最终效果，不得不依赖同样带有控制之恶的监禁等惩罚；强

① Jeremy Bentham, *The Rationale of Punishment*, New York: Prometheus Books, 2009, p. 50.

② Ibid., p. 50.

③ Ibid..

④ Ibid., pp. 51-56.

制，则主要是促进而非禁止犯罪人的相关行为；折磨，由于其在制造痛苦尤其是身体痛苦上的典型性，在以往作为惩罚主要形式的折磨性惩罚中表现明显；补偿，则在财产性惩罚中有所体现；而征税与惩罚，在涉及金钱的表面形式上有所相同，但在获得金钱的目的上却背道而驰。

应当说，边沁的对比是有预谋的，这要结合他在惩罚目的观和惩罚类型观中的具体阐释来体会。但是，因为边沁的重心在于引出"惩罚是恶"的定义，诸如以上的多个概念承担的是辅助证明的作用，因而边沁在简单的讨论之后没有再给予过多的深入。

二 惩罚的目的

边沁关于惩罚的定义的一个逻辑推演，就是为何要惩罚，亦即惩罚的目的何在的问题。因为，作为惩罚的本源的恶，在边沁的思想体系中是扮演着负面、消极的角色的，有损于幸福总量的积累。因此，"惩罚为恶"的定义意味着其天然的不正当性是不可能被消除的，但有一种方式可以给其的存在带来一些缓解其不正当性的理由，即可以消除更大的恶。换言之，如果存在另外的具有更大不正当性的恶，与具有较小不正当性的恶的惩罚相比，两害相权取其轻，因而惩罚的存在就获得了一种相对意义的正当性。在理论上，就需要对此有一个概括，这个任务落到了边沁的惩罚目的观上。

排除将来的相似的危害的危险，被边沁认为是惩罚最为主要的目的；其次，边沁也将补偿已经造成的危害作为了惩罚的另一目的。就预防犯罪而言，边沁针对惩罚发挥影响的对象的不同，分为了个别预防（particular prevention）和一般预防（general prevention）。前者指向已实施犯罪行为的人，目的是预防其在以后的再犯；后者指向社会中的成员，目的是使人们受到警醒而不犯罪。[①] 进而，在个别预防名下，边沁又分为了剥夺犯罪能力、消除犯罪愿望和使之害怕犯罪三种。详见图 2-1。

无疑，边沁在惩罚目的上采用了一种综合论，更确切地说，是一种以一般预防为主的综合论，因为边沁将一般预防作为了惩罚的首要目的。[②] 在预防犯罪惩罚观的内部，边沁的综合论是有代表性的，这缘于其与不同

① Jeremy Bentham, *The Rationale of Punishment*, New York: Prometheus Books, 2009, p. 61.

② Ibid., p. 62.

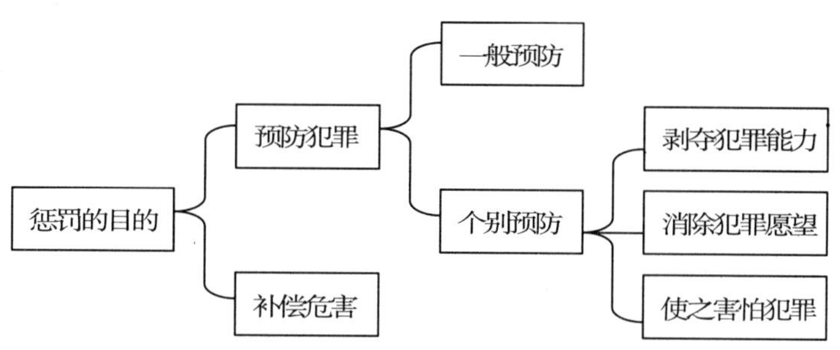

图 2-1　边沁惩罚目的观的具体内容

学者观点的偏重不一。

1. 其实，贝卡里亚在较早的时候就认为，“刑罚的目的仅仅在于：阻止罪犯再重新侵害公民，并规诫其他人不要重蹈覆辙”①。可以看出，边沁对贝卡里亚这一同为综合性的惩罚目的观的基本框架是有所继承的。然而，贝卡里亚在个别预防这点上没有走得更远，使得其学说相对边沁而言是一种较弱的主张。

2. 稍后于边沁的德国刑法大师费尔巴哈，认为“法律中的刑罚威慑的目的是对潜在违法者的所有人的威慑，警告其不要违法”，而“科处刑罚的目的是证明法律规定的刑罚威慑的效果”，并进而排斥了世俗刑罚的以下努力，即“预防具体的违法者将来的违法行为”、“道德上的报应”及“道德上的改善”。② 同时，费尔巴哈对于法律的绝对确信，使得在他的逻辑中，“法官作出的刑罚（poena forensis）绝不能作为别的促进善的手段来对付罪犯本人或对付市民社会……只能依据犯罪者所犯罪行这一理由来对罪犯处以刑罚”③，因而转向了窄义的一般预防即立法威吓。上述要点，集中反映了费尔巴哈在惩罚目的观上的独特论断。实际上，费尔巴哈思想体系中的罪刑法定原则和心理强制学说，为其在确立市民刑罚概念以及在刑罚法规中确立法律威慑思想的努力，提供了强有力的支持。④ 法律报应和立

① ［意］贝卡里亚：《论犯罪与刑罚》，黄风译，北京大学出版社 2008 年版，第 29 页。

② ［德］安塞尔姆·里特尔·冯·费尔巴哈：《德国刑法教科书（第十四版）》，C. J. A. 米特迈尔出版、徐久生译，中国方正出版社 2010 年版，第 29—30 页。

③ ［日］庄子邦雄：《近代刑法思想史序说——费尔巴哈和刑法思想的近代化》，李希同译，中国检察出版社 2010 年版，第 19 页。

④ 张丹：《费尔巴哈的罪刑法定原则》，硕士学位论文，湘潭大学，2006 年，第 3—12 页；彭颖：《费尔巴哈“心理强制说”研究》，硕士学位论文，湘潭大学，2006 年，第 25—28 页。

法上的一般预防，这应该算是富有费尔巴哈特色的“一体论”了。相比之下，边沁的快乐学说和功利计算实际上也运用了心理联想机制，与费尔巴哈的心理强制说在源头上是不相上下的；但是，尽管边沁察觉到了英国当时在制定法发展上的缺失，但受困于其所在时空背景的深厚影响，不可能像身处德国这一拥有成文法传统的国度中的费尔巴哈一样，旗帜鲜明地提倡罪刑法定。因而，边沁的惩罚学说中，在一般预防上既有立法威吓，也未绝然排斥司法威吓。另外，在边沁自己的功利体系下，重视个别预防与反对报应主义也变得自然起来。可以说，边沁和费尔巴哈的惩罚目的观，都不过是忠实地贯彻了各自思想体系的一般性指导。

3. 意大利的龙勃罗梭、加罗法洛和菲利，在惩罚目的观上有自成一派的解释。严格来说，“三圣”主要从事的是犯罪学研究，但也就是在犯罪对策的设置上，惩罚作为一项重要手段得到关注，并被注入了他们各自的理论“基因”。龙勃罗梭从犯罪原因论出发，形成了犯罪人类型论（如影响广泛的“生来犯罪人”类型），最终导致了其在惩罚上区别对待的政策。[①] 自由意志的否定，在龙勃罗梭的理论中占有重要地位。继而，由于犯罪人不能自由地选择，对其进行威吓、改造就变得毫无意义，因而只剩下剥夺犯罪能力的选项。加罗法洛延续了同样的研究路径，而在论证内容上稍显翔实，包括了对消除和补偿的认同，以及对报复、赎罪、威慑、矫正的贬斥。[②] 实际上，加罗法洛也没有跳出龙勃罗梭的观念，剥夺犯罪能力仍然作为了惩罚预防犯罪的目的。菲利在犯罪原因三元论的基础上，树立起了社会防卫的惩罚目的观，并提出了惩罚的个别化以及替代性措施的建议，从而得到了不同于龙勃罗梭、加罗法洛的限于剥夺犯罪能力的认识，但即便如此，菲利也还是囿于个别预防的范围而没有取得实质性的突破。[③] 惩罚视线从犯罪向犯罪人的偏移，标志着实证派与古典派之间抗衡的形成。边沁作为古典派学者的代表之一，是以人是理性的假设为基础创

---

① ［意］切萨雷·龙勃罗梭：《犯罪人论》，黄风译，中国法制出版社 2005 年版，第 17—22 页。

② ［意］加罗法洛：《犯罪学》，耿伟、王新译，中国大百科全书出版社 1996 年版，第 195—240 页。

③ ［意］恩里科·菲利：《实证派犯罪学》，郭建安译，中国人民公安大学出版社 2004 年版，第 185—207 页；［意］恩里科·菲利：《犯罪社会学》，郭建安译，中国人民公安大学出版社 2004 年版，第 272 页。

立其学说的，并未如新派学者一样仅奉个别预防（主要是剥夺犯罪能力）为圭臬。相反，他认为一般预防才是最优的选择，个别预防固然重要，但也只能充当一般预防的补充，并且个别预防内部的改造、威吓机能在一定程度上也是可以实现的，而非完全收不到任何效果。整体而言，边沁在惩罚的预防目的上拥有较之新派学者更广阔的视野。

4. 德国另一位刑法大家李斯特指出，刑罚的概念中有两个方面的内容，一是行为人侵害了受法律保护的法益时，刑罚要发挥的特殊预防作用，二是从对行为及行为人的谴责来看，刑罚要发挥的一般预防作用。① 可见，说李斯特是一位惩罚目的观上的预防综合论者并无太大问题。有趣的是，李斯特没有像他的前辈费尔巴哈一样强调一般预防的重要性，反而将精力放到了遭到费尔巴哈否定的个别预防上，并架起了威吓、矫正与剥夺犯罪能力的刑罚目的的三元论。② 因此，在具体内容上，李斯特比贝卡里亚更靠近边沁的阐释，只是在偏重上与边沁正好相反。对于个别预防的偏爱，也使李斯特以其"目的刑"或"教育刑"思想而被铭记于后世。

5. 需要指出的是，边沁的惩罚目的观的架构中，设立了一般预防相对个别预防的优先性，但是在其内容上还只是言及消极意义的威吓或者说儆戒。20 世纪尤其是 70 年代以来，开始陆续有学者萌生拓展一般预防内涵的想法，意图通过一种积极意义的导入来改良传统一般预防的冷酷面目。在当今德国的惩罚理论中，积极的一般预防开始占据主导的地位。雅科布斯认为，"刑罚……不是指向被认为是必须被威吓的作为潜在的未来的犯罪人的生产源的群体，刑罚更多地要以忠诚于法的市民为对象"③。对此，我国学者陈兴良先生也指出，"积极的一般预防建立在使公民学会忠诚的基础上，公民不再是威吓的客体"④。这种观念的发展，验证了一

① ［德］李斯特著、施密特校订：《德国刑法教科书（修订译本）》，徐久生译、何秉松校订，法律出版社 2006 年版，第 401 页。

② ［德］弗朗兹·冯·李斯特：《刑法的目的观念》，丁小春译、赵丹校，载邱兴隆《比较刑法（第二卷·刑罚基本理论专号）》，中国检察出版社 2004 年版，第 353—377 页；［德］汉斯·海因里希·耶塞克、托马斯·魏根特：《德国刑法教科书（总论）》，徐久生译，中国法制出版社 2001 年版，第 93 页。

③ ［德］格吕恩特·雅科布斯：《行为 责任 刑法——机能性描述》，冯军译，中国政法大学出版社 1997 年版，第 38—39 页。

④ 陈兴良：《一般预防的观念转变》，《中国法学》2000 年第 5 期。

个道理，即“理论之树是常青的”。但是，积极的一般预防也并非就无可非议。按照边沁对惩罚的恶的本质的揭示，如何从恶中寻找一种忠诚之善，或许还有更多的理论工作要做。也许正因为此，边沁恪守了其在后世看来是“消极的”一般预防理念。

从学说演进史来看，一般预防论从重刑威吓到古典功利再到多元遏制的流变，[①] 以及个别预防论中矫正论、剥夺犯罪能力论与综合论的各自发展与彼此竞争，[②] 既折射出在社会变迁中学者之间不同意识的复杂纷争，也说明了在预防犯罪的惩罚观内部，没有绝对最好的解释而只有相对更好的解释。一般预防和个别预防，都承载了人们对于惩罚的朴素期待，是理论对于这种本真性诉求的回应和升华。但也要看到，无论是期待抑或诉求，都需做到在可求之处予以追问和不可求之处予以驻足的合乎理性的融合。边沁的惩罚目的观，开启了功利综合论的先河，但在后世学说的借鉴与批判中经历了不断扬弃的过程，最终没能避免走向报应与功利一体化的命运。

三　惩罚的价值

在给惩罚下定义与标明目的之后，在进入如何进行功利性惩罚的解说之前，边沁又附带性地做了一个补充，将“代价”与“利益”这套属于经济上的说辞用在了指称惩罚的失与得之上。进言之，惩罚的进行要耗费人力、物力、财力等，可谓之为代价的付出，而惩罚起到的影响人的结果即预防犯罪的效果，可谓之为利益的获得。并且，边沁用惩罚的“实在价值”与“表面价值”来分别对应了“代价”和“利益”，从而统一在了“惩罚的价值”之名下。[③] 之所以采用不同于以往学者的论述语调，源于边沁的一个认识，即通常情况下大家所讲的惩罚温和或者严厉是在一个模糊而掺杂了个人喜好的情形下进行的；而温和或者严厉具体到了哪种程度，理应需要更为准确也更为理智的算计；无疑，边沁认为他采用的经济术语能够妥善地解决此问题。

在惩罚涉及的利益上，边沁首先点出了公众、被害人两个方面，并就

---

① 邱兴隆：《从一元到多元：一般预防论的流变》，《法学评论》2000 年第 5 期。

② 邱兴隆：《个别预防论的源流》，《法学论坛》2001 年第 1 期。

③ Jeremy Bentham, *The Rationale of Punishment*, New York: Prometheus Books, 2009, p. 66.

惩罚的代价又强调了第三种利益即犯罪人的利益。[①] 可以这么来看，惩罚如果能够促使公众不去犯罪，甚至有人还能对此表示赞同，则在公众方面收获了预防犯罪的利益；惩罚对于被害人而言，可以给予心理上的宽慰，或者在被害人死亡的情形下给其家属以交代，而在被害人方面收获秩序与稳定上的利益；对于犯罪人，在仍将其视为社会成员的角度看，惩罚对其利益的损害也可以在整个社会的利益总量上反映出来。因此，需要立于整个社会的层面对现实存在的各方利益予以全面的考虑与权衡。

可以看出，边沁引入“实在价值”（或代价）与“表面价值”（或利益）之意，是他关注到了两者之间可能出现偏差，因而也就能够产生一种盈余。边沁的这种理论建构，与他对最大多数人之最大幸福的一贯追求相符合，也可被当成是对人们在追求目的的过程中应当节约成本资源的提醒，看上去是比较成功的。但是，边沁举出的例子却使得上述说辞的可行性变得可疑起来。边沁说，如果将人的肖像吊起来能够产生与绞刑相同的效果，那么对人的实际执行就没有必要了。[②] 从边沁的本意揣测，他是想在获取威吓效果这种表面价值的前提下又尽可能地降低包括犯罪人利益在内的执行成本这种实在价值，亦即达到一种“最小付出的最大回报”。边沁的举例，也许确实是客观存在过的惩罚实践，又或许只是一种借喻的手法而已。如是前者，边沁的努力是不够的，以其擅长的分析能力，完全可以给予更多的提示来给人以指导。如是后者，边沁必须回答一个问题，即这种象征性的惩罚，在传递威吓信息的时候，如何能够说服同样拥有理性计算能力的民众？在边沁的举例中，立法者的理性与民众的理性已经二分开来。然而，立法者的理性与民众的理性之间尽管有差距，并不必然也不永远是巨大的，而且随着人类整体认识水平的提高，这种差距变得日益缩小是可见的趋势，甚至在某些方面已经变得微乎其微。边沁对于表面价值的浮夸，必将在社会文化水平的发展进程中碰壁。另外，边沁在指出罪犯利益如果被完全忽视将永远不可能正确以后，又主张“为了获得一种大的善的机会而冒一种大的危险，可能是慎重的。在这一机会十分微弱并且利

① Jeremy Bentham, *The Rationale of Punishment*, New York: Prometheus Books, 2009, p. 66.

② Ibid., p. 67. 此外，边沁还举了一个发生在好望角的故事，杀了人的荷兰人通过吞下一杯点燃了的白兰地，让当地人误以为是将其投入了火中，从而最终逃避了责罚。

益十分少的场合，冒同样的惩罚的危险，则是荒谬的"①。这就发出了非常危险的信号，即边沁在所谓"大的善"或者说大的幸福、利益面前，将会以牺牲犯罪人的方式实现利益的交换，而一反其在平常功利计算中的理性、有度的作风。当然，边沁在成文法和普通法并存的现实情况中为了实现惩罚的应有威吓之效而总结出惩罚应当易于为人认识并易于牢记的格言，则完全是合理的建议。②

客观地说，边沁在惩罚的价值上所体现的经济分析倾向，较早地揭示了法律与经济之间存有的紧密联系，在后世学者的发展下更是成为了一种学术研究的流派。在此意义上，边沁的原初性贡献是不容抹杀的。但也必须承认，边沁在使用这种方法时尚未达到成熟的境地，这在其关于惩罚的价值的论述中可以得出结论。

第二节　惩罚与犯罪的比例

惩罚如何匹配犯罪，构成了功利主义惩罚观的一个核心命题。在边沁之前，法国的孟德斯鸠曾经有过一段论述涉及于此，标题为"罪与刑间的适当比例"，但在内容上只是列举了若干惩罚上不均衡的实例，没有进行理论上的概括与总结。③ 相比之下，贝卡里亚的相关阐释在内容上更为丰富，且开始显露出理论升华的迹象与趋势。他认为，人们可以找到一个从高到低有序排列的越轨行为（包括犯罪在内）的阶梯，也可以找到相应的、由强到弱的刑罚阶梯，并经过立法者标出基本点的努力以及不打乱次序的保证，可以形成一把衡量自由或暴政程度的标尺。④ 这就是贝卡里亚著名的"罪刑阶梯"论。在内部结构上，就犯罪的阶梯而言，贝卡里亚主张衡量犯罪唯一、真正的标尺是对国家、社会的危害而非犯罪时怀有的意图或罪孽的轻重程度等其他方面，并以叛逆罪、侵犯私人安全的犯罪等为例对犯罪的轻重次序做了一个点拨式的说明。⑤ 而就刑罚的阶梯而言，

---

① Jeremy Bentham, *The Rationale of Punishment*, New York: Prometheus Books, 2009, p. 67.

② Ibid., p. 68.

③ ［法］孟德斯鸠：《论法的精神（上篇）》，张雁深译，商务印书馆 1963 年版，第 108—110 页。

④ ［意］贝卡里亚：《论犯罪与刑罚》，黄风译，北京大学出版社 2008 年版，第 18 页。

⑤ 同上书，第 20—23 页。

贝卡里亚没有像在犯罪的阶梯的说明中那样集中，而是化为了对不同类型惩罚的具体介绍，并附带地进行了犯罪与惩罚之间的匹配。比如，暴力侵犯罪中侵犯人身的，应受到身体刑的惩处；不牵涉暴力的盗窃，应处以财产刑；结合暴力的盗窃，应处以身体刑和劳役；侮辱行为，应该处以耻辱刑；特别情形下，处以死刑。[①] 从历史来看，贝卡里亚的发声是有现实依据的。放眼 18 世纪的欧陆，罪刑擅断、酷刑威吓以及宗教迫害，都已经到达了无以复加的地步。[②] 而物极必反，通过明确而公正的原则指导惩罚实践并建立一种合理的均衡状态的努力日益成为人们共同的心声。贝卡里亚的横空出世，无疑奏响了改革交响曲的第一个强音。不过，从匹配原则的外在指导上看，贝卡里亚除了提出“不使最高一级的犯罪受到最低的刑罚”、不能“对两种不同程度地侵犯社会的犯罪处以同等的刑罚”以及“刑罚不但应该从强度上与犯罪相对称，也应从实施刑罚的方式上与犯罪相对称”等观点外，没有走得更远。[③] 这也使得贝卡里亚的罪刑均衡观更适宜于作为一种朴素的宣言来看待。[④]

边沁认识到了孟德斯鸠与贝卡里亚的罪刑均衡观在指导实践上的不足，尤其在对确定的犯罪适用确定的量的惩罚的场合。于是，边沁开始创设一套属于自己的惩罚与犯罪的比例规则。这套规则总共有十三条，在《道德与立法原理导论》及《惩罚原理》中都有基本相同的表述。第一条是惩罚的价值不得低于足以盖过犯罪的收益的价值，其中，边沁认为无效的惩罚是双重有害的，因为既没有阻止对公众的犯罪，也使得适用在犯罪人身上的惩罚痛苦变为浪费；第二条为犯罪危害越大惩罚付出的代价也要越大，这个道理是易懂的，边沁在此主要提醒了对于犯罪危害程度的把握要准确，并以死刑的适用、对巫术的惩罚等为例做了说明；第三条是指在犯罪确定的场合，惩罚的设定必须使人宁愿去犯较小的罪而非较大的罪，这条规则来源于孟德斯鸠的推荐，边沁将其整合到了自己的体系中；第四

---

① ［意］贝卡里亚：《论犯罪与刑罚》，黄风译，北京大学出版社 2008 年版，第 49 页、第 52—53 页、第 54—55 页、第 65—66 页。

② 同上书，第 115 页。

③ 同上书，第 18 页、第 19 页、第 74 页。

④ 不只是孟德斯鸠和贝卡里亚，诸如霍布斯、洛克、格劳秀斯等启蒙思想家对于罪刑均衡也有自己独到的见解，但大多属于零星的思想碎片。参见姜敏《对贝卡里亚刑法思想的传承与超越》，法律出版社 2010 年版，第 13—14 页。

条为惩罚要适应于每一份危害，实际上说的是惩罚应当可以精细化调节的问题；第五条点出惩罚不应该超过相关的限度；第六条谈到了要注意影响敏感性的因素；第七条指出要弥补确定性的不足就要相应地加重惩罚；第八条指出弥补接近性的不足也要相应地加重惩罚；第九条关注了对成为习惯的行为的惩罚，亦即惩罚的价值必须与同一类型的系列行为的总的利益来比较，惩罚不能仅与这一系列中的单一行为来匹配；第十条是因惩罚的质的特殊需要而增加惩罚的量；第十一条说的是某些惩罚的性质适应于道德教诲；第十二条指出在调整惩罚的量的时候，要注意惩罚可能变得无益的情形；第十三条为如果对惩罚与犯罪间比例规则的完善会给法典带来复杂性增加的损害，并且因之得到的好处不能超过这种损害，则应当予以省略或删除。①

就比例规则间的关系而言，边沁自己做了以下梳理。

第一，他认为，前四条标明了"从轻发落的限度"，即惩罚减轻的底限，而第五条则标明了"从重发落的限度"，即惩罚增加的上限。② 但是，边沁关于第五条的说明是很薄弱的，仅采用了一句"应当"式（ought）的断言，还没有任何展开的说明。因此，惩罚的上限到底何在，边沁并没有真正给出答案。

第二，从立法与司法的角度，边沁又将前五条归为一类而成为立法者的指南，而将第六条即敏感性的考量认定为法官的指南。③ 关于第六条，边沁在关于比例规则的论述之外的地方进行了补充，被称为"法官所被允许的自由"，说的也就是法官的自由裁量权。这涉及立法者与法官的职能分工。立法者的工作是比较确定的，一个源于要保证社会成员对于犯罪与惩罚的预期以发挥法律的威吓效果，另一个则源于立法者本身并不需要置身于个案中从而可以不为、当然也不能为个人喜好所左右。而法官的处境则大相径庭，环绕其周围的是来自不同方面的偏见，法官本人难以也无法

---

① Jeremy Bentham, *The Rationale of Punishment*, New York: Prometheus Books, 2009, pp. 69–75.《立法理论》中提到的五条规则，都被包括在了本文提到的十三条规则之中，因而是边沁的一个缩减版本。参见［英］边沁《立法理论》，李贵方等译，中国人民公安大学出版社 2004 年版，第 375—379 页。

② ［英］边沁：《道德与立法原理导论》，时殷弘译，商务印书馆 2000 年版，第 229 页。

③ 同上。

不被这些形形色色的观点所影响。[①] 如果不赋予法官自由裁量的权力，则其对于立法规定的适用必然是机械、僵化且不合适于个案情形的；如果赋予法官自由裁量的权力但不予限制，则要其不偏不倚地发挥分配惩罚的职能无疑是十分艰难的。因此，适度的自由裁量权对于法官来说就显得非常重要了。对此，边沁特别强调了一种限于减少而非增加惩罚的法官自由裁量权，并且指出法官在行使权力的时候应当进行说理。[②] 在此处，边沁的主张十分明确，而不同于其在关于惩罚的上限说明中的一笔带过。

第三，第七、八、九条规则，被边沁作为了第一条规则的补充和诠释。[③] 这是边沁对确定性、接近性等性质的再次应用，因为这些性质曾经作为因子出现在边沁关于苦乐的值的计算中。这四条规则围绕的中心，即确保惩罚的价值要超过犯罪的收益，来避免罚不当罪的双重浪费。因为边沁在前面将第一条规则归入了涉及惩罚的下限以及立法指导的范畴，那么这后三条辅助性的规则当然也可以进行同样的归类。

边沁设定的这一套惩罚与犯罪的比例规则，其主旨在于处理功利原理在定量上的要求。因为，惩罚和犯罪的本质都是恶，根本就不需要在定性上予以匹配。然而，这套规则贯穿的是与惩罚的价值要大于犯罪的收益相一致的逻辑，而用以限定惩罚上限的第五条规则基本形同虚设。至于法官，尽管边沁提到了减少惩罚的权力，但司法的裁量必须在立法规定的框架内进行，因此惩罚的立法分配的缺陷绝不可能简单地由惩罚的司法分配予以解决，这是属于系统性的问题，何况并不是每个法官都具有足够的经验与智慧来处理类似的棘手事务。也许，有人要引用边沁在陈述比例规则结尾处的话语来反驳，即“每个人都按照他的知识与推动他的动机的力量的程度以或多或少的正确性算计”[④]。这句话是有道理的，但与惩罚的下限的测定亦即通过估计对应的犯罪的危害大小相比，惩罚的上限根本就没有任何的参照物可以划定，因此轻罪重罚的可能性始终存在，而将边沁的功利惩罚观带向了一个不可见底的旋涡。其实，从学术史上看，惩罚与犯罪的比例关系非功利主义学者一家之言，报应主义者也对此有所论述，并

---

① Jeremy Bentham, *The Rationale of Punishment*, New York: Prometheus Books, 2009, p. 319.

② Ibid., pp. 319-320.

③ ［英］边沁：《道德与立法原理导论》，时殷弘译，商务印书馆 2000 年版，第 230 页。

④ Jeremy Bentham, *The Rationale of Punishment*, New York: Prometheus Books, 2009, p. 75.

充当了标榜其特质的一块招牌；甚至，在对法律公正有着模糊概念的人们眼中，由报应主义者来讲解惩罚与犯罪的比例关系显得更为合适。边沁同时代的哲学大家康德和黑格尔，在论及惩罚的部分就分别遵从了等害报应与等价报应的路径，孕育出了惩罚与犯罪相当的初始模型；[①] 而美国学者赫希接过了康德和黑格尔手中的探灯，在该当性模型下通过基的相应性、序的相应性及平等性的合一化实现了较之前人更为明晰也给后人带来期待的解释。[②]

本质上，惩罚的功利与报应之争，关涉到针对的是未然之罪还是已然之罪的问题。在边沁的功利体系中，惩罚是为预防将来的犯罪，因此在惩罚与犯罪的比例规则上施行的是以估量将来犯罪的大小来决定分配惩罚的大小的策略，这就掺杂进了对人身危险性的预测，尽管整个策略的起点为已经发生了的犯罪；而在持报应主义的观点中，惩罚仅为回应以前的犯罪，因此在惩罚与犯罪的比例规则上施行的是严格按照以前犯罪的客观危害与主观恶性的大小来决定和分配惩罚的大小的策略。两强抗衡局面的形成，无不与功利惩罚观得之前瞻性而失之公正性、报应惩罚观失之前瞻性而得之公正性有关，这就让人寻思有无取各自合理之处而斥各自不合理之处的方案。从此，结合了报应与功利的一体论从幕后走出，开始登上历史的舞台。在西方，陆续产生了费尔巴哈、迈耶、奎顿、哈特、帕克、哈格、曼可拉、赫希、帕多瓦尼模式；在我国，也相继产生了“罪刑关系论”以及改造后的“理性统一论”。[③] 立于当下，边沁的惩罚与犯罪的比例规则无疑是有失偏颇的；但在当时，其引领了功利性惩罚分配的潮流，为以后出现的一体论提供了必不可少的重要支撑之一，因此，其历史意义应当予以肯定。

---

① ［德］康德：《法的形而上学原理——权利的科学》，沈叔平译、林荣远校，商务印书馆1991年版，第163—170页；［德］黑格尔：《法哲学原理》，范扬、张企泰译，商务印书馆1961年版，第104—107页。

② Andrew von Hirsch, “Proportionality in the Philosophy of Punishment”, *Crime and Justice*, Vol. 16, 1992, pp. 55-98.

③ 邱兴隆：《关于惩罚的哲学——刑罚根据论》，法律出版社2000年版，第257—283页、第314—331页。

第三节　特性：分析工具与体系中枢

惩罚本质为恶的认知，无疑奠定了边沁惩罚思想体系的基调，但若要深化对惩罚的理解尤其是展开对不同种类惩罚的具体考察，仅靠这种终极性的判定是难以为继也无力进行的。边沁的智慧，也是其不同于常人所在，即在惩罚本质说明之外，天才地设定了一套剖析问题的利器，这就是——惩罚的特性。

严格来说，边沁之前，就有人注意到了惩罚的特性，并生成相关文本。贝卡里亚，在其传世经典《论犯罪与刑罚》中提到了惩罚的及时性、相似性，以及确定性、必需性等。[①] 贝卡里亚思维敏捷，文笔精练，其著作富有强大感召力，并在当时引发了反响与共鸣。对惩罚特性的涉猎，从一个局部为人们展现了其特别的学术嗅觉。然而，贝卡里亚在惩罚特性上的浅尝辄止，却不免让人颇感遗憾。在贝卡里亚之后，正是边沁，独立且成功地发掘出了惩罚的特性这一学术宝藏。

要准确把握边沁这一设定的意义与地位，必须立于一个比较且全面的视野来观察。

首先，相对贝卡里亚有关研究的进步。在行文安排上，贝卡里亚对惩罚特性的论述，是散落在其著作不同章节中的，这体现出贝氏思想在此特定论题上的不严谨与不周全，并未形成一个体系性模型；比较而言，边沁是经过了慎重思考的，在相关的三部著作中，其都是通过专章的方式来介绍惩罚的诸种特性。在内容叙述上，贝卡里亚对及时性、确定性的说明，是置于惩罚这一议题之下来进行的，因而与其他诸如相似性、必需性、对称性等一道共同构成贝氏惩罚特性的基本内容；反观边沁，在其探讨道德伦理部分时，分列了确定性、敏捷性等因子，作为评判一个行为引致快乐或痛苦多少的参数，而在谈及惩罚时又专门举出表征性（基本同于贝氏惩罚特性中的相似性）等，这种从一般到具体的复杂分层模式，与贝氏惩罚特性的平面叙说相区别。对此，法国学者哈列维曾指出，“贝卡里亚设立了一个原理并勾勒了一个体系的轮廓，但缺乏对原理的严格定义，及其后

① 《论犯罪与刑罚》有47章与42章两个版本，均已由黄风先生翻译为中文。

果的系统阐发，这就使他与边沁难以企及”①。

其次，构成边沁惩罚思想展开的枢纽。庞大、复杂，是后世学者对边沁思想体系的一个直观印象。惩罚的论题，在边沁的多部著作中都有涉及，尚不包括还在整理中以及仍未整理的大量手稿，这就给研究边沁的惩罚思想带来了一个难题——如何切入。正如前面已经提及的，且后文也将予以详细说明的，边沁的惩罚特性之设定，实际上借用了一个较易为人理解的中介范例来初步展示其功利主义思想，构架起了从形而上通往形而下的一座桥梁；并且从全局来看，惩罚特性联结了边沁在惩罚目的、比例规则以及具体惩罚的种类等方面的卓越见识，因而在整个惩罚思想中扮演了承前启后的关键角色。这种举足轻重的地位，恐怕是后人在初涉边沁思想时所未曾预料到的。没有这套“尖刀”，对惩罚的考究，或因哲学意味太浓而失之理解的具体性，或因分析尚为片面而失之理解的全面性，又或因限于就事论事而失之理解的深刻性，这些都不足取。

惩罚的特性，不仅为边沁自己打开了破解惩罚之谜的大门，也为后人领会边沁的惩罚思想提供了一个契机。

一　分析工具：特性之述评

在《道德与立法原理导论》中，边沁列举了十一个特性；在《立法理论》中，边沁列举了七个特性（另补充了三个，隐含提及了一个）；而在《惩罚原理》中，边沁明确列举了十二个特性。粗略来看，三部著作在基本内容上是一致的，但也存有若干差异之处，这可能缘于作者认识的些微变动，或其他原因。下面予以析之。②

特性一，可变性，或可分性。该特性以边沁在其道德哲学中预设好的强度（强烈性）及持续时间（持续性）为基础，显示了边沁在这两方面的要求。

特性二，稳定性。边沁认为，其本身有别于惩罚的环境，与敏感性相

① ［法］埃利·哈列维：《哲学激进主义的兴起——从苏格兰启蒙运动到功利主义》，曹海军、周晓、田玉才等译，吉林人民出版社2006年版，第62页。

② 边沁涉猎了惩罚的三部主要著作都对惩罚的特性予以了关注。为避免对其近同内容进行三次及以上注释而造成行文及阅读上的烦琐不快之感，笔者仅就差异部分或其他必要之处予以特别指出，而不再具体说明其近同部分的出处。凡在惩罚特性的说明中没有标注是援引边沁何种著作的，一律都为三部著作的共同内容。

结合，会造成对惩罚效果的影响。越好的惩罚，无疑越不容易受到这方面的影响，除非是在普遍不惩罚的场合。

特性三，通约性，或相应性。在犯罪人必然犯罪的场合，为促使犯罪人在两个犯罪之中选择严重性较小的犯罪，需要为其对应地设定严厉性不同的惩罚。但是，惩罚种类多样而不单一，前述追求的隐含逻辑，即不同惩罚的严厉性可以比较，这就是边沁在此立论的原因。同时，边沁也意识到了不同惩罚之间比较的客观困难。对此，他提出了两种解决方案，一为增加同种性质惩罚的分量，二为增加不同性质的惩罚。① 然而，在此处理上，边沁似乎显得过于乐观。在惩罚通约性的问题上，后世有更为广泛的争论。

特性四，表征性，或表示性。既然惩罚与犯罪的本质一样都为恶，那么从同样给人以痛苦的共性出发，在选择匹配上尽可能指向一些与特定犯罪性质相同或类似的惩罚，就能够给人们展示出一种形象较为直观的罪刑关系。这也许是边沁受到心理联想原理影响的一个例证。在《惩罚原理》第一部分中，边沁用整个第八章谈及了犯罪与惩罚的相似性，总结出使用与犯罪相同的手段、类似的肉体伤害应对肉体伤害、惩罚施害的部位、给采用伪装的犯罪人留下标示印记等。② 对实现惩罚表征性来源的详细梳理，反映出边沁对这一特性寄予了较高期望。其实，该特性也满足了作为功利论对手之报应论的基本需要，甚至在其初期构成了主要的内容，如“以眼还眼、以牙还牙”作为报应的原始形态已是不需过多讨论的事情。由此，边沁对表征性的喜好，与报应论中表征性的蕴涵，在内容上走向了某种一致。只是，支撑边沁之表征性的逻辑是一种心理、提前性的，而报应论之表征性则更多地属于事实、后置性的。在今天看来，这些表征或相似，无不颇显机械，也不大符合现代文明与人道精神的要求，但在边沁所处的时代与地方，在各项制度都亟待革新的大背景下，这些对惩罚表征性的拓展应用无疑具有积极的历史意义。

特性五，儆戒性，或示范性。在此，边沁将惩罚的外表与实在区分开

① John Bowring ed., *The Works of Jeremy Bentham* (1), London: Simpkin, Marshall, & Co., 1843, p. 92.

② Jeremy Bentham, *The Rationale of Punishment*, New York: Prometheus Books, 2009, pp. 86-91.

来。根据他的理解，儆戒性与惩罚的外表相关而与惩罚的实在无关，因为前者作用于广大民众而后者作用于犯罪人本身。就儆戒性而言，应当看重惩罚的外表而非惩罚的实在。同时，为了增加惩罚的外表而不相应地增加惩罚的实在，以更少的代价获得更大的儆戒性，边沁指出，可以通过选择特殊的惩罚方式以及采取一套执行上的仪式来达到目的。在《道德与立法原理导论》中，边沁强调了对“类似于罪过的惩罚”的选择，而在《立法理论》与《惩罚原理》中，他更多地谈到了行刑仪式的庄重性与公开性。如果说表征性标示了边沁式功利论与报应论在表面上的某种契合，那么儆戒性则使得两者之间呈现出难以回避的紧张关系。并且，这种对儆戒性的提倡还遭到了来自人权主义者的抵抗与反对。以行刑公开为例，涉及了国家将犯罪人作为道具或手段来警示社会民众亦即实质上属于国家权力与个人权利的关系问题。[①]

特性六，节俭性，或经济性。结合惩罚本质为恶的认识，边沁在特性分析中提到了惩罚必须有一定限制的问题，即不应当产生不必要的痛苦。进一步，作为产生痛苦的惩罚，可以在另一处转换为快乐。边沁用了金钱或准金钱惩罚的例子，即金钱或财物的转移，来说明付出方的痛苦之恶导致了接受方的快乐之善。在《惩罚原理》中，边沁继而批评了断肢等肉刑以及陈旧落后之监禁、处死逃兵之方式等在损失生产力方面的缺陷。[②]节俭性，成为边沁功利主义惩罚思想的重要标签。可以看到，边沁在设计应然惩罚、评论实然惩罚时，其进行的苦乐计算，除了注重产生的收益，也考虑到了付出的代价。收益与代价之差额的大小，才为是否真正符合功利主义之价值追求的判断依据。

特性七即有益于改造，特性八即剥夺犯罪能力的有效性，特性九即有

---

① 行刑的公开化、戏剧化，在历史上曾无数次地上演，并且其范围遍及世界各地。边沁对儆戒性以及特殊手段的发掘，可以视为这些历史实践在思想上的归宿。以此为部分内容，边沁的惩罚乃至功利主义整体思想遭受了人权捍卫者的猛烈轰击与尖锐批判，尽管边沁的初衷可能并非如此。此外，美国学者伯尔曼在阐释法律与宗教的关系时，认为仪式是两者共同要素之一，但他明确地指出以此唤起的“司法正义的理想主要不是被当作某种功利的东西”。在这里，边沁与伯尔曼由仪式这个共同点出发，衍生出了截然不同的逻辑。参见［美］伯尔曼《法律与宗教》，梁治平译，中国政法大学出版社 2003 年版，第 21—22 页。

② Jeremy Bentham, *The Rationale of Punishment*, New York: Prometheus Books, 2009, pp. 79-80.

益于补偿，这三者从字面上都不难理解，与前面的儆戒性一起共同联结到了边沁的惩罚目的观，将在下文予以详细说明。[①]

特性十，大众性。这个特性，其实揭示了立法者与社会民众的关系应当为何，或者说在立法中如何考虑民意的问题。边沁并不认为立法者应当完全听从社会民众的全部看法，所以他在《惩罚原理》第一部分第十章中专门指出，社会民众的判断“在某些情况下受到与功利原则没有联系的厌恶或者偏见的影响，因而与理性不相一致”，并在自由、正派、宗教、人性等话题下进行了具体的展开。[②] 之所以将“大众性”列举出来，主要是为了警醒立法者在确无必要的情况下，不要设立一些可能遭致民众强烈反感的惩罚方式或项目。[③] 也就是说，边沁将“大众性”设定在牵引出立法者思考并为之提供参考这么一个角色的地位。换言之，立法者根据功利原则的指导对立法拥有绝对权力，由于社会民众对立法的感受及其拥护与否可能影响立法者最初的功利价值追求，所以需要对这些来自民间的意愿予以足够的重视，但决定权始终牢牢地把握在立法者手里而非民众手上。在某些情况下，社会民众的喜好与立法者的主张也可能达成一致，对此边沁以与犯罪相似的惩罚为例予以了说明。[④]

特性十一，描述的简单性。这是唯一仅在《惩罚原理》中提到的特性。边沁在这里主要强调了惩罚应当容易被理解，因而其名称要尽可能简单，让人一目了然。当然，这个特性也可能为其他规则让路，比如一些必要的复杂惩罚。[⑤]

特性十二，可逆性，或可减免性。司法活动是专业性很强的活动，同

① 在《道德与立法原理导论》及《立法理论》中，这三个特性是作为次要的特性予以介绍的。

② Jeremy Bentham, *The Rationale of Punishment*, New York: Prometheus Books, 2009, pp. 95-98.

③ John Bowring ed., *The Works of Jeremy Bentham* (1), London: Simpkin, Marshall, & Co., 1843, p. 95.

④ 一个变化需要提及：在《道德与立法原理导论》及《惩罚原理》中，“大众性”被边沁安排在第十位予以介绍；而在《立法理论》中，边沁并未明确列举之，而是在分析完七个主要特性、三个补充特性之后的总结中谈及。这种变化，反映出边沁在惩罚的“大众性”特性上持有的微妙态度。

⑤ Jeremy Bentham, *The Rationale of Punishment*, New York: Prometheus Books, 2009, pp. 82-83.

时也是由人所操作的活动，这就避免不了错误的出现而造成刑及无辜情形发生的可能。对这个问题的关注，让边沁在他的特性体系中加入了可逆性。边沁指出，可逆性多体现在一些慢性、非瞬时性的惩罚中，急性、瞬时性的惩罚在这方面无疑是存有缺失的。事实上，该特性在边沁对死刑的鞭挞与批判中成为一个重要论据。①

从数理上说，一个函数的变量越多，则相对变量较少的函数而言会呈现出更为复杂的面貌。同样，边沁设定的惩罚特性达十二个之多，如以这些特性为变量来对实然惩罚及应然惩罚进行严格、精确的数理性考察，则必然会造成前者不满足、后者不可求的尴尬境地，以致边沁的分析有沦为一种虚幻的言说之危险，而背离了边沁思想中一以贯之的务实倾向。因此，边沁谨慎地讲道，评价惩罚时，"应该对所有特性而不是单一特性予以关注"②。同时其又指出，"没有任何一套惩罚包括了所有这些可欲的特性；但是，根据犯罪的性质，一些特性比另外一些更为重要"③。这种说辞，表明了边沁对自己设定的借以分析惩罚的工具——惩罚的特性——有清醒的功能定位，即在批判现实的同时朝向对价值之合理、有界限的追求，这恰当地符合了边沁作为思想大师而非数理专家的身份，也昭示了其在惩罚的欲与不欲之间以及可欲与可求之间找到了某种平衡。④

二 体系中枢：特性之若干关系

恰如前文指出，"边沁制造"惩罚特性的意义，不仅在于历史上之进步，也在于其联结了边沁惩罚思想的其他支脉。弄清楚中枢与支脉的关系，看来是一件实有必要的事了。就惩罚特性本身而言，上文说明的十二个特性并非地位等同，相互之间亦非完全独立，存有形态多样、程度不一的耦合，因而这个中枢的内部关系，也值得一探究竟。

（一）特性相互间的关系

在可变性与稳定性的关系上，边沁认为两者联系紧密，这个很好理解。可变性是指惩罚强度与持续时间在量上增减的可能，而稳定性则是指

① Jeremy Bentham, *The Rationale of Punishment*, New York: Prometheus Books, 2009, p. 83.

② Ibid..

③ Ibid., p. 84.

④ Jeremy Bentham, *The Theory of Legislation*, London: K. Paul, Trench, Trubner & Co. Ltd., New York: Harcourt, Brace and Company, 1931, pp. 343-346.

这种增减的快慢受惩罚之外情况影响的程度。因而，稳定性是建立在可变性基础之上的，没有可变性，稳定性便无从谈起；可变性又有赖于稳定性的限制，否则将形成“变动无常的惩罚”。“任何惩罚方式造成的痛苦，将会是施加于他身上的惩罚以及他所处在的环境这两者的联合效应”①，所以可变性与稳定性共同决定了惩罚的严厉性大小。

就表征性而言，边沁说道，其在任何方便的时候都应当被赋予一套惩罚。② 那么，如何理解“方便的时候”，则涉及了其他两个特性。其一，边沁看到了报复法拥有表征性，但由于这种通常联系于肉体毁损的“以恶对恶”过于昂贵，而导致了在节俭性上的缺失；其二，报复法既然要指向个人身体，则因不同个体之间的不同情况，而造成了对稳定性的威胁。所以，在表征性上具有天然优势的报复法，却难以同时满足节俭性、稳定性的要求，从而形成了一种“不方便”。为此，边沁在《惩罚原理》中提出了相似性的四种来源，以及在《立法理论》中谈道了可以避免上述弊端的“另一类相似性”，都属于在同一惩罚中消除表征性与节俭性、稳定性之间紧张关系的尝试。另外，在《道德与立法原理导论》中，边沁将大众性（即获得民众的认可）视为表征性的应然效果之一，因而得出大众性可视为表征性的次要特性的结论，并且边沁在脚注中将表征性与儆戒性联系了起来。③

就节俭性而言，不仅可能存在与表征性的如上冲突，而且牵系到了儆戒性、剥夺犯罪能力的有效性以及有益于补偿这三个特性。边沁曾在叙述完儆戒性与节俭性之后专门指出，这两种特性“看起来追求同一直接目的，尽管通过不同的方式。两者都是为了减小实在痛苦与外表痛苦之比，不过儆戒性倾向于增加外表痛苦，而节约性倾向于减少实在痛苦”④。由此，边沁似乎将儆戒性与节俭性视为了一枚硬币的两面。关于剥夺犯罪能力的有效性，边沁几乎没有执拗于有效还是无效的争辩，而是在简单提及这个特性后，立即转向对其可能存有的不利之处或可能带来的巨大代价（尤其是死刑）进行说明，表明了边沁对节俭性可能遭受剥夺犯罪能力的

---

① John Bowring ed., *The Works of Jeremy Bentham* (1), London: Simpkin, Marshall, & Co., 1843, p. 91.

② Jeremy Bentham, *The Rationale of Punishment*, New York: Prometheus Books, 2009, p. 92.

③ Ibid., pp. 94-95.

④ Ibid., p. 93.

有效性之压制的担忧。在有益于补偿这点上，边沁毫不掩饰地表达了他对金钱刑或财产刑的偏爱，所依据的理由同样出现在了节俭性的论述中。于是，边沁的节俭性，既与儆戒性存在互助、牵制的微妙关系，又需要在获得剥夺犯罪能力的有效性的过程中予以考虑，还构成了与有益于补偿之特性在某种程度上的竞合，无疑属于一个核心特性。

此外，在区分收益与代价的意义上，边沁将其罗列的惩罚划分为了三大类，再现了其对分类的特殊癖好。① 以上是对边沁思想中惩罚特性之间关系的梳理。其实，根据边沁对不同惩罚特性的定义，还可推导出一些边沁未曾言及或没有揭示的特性相互间关系，譬如可变性与通约性、表征性与描述的简单性的关系等。边沁留下的“开放性地带”，给后人提供了进一步探讨的可能。

（二）特性与惩罚目的的关系

前文中已经看到，在边沁式功利主义的逻辑支配下，惩罚的目的可以分为预防犯罪与补偿危害，而在较为主要的预防犯罪之下又可分为一般预防和个别预防。无论是对个别预防的三分法，还是对一般预防首要性的强调，可以说都对惩罚特性产生了影响。详言之，在诸惩罚特性中，剥夺犯罪能力的有效性、有益于改造的特性分别且直接地反映了两种个别预防的要求，而儆戒性则反映了一般预防的要求。因此，边沁在把惩罚特性设定为分析工具时，就已将对惩罚目的之追求融入了其中。一般预防与个别预防的不同地位，也通过儆戒性相对其他两个特性更为重要这一主张得以表现，如边沁在《道德与立法原理导论》中的直白性说明，又如其在《立法理论》中将与个别预防相关的两个特性放置在了七个主要特性的说明之外。而有益于补偿这一特性，则对应了作为惩罚间接目的之补偿，扮演了一个更为次要、补充的角色。

还有两处不那么明显，但也是可以沿着边沁的思路所能理解的。其一为表征性：在报应论中服务于报应目的的表征性，到了边沁这里，转而服务于一般预防之目的；可见，边沁的论证并非是独断的，而是借鉴了其他乃至作为其对手之报应论的内容，另辟蹊径而为其所用。其二为整套的惩罚特性：除了上述直接联系于惩罚目的的特性外，从整体上并结合前面

① John Bowring ed., *The Works of Jeremy Bentham* (1), London: Simpkin, Marshall, & Co., 1843, p. 96.

"特性相互间的关系"来看，相关的有机内联决定了其他特性也迎合了而没有背离惩罚目的之追求。[①]

（三）特性与比例规则的关系

边沁的三部著作，全部采用了"规则在前、特性在后"的论述顺序，并在《道德与立法原理导论》及《惩罚原理》中将二者置于紧邻关系。如果说，惩罚目的在价值追求上构成了对惩罚特性的指导，尚可理解为一种宣示性声明，那么，罪刑之间的比例问题则切实地运用到了惩罚的特性。"在每个场合，这些特性应被赋予给一套惩罚，当然是为了能够与那些规则相符合地适用。"[②] 然而，边沁在《道德与立法原理导论》中提到可变性与规则一、四、五的关系之后，没有就特性与规则的其他关系展开进一步具体分析。[③]

其实，作为第一个谈及的特性——可变性，不仅联系了边沁在《道德与立法原理导论》中所提到的规则一、规则四与规则五，在罪量大小与刑量大小皆可改变的情形下，也联系了边沁的比例规则的整体。稳定性亦如此。指向不同惩罚之比较的通约性，对指向罪刑匹配的整套比例规则而言，也是不可或缺的；比如严重性相同或相似的犯罪，如要分别匹配不同的惩罚，就要求不同惩罚之间的严厉性相同或相似，而这以可比较本身为前提。还有，节俭性与没有特殊情况绝不加重惩罚的规则、有益于改造与适用拥有道德教诲性质之惩罚的规则等，都实质性地触及了特性与规则之间的某种联系。

因而，可以概括地说，比例规则与惩罚特性在关系上展现出双重性：在结合惩罚目的之场合，规则与特性共同构成了实现惩罚目的之欲求的平台与保证，在运用规则、看重特性的过程中就意涵了对目的的尊崇与向往；而仅就比例规则与惩罚特性这两者来看，也呈现出并非浅显的联系，或者后者作为前者的要素（基础或补充），或者前者以后者为前提进行

① 试举一例，可变性与稳定性，如要发展出一套基于报应论的惩罚特性，似乎也可将二者纳入其中。这种所谓"普适性"说明了在惩罚特性的论域中，某些基础特性是必要但又不充分的。尽管如此，"基础性"或"必要性"已经能对有关特性在特定场合的适用提供足够理由，因而在与其他特性的关系上呈现出协调、紧致的关系。

② Jeremy Bentham, *The Rationale of Punishment*, New York: Prometheus Books, 2009, p. 76.

③ John Bowring ed., *The Works of Jeremy Bentham* (1), London: Simpkin, Marshall, & Co., 1843, p. 91.

调节。

另外，前文“引介”已经谈到，边沁将作为贝氏惩罚特性的确定性等视为一般性提炼出来，上升为道德伦理范畴的苦乐大小数值上的判断依据，又在惩罚话语下建构了一套同时也是作为本文主体内容的惩罚特性。换言之，在贝卡里亚那里的惩罚特性转为了在边沁这里的惩罚（当然也是其他事物）的“性质”，并与边沁单独罗列的惩罚“特性”分开来。事实上，边沁在论及加重惩罚以弥补确定性之不足、加重惩罚以弥补时空迫近性之不足的比例规则时就引用到了诸如确定性、时空迫近性的所谓惩罚的“性质”。由此，边沁关于罪刑的比例规则指涉了道德伦理与惩罚两个领域。这种处理，尽管顾全了相关性质在比例规则调节中的重要性，却不免反映出边沁理论在形式完美性上存有一定不足。

（四）特性与具体惩罚种类的关系

从惩罚的定义与目的、罪刑间的比例规则到惩罚的特性，边沁惩罚理论的前提预设已经基本完成。这些成就，无疑归功于边沁法学思想中固有的分析倾向，但这并非意味着完结。在接下来边沁对其所处时代存有或者说影响较大的具体惩罚种类进行利弊度量时，一个显见的事实为，他利用了本章称之为“分析工具”的惩罚之特性，这也使得特性的触角伸展到了庞杂多样的惩罚种类之中。

翻阅《惩罚原理》一书，可以看到边沁在论述完某种具体的惩罚是什么以后，往往加上对该惩罚种类的“检视”或“考察”，其范围不仅包括了作为简单类型惩罚的折磨性惩罚、限制性惩罚、劳作性惩罚、死刑等，也包括了作为复杂类型惩罚的放逐、重罪之刑等。而且，这仅属于边沁直接以惩罚种类为研究对象的场合，在更为广阔的亦即涉及惩罚的发动之场合，由于边沁在论述上主要采用了列举反证方法，实际上仍然依循了以惩罚特性考量特定惩罚的路径，从而再现了惩罚特性这一分析利器的重要性；而作为边沁惩罚执行思想的载体，全景监狱的设计也汲取了边沁所谓的好的惩罚特性之营养，因而也就延展到了惩罚执行（以监禁性惩罚为主）的场合。概言之，不仅在边沁的惩罚理论之前提预设中，惩罚的特性联结了惩罚的目的及犯罪与惩罚间的比例规则，而且在边沁的惩罚理论之后续展开中，惩罚的特性深入具体惩罚种类以及发动与执行的场合，从而成为了名副其实的理论体系中各个部分之汇集处。

当然，正如“特性述评”中提到的，边沁并非对所有惩罚种类进行了全部特性的依次检验，而是选择了与特定惩罚相关的若干重要特性来说明。比如在死刑论中，边沁指出其优势在于剥夺再犯能力、类似性、大众性、儆戒性比大部分折磨性惩罚的实在痛苦要少，而劣势在于不能转化为利润、不节俭、不稳定、不可逆等，在频繁适用的情形下还会产生副作用。① 又比如在监禁性惩罚中，边沁认为其得之剥夺犯罪能力、可变性、描述的简单性等，但失之于节俭性、稳定性等，这种分析后来成为边沁全景监狱思想的渊源之一，也构成了其解构旧式监禁与结构新式监禁的立论基础。② 整体上看，诸如此类的详尽分析，既反映了边沁在事实层面的客观描述，也表达了其在规范层面的主观欲求，契合了边沁所谓“完美惩罚是不存在的”这一断言。

“惩罚的选择”在《立法理论》一书中被边沁用来作为介绍惩罚相关特性的标题。从用词中，不难体味到其创制应然惩罚之命令的意蕴。联系边沁所处的时代及其成长背景来看，他对英国普通法弊病的尖锐抨击，以及对法典化思想的提倡与推动，使得其本人以“立法者”形象立于世间而为后人所识。③ 这一套惩罚特性，应该说，较为集中地体现了边沁对立法上创制或选择惩罚的基本要求。从上述特性所涵摄的富足内容中，已经隐约可以预见其在运用中的广阔前景。如果说，贝卡里亚初涉或创立了所谓“道德几何力学”，那么，边沁显然承担并实现了将其发扬光大的任务。毫不夸张地说，边沁成为了具体、精细、科学地认识“惩罚”这一繁复事务的解惑者或祛魅人。总的来看，在边沁较为丰满的前提预设中，惩罚的特性起到了核心的作用。

---

① Jeremy Bentham, *The Rationale of Punishment*, New York: Prometheus Books, 2009, pp. 167-179. 边沁死刑思想的内容及其演进，美国学者雨果·亚当·比多予以了较为深入且卓有成效的探讨，参见［美］雨果·亚当·比多《边沁对死刑的功利主义批判》，邱兴隆译、孙长永校，载邱兴隆《比较刑法（第一卷·死刑专号）》，中国检察出版社 2001 年版，第 287—328 页。

② Jeremy Bentham, *The Rationale of Punishment*, New York: Prometheus Books, 2009, pp. 125-135. 边沁的后半生几乎都投入了对全景监狱计划的倡导之中，可以认为，如若无此扎实且具有说服力的分析为理论支撑，很难想象边沁会有如此巨大的付出与执着的追求。

③ 美国学者波斯纳从其他视角对布莱克斯通与边沁的思想基本特点及其关系有不同的理解与认识。参见［美］理查德·A. 波斯纳《正义/司法的经济学》，苏力译，中国政法大学出版社 2002 年版，第 13—46 页。

第三章

边沁的惩罚种类观Ⅰ：身体刑

边沁在惩罚理论中的预设，要成为人类特定实践活动之惩罚的指明灯，就必须倾身投入这种广阔的实践中去，否则将有沦为虚幻学说的危险；相对的，实践中内容不一、类型多样的具体惩罚，既是理论预设的试金石，亦充当了这种检视的受体角色。在理论预设与具体惩罚之间，一种互动关系的存在就显得尤为必要了。正如本书第二章所指出，作为分析工具，惩罚的特性已深入了边沁对具体种类之利弊的讨论中，使得其中呈现出的异彩纷呈之景象颇值一探。在走进相关讨论前，有必要对边沁的惩罚分类观略加了解。边沁将惩罚分为了两大类：身体刑，以及剥夺性的惩罚。① 此外，边沁在《惩罚原理》第五部分介绍并分析了若干复合的种类。② 可见，惩罚体系在边沁的眼中构成了有层次的递进。概言之，即从身体到身外、从简单到复合。围绕着这两个特点，边沁的述评得以详细地展开。下文主要集中于边沁围绕第一个特点的阐述。

边沁将第一大类惩罚称为“身体刑”（corporal punishment），意味着惩罚将作用到人的身体本身。在该大类下，边沁又划分了五小类，分别为简单的折磨性惩罚、复杂的折磨性惩罚、限制性惩罚、劳作性惩罚和死刑，影响主要及于四个方面：对人之肉体的折磨、对人之自由的限制、对人之行为的强迫以及对之人生命的剥夺。

---

① Jeremy Bentham, *The Rationale of Punishment*, New York: Prometheus Books, 2009, pp. 59-60. 边沁的惩罚种类观，《立法理论》中的相关说明远不如《惩罚原理》中的相关论述来得清晰、详细和深入。因此，本文的讨论以《惩罚原理》中的内容为主。另需提及的是，边沁的死刑观经历了一个变化的过程，涉及了若干不同的文本。因此，对于这部分内容将在《惩罚原理》之外有所补足。

② Jeremy Bentham, *The Rationale of Punishment*, New York: Prometheus Books, 2009, pp. 261-316.

第一节　折磨性惩罚

对于“折磨”（afflictive）一词的使用，边沁似乎颇有微言。他认为，“折磨”一词用来表达特定的惩罚种类是不完美的，但又找不到比这更好的词语。[①] 姑且将边沁的“烦恼”弃于一边，来看看他意欲言及的所谓“折磨”性惩罚的具体内容到底为何。

一　简单的折磨性惩罚

“一种惩罚，当其目的为制造立即、暂时的痛苦时，是简单的折磨性的，与其他制造更为长久痛苦的身体刑区别开来。”[②] 这句话指出了两点：一是惩罚从发动到产生效果的时间间隔，为“立即”的；二是惩罚从产生效果的开始到结束的期间，是“暂时”的。为了进一步辨识的方便，边沁又指出了三条据以判断的途径，分别为受影响的部位、工具的性质和适用的方式。[③] 也就是说，综合考虑三方面的情况，可以得出特定惩罚是否意在制造立即与暂时的痛苦，亦即是否属于简单的折磨性惩罚。

按照这种定义及判断途径，边沁选取了若干种具有代表性的惩罚予以描述性分析。最为常见的鞭笞，以及意大利的吊刑、英格兰的“木马”刑、荷兰的窒息刑等，都制造了剧烈或不舒适的器官疼痛感，尽管各自在轻重的变化程度以及产生的其他效果上有所不同。[④] 可以想象，在惩罚走入文明以前的时代，类似这样的惩罚是不胜枚举的。边沁意识到了这点，认为这类数目庞杂的惩罚不需事无巨细地规定在刑法典中，仅鞭笞（符合了可以调节至每一强度的条件）一项的规定就已经能够满足相应的需要，除非特殊的情形。[⑤] 然而，鞭笞适用之前提条件亦即可变性的符合，又伴随了工具的规格、执行者的性情等方面的不稳定性；为此，边沁建议了特殊机器的制造、主持执行的公职人员的介入和同时执行的方式，试图对不

① Jeremy Bentham, *The Rationale of Punishment*, New York: Prometheus Books, 2009, p. 101.

② Ibid..

③ Ibid..

④ Ibid., pp. 101–103.

⑤ Ibid., p. 103.

足之处予以弥补。[①]

就简单的折磨性惩罚的整体而言，边沁承认了其在儆戒性上的优势（在公之于众的场合），同时也注意到了其在个人威吓与改造上的劣势（效果是立即、暂时的）。加之前述的得之于可变性而失之于稳定性，边沁对该类惩罚的态度似乎有一半肯定、一半否定的意思。在今天看来，这类惩罚无疑构成了对人之尊严的侮辱与破坏。其实，在边沁对英国乔治三世、俄国凯瑟琳二世统治时期以及波兰等地的惩罚实践的介绍中，就已经可以看出这种惩罚贬损人格的端倪。[②] 由此，在简单的折磨刑的特殊场合，边沁对儆戒性的发掘，应当被视为其功利主义惩罚观中的不良之面。

二 复杂的折磨性惩罚

相对简单的折磨性惩罚而言，复杂的折磨性惩罚的“复杂”体现在产生效果的迟延性与持久性。在此名下，边沁按照惩罚严厉性的大小，从小到大依次分为：改变人之外形的惩罚；使人之器官丧失能力的惩罚；毁损人体外在部分的惩罚。

（一）改变人之外形的惩罚

边沁将这种惩罚称为“绝妙的主意”。在此名下，他又继续分出了两种，改变肤色（discolouration）和毁容（disfiguration）。令人有所不解的是，边沁认为这两种惩罚既可以是暂时的也可以是永久的，如在改变肤色的惩罚中，用蔬菜或矿物进行的染色可以制造出暂时的效果，而文身和烙印可以制造出永久的效果；又如在毁容的惩罚中，古代法国法中对通奸妇女予以剃光头的惩罚、中国的剪去指甲、俄国的刮去胡子可被视为暂时的“毁容”，而英国普通法中切开鼻孔、削去耳朵等惩罚以及俄国通常适用的类似惩罚都可被视为永久的“毁容”。[③] 这里“暂时”与“永久”的区分，与边沁将部分折磨性惩罚归为“复杂”的判断产生了一致性上的模糊。既然是“暂时”的，似可归入“简单”的折磨性惩罚之列，而放在此处又是何意？或许，从边沁关于简单的折磨性惩罚的举例中，可以看到

① Jeremy Bentham, *The Rationale of Punishment*, New York: Prometheus Books, 2009, p. 104.

② Ibid., pp. 105-106.

③ Ibid., pp. 107-109. 甚至，边沁在“毁容”中提到了一种通过所穿服饰进行的惩罚，认为这可以通过自然的观念联想产生同样的效果。然而，这毕竟不是对身体本身的惩罚，不免在场合上显得不太合适。

鞭笞或其他惩罚所产生的肉体苦痛较为易来易去；而改变人之外形的惩罚中的“暂时”，相对鞭笞之类的简单的折磨性惩罚而言，产生的效果仍然算是“持久”的，只是比不上同类中其他惩罚的“永久”。即便如此，边沁的这一区分，在其合理性上仍然是不足的。

（二）使人之器官丧失能力的惩罚

第二种惩罚指向了器官的功能，使其与第三种惩罚中对器官实体的说明区分开来。边沁举了几种损害官能的方式：采用化学或机械的方法造成视觉能力受损；往耳道里灌蜡造成暂时的听力丧失；将塞口物或球放入嘴巴或将楔形物抵住下颌使之不能活动，以致不能说话；手铐和脚镣对人运动能力的限制。但是，对于前三种方式，边沁认为更多的是作为政治手段或预防措施等，而难以作为法律意义上的惩罚。对于第四种，边沁认为既可以作为惩罚，也可用来预防被监禁者逃跑。[①] 进而，颈手枷作为一种更为典型的使人丧失运动能力的方式得到关注。当身负枷锁的受惩罚之人在公众面前出现时，往往受到骚动人群的辱骂与攻击，因而其作为惩罚的真正严厉性之大小取决于围观民众的愤怒性情如何。无疑，这是非常不稳定的。边沁认为，可以通过一个铁制的隔离厢来防止受惩罚之人受到投掷物的损害。[②] 对于稳定性的欲求，让边沁再次向设备或道具求救，一如其在简单的折磨性惩罚中的所为。然而，自古以来就有的这种带有惩罚意蕴也颇具戏剧色彩的场面，根源上的弊病不是仅靠剔除受惩罚之人受到的多余的身体损害所能解决的，因为这种情形对受惩罚之人的伤害也有及于内在心理的方面。这可以说是边沁的又一次忽视或者说无视。

（三）毁损人体外在部分的惩罚

第三种惩罚在理解上较为容易。但须注意，边沁对该惩罚是有所设定的，即毁坏人体的某个外在部分，必须同时能够损害联系于此外在部分的相应功能，亦即器质与功能的同一毁损性。为此，边沁还专门举例，认为切除鼻子和耳朵不能使之联系的功能完全丧失，而只能归为第一种即改变人之外形的惩罚中的“毁容”。另外，这种惩罚也因其害并不必然致死，

---

① Jeremy Bentham, *The Rationale of Punishment*, New York: Prometheus Books, 2009, pp. 109-110.

② Ibid., pp. 110-111.

而与直接剥夺人之生命的死刑有别。[①] 边沁没有对其进行深入评价。可能，边沁也不好怎么评价，这种异常残酷与不人道的惩罚，毕竟属于人类惩罚史上黑暗、腐朽和落后的过往的流毒。

就复杂的折磨性惩罚的整体而言，边沁首先将其与简单的折磨性惩罚进行了比较：在结果上，前者并不确定，而后者较为确定；在范围上，前者不好划定，而后者容易划定；在选择上，前者大多基于一些可能与假设而难以真正成行，后者则比较好选择。[②] 其次，边沁运用了多个惩罚的特性予以检视：在节俭性上，改变人之外形的惩罚并没有太大问题，但后两种惩罚的缺失是巨大的，因为可能给受惩罚之人带来劳动的不便或不能，造成其死亡或者依靠他人的救济而生存的结果；在可逆性上，自不必多言，除了边沁所提到的所谓“暂时”情形；在可变性上，边沁认为三种惩罚形成了一个由轻到重的阶梯，因而在整体上是符合要求的，但在各自独立的时候又持否定的态度；在儆戒性上，相对简单的折磨性惩罚而言是占优势的，缘于其效果的持久；在有益于改造这点上，恶名或污名化既可能促进自我改良，也可能因刺激太深而导致受惩罚之人的抵制，从而无法达到改造的目的，因此度的把握非常重要。[③] 最后，边沁得出了一个不全面的结论，也就是毁损人体外在部分的惩罚应当适用于最为有害的罪行，以及作为永久性监禁的附随惩罚。[④] 可以推之，既然边沁认为在三种惩罚中最为严厉的惩罚可以予以适用，那么严厉性较小的前两种惩罚显然也是可以适用的。在前述分析中，边沁对改变人之外形的惩罚的赞誉以及对使人之器官丧失能力的惩罚的完善，也为这两种惩罚的适用提供了佐证。由此，边沁的全面结论应当为：复杂的折磨性惩罚中的三种惩罚在具备相应条件的情形下都能够予以适用。

第二节 限制性惩罚

对人之身体的惩罚，并不限于对人之肉体的折磨，也包括对人之自由

---

① Jeremy Bentham, *The Rationale of Punishment*, New York: Prometheus Books, 2009, p. 111.

② Ibid., pp. 111-112.

③ Ibid., pp. 113-114.

④ Ibid., p. 115.

的限制。[①] 最为主要也是通常所见的，为一种地域上的限制，即通过活动空间的划定来约束人的行动能力。在此意义上，边沁归纳了五种，监禁刑、准监禁刑、国内流放、本地禁入、逐出国境。[②] 除此之外，边沁自己又总结了一种所谓“简单”的限制性惩罚，意指对人的职业或活动的限制。[③] 由此来看，边沁眼中的限制性惩罚，既有牵系于地域考量的种类，也有在地域考量之外的种类。下面予以一一分析。

一　监禁刑

作为留存至今的并在全世界广泛适用的惩罚种类，监禁刑引来了太多的关注，也积聚了难以计数的话题。在 18 世纪的英国，已有学者陆续地公开指出监狱存在的种种弊端，并谋求通过改良来延长这一古老惩罚的生命力。学者们的声音，受到当时英国政府的重视，专门机构得以设立来应对面临的挑战，以求问题的解决。在这些建言者与改革家中，边沁占据了非常重要的位置；尤其是为后世津津乐道的“全景监狱”计划，几乎是边沁的不可被复制的贡献。然而，这一切源于他对监禁刑的最初思考。

边沁认为，监禁是一种方式，既可用于保安拘禁，也可用于惩罚，还可用于强制。[④] 作为惩罚的监禁，与其他方面的监禁，在此被划清了界限。既是惩罚，必然为恶。那么，监禁惩罚之恶为何？与其他惩罚的恶有何不同？为此，边沁从中提炼出了三种专属之恶。第一种恶为必然的不便，包括对视觉上的快乐、在广阔场地活动的自由、远足的自由、公共消

---

① 本文中的“限制”是广义上来说的，包括了“剥夺”和狭义上的“限制”，这也是对边沁用法的沿袭。

② Jeremy Bentham, *The Rationale of Punishment*, New York: Prometheus Books, 2009, pp. 116-117. 据笔者掌握的资料，第四种惩罚即“local interdiction”并无约定俗成的中文译名。按照边沁的文本之意，笔者将之译为“本地禁入”。另外，在《元照英美法词典》中，“banishment”一词有“流放”和“逐出国境”之意，而“relegation”一词有“流放”和“司法放逐”之意。结合边沁之意两相比较，笔者将“逐出国境”对应为“banishment”的中文名，将“流放”对应为“relegation”的中文名。并且，为避免“流放”一词引起理解上的歧义，笔者将之称为“国内流放”。诸上说明合理与否，还有待进一步商榷。参见薛波主编、潘汉典总审订《元照英美法词典》，法律出版社 2003 年版，第 131 页、第 1175 页。

③ Jeremy Bentham, *The Rationale of Punishment*, New York: Prometheus Books, 2009, pp. 149-152.

④ Ibid., p. 118.

遣的自由、社会交往的自由、为生计而做事的自由、从政的自由以及其他增进财富、获得资助、结交朋友、建立婚姻关系等偶然机会的剥夺或限制。[①] 第二种恶为附带的不便，包括难吃的饮食、恶劣的睡眠条件、采光的不足、社会联系的阻隔、被迫与其他被监禁人杂居、写作的不便、被迫的懒惰。[②] 如果说第一种恶从对受惩罚之人的自由限制衍生而来，从而与监禁刑处于同生同灭的关系，那么第二种恶则显然并不拥有这么强的联系，而更多地属于可以改变或减少的内容。边沁的所谓"补救措施"，便是源自这一考虑。[③] 这种对受惩罚之人的监狱生活状况的细致入微的观察，展现了边沁尊重人、爱护人、关心人的另一面情怀，而与其在折磨性惩罚中认同以儆效尤的面貌形成了反差。同时，这也吻合了他在功利伦理上推行的扬善避恶逻辑中的"避恶"要求。对于第三种恶，边沁将矛头对准了在监禁惩罚中收取被监禁人的钱财（fee）的官员。[④] 然而，该陋习主要是由制度性安排的漏洞所导致的，其中也夹带了看守人员贪婪心理的驱使。该种恶的存在，使得监狱刑执行过程中尤有必要建立起合理的看管人员劳动报酬给付机制和相应的监督机制。

监禁刑的恶是一方面，但作为惩罚的主要种类，毕竟还是有其可取之处。如同在评价折磨性惩罚时的做法，边沁对监禁刑的得与失做了精辟的概述。在"得"的方面，监禁刑对受惩罚之人犯罪能力的剥夺是显然的，在可分性上能够通过刑期长短的设定与判定而实现，在描述的简单性上也因易于为不同年龄、阶层的人所理解而可以满足。但在"失"的方面，首先为不节俭，因为既要付出关押、管理的成本，也使得劳动力闲置、流失在监狱内；其次为不平等，这是由相同的监狱条件对应不同的受惩罚之人的个体条件所导致的，亦即个人对于监狱的适应程度不一从而使得不同个人对于监禁刑的严厉性大小有不同的感受；最后为儆戒性，监禁刑的封闭式执行难以形成对人们感官印象的直接冲击。[⑤] 可以说，边沁在中晚年对于"全景监狱"的推行与坚持，与他在此做的利弊分析是分不开的，

① Jeremy Bentham, *The Rationale of Punishment*, New York: Prometheus Books, 2009, pp. 119-120.

② Ibid., pp. 120-121.

③ Ibid., pp. 121-122.

④ Ibid., pp. 123-124.

⑤ Ibid., pp. 125-126.

后者至少提供了两股动力：监禁刑的“得”或者说“利”“善”，决定了其不能被无视而提供了正面的支持；监禁刑的“失”或者说“弊”“恶”，在边沁看来还有修正或改进的余地，因而具有走向整体改良的可能。实际上，边沁对监狱闲置劳动力之开发机制的设计，以及对民众参观访问监狱机制的构建，都直接地联系了此处的解读，加上前述对附带的恶的消除建议，共同构成了“全景监狱”计划的重要内容。

特别要指出的，是边沁对于有益于改造这个惩罚特性的关注。将一个犯有罪行、带来危害的人改造为一个遵纪守法乃至乐于奉献的人，就结果来看，大概是惩罚那幅宏大而压抑的图景中最为美好的一处了。惩罚理论的功利派将改造作为其个别预防的组成之一，也正是将之当成了一种可以达到的事实，而非遥不可及的想象。边沁，在与历史的无声对话中获得了某种启示，提出了一套包括独居制（solitude）、暗居制（darkness）及饮食制（hard diet）在内的“三位一体”的架构。[①] 这种架构，主要是利用了心理联想原理，借助想象来完成自我的洗心革面。比如暗居制，或者说将受惩罚之人监禁在黑暗之中，是期望被监禁人在看不到外界事物的情况下转而将精神汇集到内心世界的探索，回顾以往自己实施的而被世人鄙夷与痛恨的行为，反省行为发生的原因并弄清楚它的真正性质，从而给予自身一种提示与警醒，并最终找到重新融进社会的入口。这种认识，也可能与宗教理想主义对边沁的影响有关。边沁说，“上帝惩罚他，也拯救他”[②]。通过对神灵的忏悔，有罪之人踏上了赎罪之路，从而获得超脱的希望。独居制即单独监禁，也能发挥类似的功效，因为它切除了被监禁人与其他犯罪人的交往与联系，外界干扰的排除使得他将关注的对象转向自己。然而，独居制的作用并不限于此，它还能够使受惩罚之人避免可能遭遇的暴力或侮辱，也能阻隔一种经长期监狱实践证明的“交叉感染”问题。其实，后者即“交叉感染”的确是一个极其严重的问题，边沁总结了至少三点：一是加强了参与交流之人头脑中的犯罪动机；二是减弱了政治、道德、宗教约束的力量；三是提供了犯罪技巧传授与学习的机会，增长了恶习付诸实践的力量。[③] 无论是狱政管理，还是累犯发生率，都受到

① Jeremy Bentham, *The Rationale of Punishment*, New York: Prometheus Books, 2009, p. 126.

② Ibid., p. 129.

③ Ibid., pp. 131-135.

此问题的刁难与困扰，最终影响到改造的成效。由此来看，单独监禁的物理隔离，不失为一种有效的解决方案。

为了增强说服力，边沁摘抄了来自霍华德（Howard）与汉韦（Hanway）的肯定性话语，而后两者同为当时英国监狱改革的先锋人物。[①] 如此来看，边沁的分析论证，再加上这个领域的权威认同，这种有益于改造的理论建构离完全的成功只有几步之遥。但是，问题却不约而至：受惩罚之人在被单独监禁的场合，是真正获得了内心向善的改造，还是因沉默与寂静而形成内心的恐慌，这个是不得而知也难以在当时当地予以证明的问题。不能排除，因个人的畏惧而制造改造成功的假象的可能，因而就必然从改造的初衷滑向了威吓的结局。同时，也是边沁自己的反思，独居制可能沦为另一种及于人的内心的折磨，于是倾向于采用一种修正了的却也是颠覆式的双人居住制（cells, double instead of single）。[②] 这种调整，从另一方面触及了问题的要害所在，即制度设计者不能置人之精神层面的活动和需求于不顾，而忙于无意义甚或带来反作用的理论矫饰。无论是披着改造之外衣的威吓，还是沦为消极的并必然走向失败的改造，都应当引起学者以及实务者的“先知先觉”。在这点上，边沁的自我省察是完全值得敬佩的。

在监禁刑的论述中，还有一处值得留意。在此，边沁谈及了应当采取怎样的措施来尽可能减少以后要重新回归社会的犯罪人的污名化问题。[③] 边沁认为，若要实现一般预防，必须让罪行臭名昭著，而若要实现对犯罪人的改造，又必须不让其受到公众的耻笑。为了同时实现这两个目的，边沁借助了“面具”这个掩饰物，并认为可以在实际价值不变的前提下抬升表面价值从而获得一种收益。[④] 换言之，面具遮蔽了犯罪人的面容，使得其在整体上被公之于众从而收到儆戒之效，又使其不被公众认识从而不影响到改造的进行。对于这个“神奇的面具”，以及折磨性惩罚中的改进道具，不能不让人体会到边沁在此方面构想上的执着精神。然而，缺陷显

---

① Jeremy Bentham, *The Rationale of Punishment*, New York: Prometheus Books, 2009, p. 130.

② John Bowring ed., *The Works of Jeremy Bentham* (1), London: Simpkin, Marshall, & Co., 1843, pp. 71-76.

③ 将会回归社会的犯罪人的执行场所，对应地联系于边沁在早期思想中将监狱划分为白、灰、黑三种等级中的第二等级监狱亦即灰色监狱。

④ Jeremy Bentham, *The Rationale of Punishment*, New York: Prometheus Books, 2009, pp. 139-140.

而易见：一是可行性问题，要实现边沁的想法，或许足以产生一个为此服务的产业；二也是最根本的，即便在监禁刑以及折磨性惩罚的示众过程中能够实现个人信息的完全屏蔽，还有一点是边沁必然遗漏的，即受惩罚之人的个体感受。被用以示众之人对于这种方式的接受程度，换言之，是否能够因其不露真颜或不受攻击而保有其自身的主体性，其实是最需要考虑的问题。当然，也许边沁认为这是不必要的质疑，或者在他所处的时代不需要考虑，又或者他根本就没有意识到。

从上可知，边沁的监禁刑思想，已经大致地牵出了他以后从事工作的引子。而"全景监狱"计划，既占据了边沁中后期思想发展与社会实践的绝大部分努力，也完成了对他在此即初涉监禁刑领域所获得的若干灵感的延伸性发展。对这一学说上的前因后果的揭示，留待对边沁惩罚行刑观的更为深入的探讨去完成。

二 其他与地域限制相关的惩罚

在监禁刑之外，边沁谈到了另外几种紧密联系于地域考量的限制性惩罚，分别为准监禁刑（quasi-imprisonment）、国内流放（relegation）、逐出国境（banishment），在期限上都既可为暂时的，又可为永久的。就准监禁刑而言，边沁指的是将受惩罚之人限制在他的日常居住地所在的地区。这有点类似于通常所说的监禁刑，只不过在具体的场所上有区别，因而谓之为"准"。就国内流放和逐出国境而言，则都意味着将受惩罚之人驱逐到了他的日常居住地所在的地区之外的地方。不同的是，前者是将人驱逐到了国内的某个地方，而后者是将人驱逐到了国外。[①] 由于国外的地域仍是广阔的，逐出国境还可以进一步细分为指定了特定地方的与没有指定特定地方的情形。[②]

相对准监禁刑而言，国内流放和逐出国境的惩罚主要造成的是生活环境的变化，一定会给受惩罚之人的各方面自由带来影响，这点上与监禁刑的必然之恶并无太区别。然而，与监禁刑不同的是，在主要为逐出国境的惩罚中，边沁强调了一个语言交流的问题。[③] 人的社会交往，语言是必不

① Jeremy Bentham, *The Rationale of Punishment*, New York: Prometheus Books, 2009, p. 141.

② Ibid., p. 142.

③ Ibid., p. 144.

可少的工具。边沁生活的时代，文化交流远比不上今日之繁荣，科技手段也无法达到解决语言屏障的地步。在一个人去往其他国度之时，他的本国语言即母语在国外的传播与接受程度就成了他是否能够比较顺利地表达自身需求与了解他人看法的重要指标。由于语言沟通的问题导致人在生活上的困难，自然就是容易理解的事情了。边沁还提到了气候的因素，但相对语言的问题则不那么突出了。[①] 从中可以看到，这种驱逐性的惩罚，极其深重甚至断裂性地打乱了受惩罚之人的正常生活节奏，而逼迫他不得不去适应陌生的新环境，这就使得不同人的或适应或绝望以及其他各种可能性应运而生。

这三种惩罚在节俭性上是有所得分的，边沁引入了一个数理上的平均值来予以说明。他认为，监禁刑的执行要消耗公共成本，从平均意义来看，一个被监禁人于国家和社会的价值可被视为一个负数；社会生产是有积蓄的，而这是由正常人通过劳动而形成的，因此一个正常人于国家和社会的价值可被视为平均上的正数；被逐出国境的人，既不需国家和社会承担管理成本，又不为国家和社会创造财富，因而可视为数值上的一个零；甚至在某些情况下，准监禁刑和国内流放中的受惩罚之人还可以提供给予而非领受。[②] 孰优孰劣，数值上的简单比较就能得出答案了。边沁的这种计算，让人耳目一新。这体现了一种国家与社会本位的思想，即人之价值的大小取决于其对国家和社会贡献的多少；然而，联系 18 世纪英国经济迅猛发展的背景，边沁的这一理论算计就显得不那么出位了，不过至少提供了一个别致的观察角度。

但是，这三种惩罚又在儆戒性上有所失分。[③] 理由是很浅显的，即没有形成一种公共的景观，或者说，在向公众传达这种惩罚信息时集体性"失语"了。同为限制性的惩罚，监禁刑也存在因封闭执行而造成公众认知的不清晰或模糊问题，但是在程度上与此处的惩罚并不一样。因为监狱是有固定地址和场所的，并且通过边沁之前谈到的"描述的简单性"已经化约成了一种意涵深刻的符号。只要提及于此，普通公众脑海中浮现的

---

① Jeremy Bentham, *The Rationale of Punishment*, New York: Prometheus Books, 2009, pp. 144-145.

② Ibid., p. 145.

③ Ibid., pp. 146-147.

画面往往会导致较为确定的心理作用。相反，这三种惩罚，要么如准监禁刑般从公众视野的边缘之处走向了消失，要么如国内流放或逐出国境般从一开始就已经跳到公众视线之外；人们只能在版本不同、差异悬殊的故事或传说中获取极不准确的信息，以至于以讹传讹。因此，这些惩罚在儆戒性上与监禁刑是难以比肩的。当然，为何其他限制性的惩罚（特别是驱逐性的惩罚）没有成为另一种与监狱相仿的符号化叙事，可能与历史传承、社会文化、当地风俗等有关，但这并不是此处要关心的事。事实上，边沁也没有提供这种解答。

而在有益于改造这点上，三种惩罚各不一样。在边沁看来，准监禁刑与监禁刑比较接近，因而在很大程度上承袭了后者的不足，即污秽性的交往对人的所想所行的侵蚀，只是可能因为受惩罚之人的周围并不都为犯罪人而显得没那么严重。国内流放，因为提供了一个新的空间，则似乎比准监禁刑要更适于改造的目的。边沁将此奠基在对人际关系熟识过程的一般性理解上，即在接触不深的情况下，一般人在进行社会交往时如遇到品行良好的人往往会比较谨慎，而要与品行不好的人形成联盟则需一定的时日来加深相互间的了解；反之，其他人对新人的到来，也会保持适度的距离。而在逐出国境的惩罚中，因为语言影响的介入，这种交往上的“时间墙”就更厚了，但又反过来敦促受惩罚之人低头于勤奋劳动以保证生活所需的获得。同时，边沁也将允许回国作为了一个良好品行的激励，以促成受惩罚之人的改造。①

于是，节俭性和有益于改造，与儆戒性之间的一种紧张关系得以呈现出来。边沁并没有对如何处理这种关系提出确切的建议或指导。也许，这正是因为处理的方式只限于两种：要么适用，要么不适用。另外，边沁也在平等性、可变性等方面对此处涉及的惩罚予以了检视，但显然没有像对前面三个特性的观察那样认真。总体上说，此处提到的惩罚是带有典型的时代特色的，在边沁分析的时候就已经显现出式微的迹象。驱逐性的惩罚，以今天的眼光来看，成为了世界版图开拓进程中的一个又一个小插曲，并在被驱逐人原先居住地的“他处”创造了另一段历史。这是题外之话了。但是，从惩罚的变迁来看，这也确实属于一段世界范围内的“共

---

① Jeremy Bentham, *The Rationale of Punishment*, New York: Prometheus Books, 2009, pp. 147-148.

同经验”，也必然要顺应历史潮流而随波而去。边沁在潮水行将退去之时，捡拾到了漂游其中的“节俭、改造”等物，无疑给人以一种另类的惊喜。

三 “简单的限制性惩罚”

继在折磨性惩罚中区分简单和复杂之后，边沁在限制性惩罚中又归纳了一种“简单的限制性惩罚”。须注意的是，这种惩罚并非是监禁刑或者其他与地域限制相关的惩罚的“简单类型”，而是有其特定的内容。边沁要说的，是及于人的职业或活动的限制的惩罚。

另外，边沁在谈惩罚的定义时就已经梳理过“控制”（restraint）与“惩罚”（punishment）的关系。由此，并不能把“简单性的限制性惩罚”与“控制”等同视之。就后者而言，联系于禁止性的法律，主要表现在治安、民事等方面，比如禁售违禁品、规定营业时间以及医药、法律等行业的准入制等。相对而言，前者主要是指个人不能享有公众共同的权利，或者他曾经拥有的权利。[①] 比如，边沁提到了一种特别的所谓“在场的驱逐”（banishment from the presence），主要是指侵犯者在碰见受侵害者一方的场合有马上离开的义务。[②] 可以看出，这种惩罚是比较特别的。事实上，边沁也认为这是难以执行的，比如在禁止人赌博、醉酒及其他活动的场合，监督者的存在就显得必要了；同时，儆戒性也缺乏，因为个中滋味只有受惩罚之人自己才明白。[③] 在今天，类似这样的惩罚已经不常见了，其中既有可能是因为前述两个方面的缺陷所致，也有可能是随着部门法的发展而受到了调整，或者其他原因。不管怎样，边沁的特别指出，至少可以当成见识上的一种积累。

通过上述对边沁关于监禁刑、其他与地域限制相关的惩罚以及“简单的限制性惩罚”的思想的探讨，不得不发出感叹，仅仅就是人的自由，对其的限制就可以产生出如此之多的类型；而更令人折服的，是边沁在其中展现出来的有序分拆与深刻解读的功底。这并非是说他的论证有多么合理或者完美，相反，在某些方面还存在纰漏或矛盾之处，但是其提供了一套

① Jeremy Bentham, *The Rationale of Punishment*, New York: Prometheus Books, 2009, p. 149.

② Ibid., p. 150.

③ Ibid..

给人以想象空间的惩罚观确是不争的事实。尤其在今天，当人权理念已经日渐浸润民心之时，现实中却还无法完全摒弃惩罚的运用，限制性的惩罚更是成为了惩罚体系的焦点与中心。边沁在此方面的建言，无论从正面还是从反面，都值得作为宝贵的参考资料。因此，认真地做一番功课，实有必要。

第三节 劳作性惩罚

劳作性惩罚，从把强迫受惩罚之人进行某种特定劳作视为一种对其行为的特别指定，进而将其理解为一种限制的角度，似乎也可纳入限制性惩罚的范畴。然而，根据边沁对“简单的限制性惩罚”的归纳，其中的内容即对人之职业或活动的限制，与此处对人之行为或特定劳作的强迫，似乎又表现为一种“不为”与“要为”的对比。况且，边沁似乎有意在此惩罚中开发出一种积极的含义，因此，按照边沁的分类思路，将劳作性惩罚作为专门的一节予以分析。

一 基本内容

劳作，何以成为一种惩罚？边沁用了一个常识来说明。工作既能给人带来快乐，也可能造成不愉快，或者喜忧皆无的平淡；但是一个人在一项工作上从事过长的时间，必定会导致不愉快的事情发生，所以需要在工作与否或这项工作与那项工作之间进行切换。[①] 同理，适当的劳作能给人带来身心的愉悦，而长久的劳作则可能使人身心变得疲惫，如果后者再加上敦促与强迫的要素，成为一种惩罚便不是过分的事了。事实上，可以在世界上许多国家找到这种惩罚的身影。比如，边沁提到的地中海周边的国家，以及俄罗斯、匈牙利、波兰等国，都存在类似的惩罚实践。只不过，根据各自强迫劳作的具体内容以及内容是特定还是一般而有所区别。[②]

在关于此制度的设计上，边沁借助了快乐和痛苦的动力机制来分析。简言之，意欲使受惩罚之人进行有关劳作，简单地指示或命令肯定不足以起到作用；因而，要为他提供一种利益的权衡，使其可以选择一种使他自

① Jeremy Bentham, *The Rationale of Punishment*, New York: Prometheus Books, 2009, p. 154.

② Ibid., pp. 155-156.

己避免更多弊害的方式。劳作是一种选择，而另外一种选择则要由更大的恶来充当。基于这种逻辑，边沁提到了一种“辅助的惩罚”（subsidiary punishment）。这种惩罚不能与使之劳作的惩罚同质，边沁建议采用纯粹消极的惩罚或者运用了纯粹物理性工具的限制性惩罚。[①] 如此来看，受惩罚之人的“选择”结果，实际上是已经被立法者预设好了的。一种劳作性惩罚，如要付诸实施，必然要受迫于边沁所谓的“辅助的惩罚”；如果仍然无法使之劳作，在一般情况下，必定可以形成推断，即立法者在这“一主一次”的惩罚设定上出现了失误。

二 一种典型的功利性惩罚

可以说，劳作性惩罚给人的感受是微妙的。首先要谈的，就是作为惩罚内容的“劳作”。人类社会的维系与向前发展，离不开处身于其中的个体人的贡献，这当中就包括体力的方面。就此而言，劳作性惩罚的结果即受惩罚之人自身能力的发掘与付出，应当被视为对整体社会利益的添加或增长。而且，这种添加或增长是一种发自于受惩罚之人的从无到有的过程，与财产性惩罚中对已有财物的从此处到彼处的横向挪移有本质的区别。无怪乎，边沁认为即便财产性惩罚在某些情形下可能获利更多，也不如对身无分文的受惩罚之人适用劳作性惩罚来得更好。[②] 在此处，边沁欣赏利益的“绝对产生”多过利益的“相对转移”。

在节俭性上，劳作性惩罚是有优势的。折磨性惩罚基本上是对受惩罚之人个体的耗损；单纯的监禁刑中羁押成本占据公共支出的大块份额；其他限制性惩罚尽管减少了执行管理上的付出，但却因为没有产出而被边沁视为了平均意义上的零值。因此，劳作性惩罚的“有利可图”，使其与前述惩罚区别开来。对此，边沁显然是明白的。不仅如此，他还清楚地看到了现实中的情形，即劳作性惩罚对于监禁性惩罚的依赖，不过这无损于其在价值创造上的独到之处。[③]

在儆戒性上，边沁认为既没有特别的好处，也没有其他的坏处。这可

---

① Jeremy Bentham, *The Rationale of Punishment*, New York: Prometheus Books, 2009, pp. 153-154.

② Ibid., pp. 156-157.

③ Ibid., p. 157.

能缘于边沁所指出的，强迫的作用仅及于受此惩罚之人的头脑，难以被其他人所知悉。[①] 这也可能与其牵系的监禁刑的执行有关。在监狱之外的平凡民众基本无法了解此机构的运作，除非狱政做到足够的公开，或者进行监狱外的行刑。但是，边沁在此的看法，相对前述限制性惩罚而言并不会表现得更差，因而在进行不同种类惩罚的整体比较时不至于“减分”。而在另外一方面，正是由于强迫作用及于的是受惩罚之人，使其不得不认真对待其进行或将要进行的劳作之事，相应地也就占去了其他不良思想成长的空间。这是一种所谓“过程的充实”，但却不属于根本性的改过自新。边沁承认了这点，然而他仍然抱有一种希望，即“习惯的力量”，期盼受惩罚之人能通过不断的劳作养成正向的习性，走向真正的改造。[②] 于是，这种惩罚在儆戒性上呈现出中性，到有益于改造的地方又获得了一种正面的积极性。

在相似性上，劳作性惩罚可以用来匹配一些由于贪婪、懒惰等引起的犯罪，建立起一种外观的并进而构成心理的联系，来发挥威吓之效。[③] 在大众性上，劳作性惩罚可能遭受“奴役”（slavery）的骂名，尽管边沁认为两者之间存有不同。民众的这种观念，一来是由于不了解相关的实践，这已在儆戒性中有所陈述，二来也与18世纪欧洲兴起并风头正劲的人权、自由、平等观念有关。当时，关涉奴役的制度的正当性遭到了几乎史无前例的猛烈轰击与批判，而劳作性惩罚与奴役在“劳作”这点上有类同，无怪乎民众在此方面有不理解和反对了。在此，需有一个理性的看待。从民众的角度而言，这种担忧是无可厚非的。事实上，监狱中的劳役制度确有被滥用的可能，而转化为一种变相的剥削，无异于对人的奴役。从边沁的角度而言，真实意图并不是要进行一种无度的挤榨和折磨，而是合理利用可能被闲置的劳动力，同时使受惩罚之人在这种创造价值的过程中节制有害的欲望而领悟向善的真谛。应当说，两者诉求的出发点都是良好的。因而，问题的关键就不在孰是孰非了，而转向了一个有效监督机制的建构，并在功利考量之下要达到这样一个状态，即保证了受惩罚之人的应有

① Jeremy Bentham, *The Rationale of Punishment*, New York: Prometheus Books, 2009, p. 158.

② Ibid., pp. 158-159.

③ Ibid., p. 159.

权利、得到了通过劳作产出的价值以及在除去监督成本后仍然可以得到盈余。[①]

在稳定性上，劳作性的惩罚存在问题。因为受惩罚之人对于劳作的喜好是各不一样的，要实施这种惩罚，可能要在行刑上实现个别化。在可变性上，劳作的时间，以及在某些特殊的情形比如适用在拥有较高身份的人的身上，劳作性惩罚可以有所作为。

经过边沁的论证，一种带有典型功利色彩的惩罚破茧而出。劳作性惩罚的实践，其存在范围是世界性的，在时间上也是历久弥新的。在我国，"劳动改造"的脚步尚未走远，实质性相同的一些操作还在继续。这说明，劳作性惩罚之本身确有适应于人类历史发展的合理之处。至于原因，或许正如边沁的洞悉，又或者是其他。然而，以强迫为驱动力的劳作性惩罚，无疑留有沦为不正当的可能与隐患。因此，边沁提醒，"通过畏惧的力量获得的劳动永远比不上通过奖赏的希望获得的劳动"[②]。这或许为劳作性惩罚观的新生指明了方向。

第四节　死刑

当折磨性的惩罚被滚滚向前的历史车轮碾得粉碎，当驱逐性的惩罚已经变成历史的尘埃随风飘去，当监禁刑已经走向文明与现代化，死刑——一种同样古老甚至更为长久的惩罚却仍在世界上许多国家保留下来。作为一个话题——死刑——无疑是沉重的，因为所涉及的毕竟是对人之生命的剥夺；死刑，同时也是一个立场选择的问题，保留抑或废除，分歧十分巨大，争议远未休止。然而，对于死刑仅有一个存或废的立场，无法也不足以对人类智识做出贡献。必须追问，为何要保留死刑？或者为何要废除死刑？这就将讨论推进到了一个深的境地，即死刑的正当性何在的问题。对此，两个世纪以前，边沁做出了自己的回答。从整体来看，这不过是边沁在死刑问题上的又一次功利主义探索，或者说，是其在建构惩罚种类的思想体系时不得不面对的一个环节。然而，当今天的保留论者和废除论者摆

---

① 尽管边沁在此没有完满的说理，但在"全景监狱计划"中体现出的监视原则，或许实质性地回答了此处的相关质疑。

② Jeremy Bentham, *The Rationale of Punishment*, New York: Prometheus Books, 2009, p. 160.

出各自的支持理由与依据时，大多数的观点竟然能在边沁关于死刑的考察中找到！可见，边沁的死刑观拥有了一种持续的生命力，这是颇让人思量的。显然，今人在这个问题上要有充分且全面的理解，边沁是无法绕开的一个重要人物。

一　西方若干代表性解读

对于边沁死刑观的研究，已有西方学者捷足先登。在《边沁对死刑的功利主义批判》一文中，美国学者雨果·亚当·比多提供了即便不是第一个也是最先出彩的分析。在此之后，加拿大学者詹姆斯·E. 克里明斯对边沁的一份尚未公布的手稿进行了研究。同为加拿大学者的布莱恩·卡尔弗特在前两位学者的基础上，作了进一步的补充性说明。下面对这些学者的贡献予以简要的介绍。

（一）比多：1775 年和 1831 年的文本比较

一般认为，《惩罚原理》第二部分的第十一、十二章，是边沁就死刑问题发表的首次较为详细的论述，美国学者比多将其作为了第一份参考资料；边沁在去世之前，发表了一封正标题为“论死刑”的致法国同胞的信，这是比多采用的第二份参考资料。① 从时间上看，第一个文本被认为是边沁在 1775 年完成的，与发表于 1831 年的第二个文本之间，相差了近六十年。这种近乎一生的跨度，可视为青年边沁与老年边沁的一次对话。因此，比多选取的这两个文本，对于研究边沁在死刑问题上的观点及其变动，具有典型意义。

比多的研究，在简单提及边沁对于简单的死刑与折磨人的死刑的区分之后，就转向了更为关键也是两个文本共同关心的内容，即死刑的利弊省察，亦即惩罚特性满足与否及其范围或程度的探讨。在基本手法上，比多采用了富有边沁特色的特性分析法，可以说是对“边沁对死刑的检视”的检视。对于边沁在 1775 年文本中谈到的死刑的四个支持因素与四个反对因素，以及在 1831 年文本中提到的死刑的四个不适当的特性，比多都予以了逐项、细致的合理性考量。如在此一一列出，无异于一种复制。因

---

①　这两份资料已由我国学者邱兴隆先生翻译为中文，参见邱兴隆主编《比较刑法（第一卷·死刑专号）》，中国检察出版社 2001 年版，第 101—137 页。

而，仅就比多的发现和认识中几个略显重要之处，概括如下。①

1. 在1775年，边沁在论述的结尾处提到了死刑对有加重情节的谋杀的适用，这个例外可被认为是边沁对支持死刑者的妥协；到1831年，边沁声称，死刑的废除是应该的，且没有例外。

2. 在1775年和1831年的两次讨论中，边沁没有使用比例“规则”这一评价死刑利弊的最直接途径来予以分析，而都是以惩罚的特性来切入的。

3. 在1775年，对于死刑的替代措施，边沁精确到了附有劳役以及偶尔单身监禁的持续性监禁；到1831年，边沁没有就这一内容予以深入探讨，而在替代措施上给人留下了悬念。

4. 在1775年和1831年的两次讨论中，边沁对于死刑的异议，并没有建立在足够的经验性证据之上，使得在与其他政策主张进行比较时，难以判断孰优孰劣。

5. 在1775年，作为支持死刑因素之一的“大众性”，被边沁认为并非完全不合理的来源；到1831年，这一特性在边沁眼里变成了极端无理性的无知。

6. 到1831年，“可逆性”（或“不可撤销性”）不再是对死刑的主要异议，而不同于其在1775年文本中的表现。

7. 在1831年，边沁提到的死刑的“无效性”是其他几种因素的混合，而并非独立于惩罚的特性之外的新的特性。而“剥夺犯罪能力的有效性”，仅是作为了其中的一个方面。

8. 在1831年，边沁反对死刑的“强化不正当赦免的作用”的理由，可被认为是最奇怪的补充，无法通过他的功利主义或者其他考虑得到解释。

9. 在处决的威吓效果上，边沁在1831年的主张优于其在1775年的主张，可被认为是1831年文本相对1775年文本的最重要进步。

可以看出，比多的分析涉及了边沁对死刑的态度、死刑的替代措施的建议、惩罚特性的符合性考察以及论证的手法等方面，基本涵盖了边沁在死刑考察中的主要议题，属于一次较为全面而且相当深刻的梳理。然而，

① ［美］雨果·亚当·比多：《边沁对死刑的功利主义批判》，邱兴隆译、孙长永校，载邱兴隆《比较刑法（第一卷·死刑专号）》，中国检察出版社2001年版，第287—328页。

比多的分析也存在可商榷之处。比如，边沁在 1831 年文本中提到的“强化不正当赦免的作用”的理由，其实与其在论及“惩罚的发动”时的不宜于惩罚的情形存在联系，涉及了赦免中民意与国际关系的政治考量问题，因而，在论证时机上呈现出来的不妥，并不能否认其属于边沁的功利主义惩罚观的内容之事实。又比如，从全文来看，比多并没有对边沁关于死刑替代措施的表面苦痛与真实苦痛的说明予以发掘，而后者其实与边沁在监狱刑中的部分主张有所联系，并为其他学者对边沁关于死刑替代措施的建议的批判提供了话柄；同时，比多也没有对边沁关于一般人或较高阶层与犯罪人阶层在死刑上的不同感受的说明予以足够的重视，而后者其实在边沁后期思想的激进倾向中发挥了导源性作用。而也许最为遗憾的是，比多没有注意到边沁在 1809 年的一个文本。在该文本中，边沁就死刑这一主题，发起了对同时代的佩利的批判。可以想象，如能将该文本与之前的两个文本结合起来，以比多的洞察力，应该可以成就一个更为经典的解读。当然，这种忽略应当不是比多的本意，而更多地要归咎于 1809 年该文本尚未公之于众，因而是资料获取上的客观困难造成了研究上的缺失。总的来说，比多的研究，为后人在此方面的相关努力树立了杰出的典范；而比多的些许不足，也使得后人在其开拓的基础之上将相关研究予以进一步推进成为可能。

（二）克里明斯：1809 年文本的发掘

1809 年文本的出现，一个主要的导火索是威廉·佩利在 1785 年发表的《道德与政治哲学原理》中关于死刑的看法。边沁并不赞同佩利的看法，并进行了针锋相对的驳斥。[①] 加拿大学者克里明斯，通过对 1809 年文本的研读及与佩利死刑观的对比，向世人展示了边沁在死刑议题上的另一番说辞，构成了对比多的研究的必要补充。[②] 大体的内容，归纳如下。

1. 关于死刑的两种操作模式，佩利区分了两种类型：一种为在立法中规定的死刑罪名较少，但在司法实践中这些罪名一旦被认定，一般而言死刑的适用就比较确定了；一种为在立法中规定的死刑罪名较为详细，但

---

① 这个尚未公布的文本，名为 *Law versus Arbitrary Power：A Hatchet for Paley's Net*，被收藏在伦敦大学学院边沁文集中。

② James E. Crimmins，“‘A Hatchet for Paley's Net’：Bentham on Capital Punishment and Judicial Discretion”，*Canadian Journal of Law and Jurisprudence*，Vol. I，1988，pp. 63-73.

在司法实践中存在赦免、替代刑等方式，从而可以减少死刑的实际适用。后一种模式，成为了佩利的主张。相对而言，边沁的取向是，在立法上不指定任何犯罪的死刑，所以在司法实践中也不用予以施加。

2. 对于死刑的威吓性，佩利没有给出太多的说明；至于监禁刑，佩利也是简单地认为，不能对潜在犯罪人形成足够的威吓，而并无深入的论证。相对而言，边沁将带苦役的和偶尔单独关押的终生监禁作为了比死刑更具威吓性的惩罚，并且，这一惩罚对于犯罪人阶层的效用更为确定；另外，边沁注意到了意大利托斯卡纳的死刑废除实践，并将其作为了证伪死刑的威吓性的论据，这在当时是处于法律与社会研究的前沿阵地的。

3. 佩利不遗余力地鼓吹死刑罪名之“网”的编织，实际上扩大了这方面的司法裁量权。显然，佩利的这种观点迎合了当时英国的既存法制，也表现出了对司法权力合理运作的莫大信任。然而，在边沁那里，司法的不确定以及随处可见的擅断是被其深恶痛绝的。正是这种立法网罗罪名从而交付司法选择的巨大空间，让边沁感到了走向同情与厌恶原则的危险，而后者与边沁的功利原则格格不入。

4. 除了擅断，扩充的司法裁量权也可能导致腐败。与佩利的信任或容忍完全不同，边沁对于司法体系中法官、律师、陪审员等在裁量过程中的清廉持有怀疑态度。边沁尖锐地指出，人的生命不仅受制于机会，也取决于腐败的谋划。而死刑的废除，无疑从根源上切断了对司法擅断所依赖的死刑罪名的供给，也就杜绝了司法腐败的产生。腐败的问题，构成了边沁对佩利之批判的火力最为集中之处。

克里明斯的阐述，将边沁对死刑的惩罚特性之分析进路以外的另一途径揭示出来：立法规定与司法裁量的关系。如果说比多在解读边沁时，尚集中于惩罚特性为主的观察而不能透彻地领会边沁在 1831 年文本中论述的含义，那么，克里明斯的研究则为边沁提及的所谓“不正当赦免”与伪证等犯罪倾向提供了一个较为连贯的解释，即一切都源于英国模式下的司法擅断与腐败的极大可能，而这些弊端牵系于死刑罪名的泛滥设置，因而完全能够通过死刑的废除予以彻底解决。从克里明斯的研究中，也可以感受到边沁对于死刑废除的态度较 1775 年变得坚决了，这也符合了边沁之后在 1831 年的绝对性主张。也许，克里明斯可以对边沁的死刑观在立法与功利的重叠之处进行更深刻的剖析，但其在边沁 1809 年文本上的补充，已经显示出了足够的分量。

（三）卡尔弗特：对比多、克里明斯分析的补遗

比多和克里明斯的研究，覆盖了1775年、1809年和1831年的三个文本，在没有新的论及死刑的手稿被发现之前，应当说是比较充分的说明了。然而，加拿大学者卡尔弗特在前两者的解读之外，又有一些新的理解与认识。用卡尔弗特自己的话说，就是“集中于威吓性与可逆性，尽管也会评论他在1831年的信中以及1775年论文中谈及的大众性”①。以下是对他的发现的总结。

1. 在1775年提出带苦役的终生监禁作为死刑的替代措施之时，边沁在其监禁刑思想的部分提到了“黑色监狱”亦即最高等级的监狱，意欲将该类监狱设计为给人带来较大苦痛之印象的外观和给人带来较小的真实苦痛的内部的结合。如将带苦役的终生监禁与“黑色监狱”的指导思想对应起来，会给人在理解上带来一定困惑，因为两者将在严厉程度上形成极大反差。事实上，在后期思想中，边沁仍然坚持将监禁制度作为死刑的替代措施，但在“全景监狱”计划中采用了监狱公开的原则，实际上改变了其早期“黑色监狱”思想中制造内外有别的威吓效果的意图。

2. 边沁认为有两种安全防范，一种针对司法过程中的错误与腐败，另一种针对的是犯罪。但是，边沁为了以后者为优先选择，似乎对这两种安全防范做了不实的手脚，在前一种防范中做了淡化错误、腐败所起作用的处理，在后一种防范中做了每一个人在任何时候都是潜在犯罪人的假设。这就动摇了边沁以防范犯罪为先而宁愿承受司法错误的基础，而正是在此基础上，边沁推出死刑判决的司法错误必然存在，而错判难纠，进而得出死刑在可逆性上的现实不足的结论。

3. 在大众性上，边沁在1775年文本中倾向于认为，民众通过教育与引导而认识到死刑的效用并非如他们之前想象的那般巨大。而在此之后，边沁逐渐落入了一种认识，即所谓“邪恶利益”的存在，从而将视线从民众转向了王权与贵族的统治。② 这使得边沁在大众性问题的解决上，已经不如当初那么自信了。

---

① Brian Calvert, “Bentham and the Death Penalty”, *Dialogue*, Vol. 45, 2006, pp. 211-231.

② 邱兴隆先生将“sinister interest”译为“邪恶的兴趣”，笔者以为译作“邪恶的利益”更为妥当。因为，边沁的后期思想已经转向了激进，开始倾向于认为相关改革的失败是统治者出于自身利益而审慎谋划的结果。

可以说，卡尔弗特在比多和克里明斯的基础上，从死刑与监禁刑思想的协调性、论证的合理性以及边沁个人认识在后期的整体转向，给出了一种重在逻辑一致性的解读。如果说常人已被边沁细致到有些烦琐甚至啰嗦的论述弄得难以发现隐藏于其中的某些矛盾或缺陷之时，卡尔弗特则无疑成功地从其中抽身而出，并达到了如上所述的货真价实的“补遗”。这样，从比多的详细阐释，到克里明斯的文本补充，再到卡尔弗特的逻辑考察，有关边沁死刑观的认识已经形成了一个初步的连续性。事实上，这些见解也因为并非是对边沁死刑观的附带性提及，亦非一种抽象、笼统的泛泛之说，而成为了西方世界在此方面具有代表性的解说。

二　新的进路：分析框架与效益论证的省察

上述西方学者的可奉为经典的解读，已将对边沁死刑思想的研究推向了一个高峰。从这些研究中可以发现，边沁关于死刑的批判主要运用了两条路径或者说两套框架：一为基于惩罚特性的分析，这是最为主要的；二为对司法裁量的质疑，这是较为次要的。同时，也可以看到，西方研读者的相关研究，基本属于一种“本分”的亦即借边沁之思维理路分析其思想的阐释。经过解读之后的结论为，边沁并未在死刑废除的论证上获得一种显见的压倒性优势。然而，诚如比多所言，“关于死刑的功利主义的主张并未退出历史舞台，但是，我不知道有哪一种努力试图改进边沁的主张，更不用说有哪一种努力在这样做方面取得了成功”①。由此，在“未成功证明”与“未退出历史”之间，产生了一种见识上的模糊。② 这种令人难受的模糊，极大可能是由就边沁逻辑来说边沁思想所造成的；为了消除这种模糊，突破“身在此山中”的局限变得必要起来，这就导向了一种宏观层面的视野，亦即对边沁分析死刑的框架及其在效益上的功利论证的考察。

---

① ［美］雨果·亚当·比多：《边沁对死刑的功利主义批判》，邱兴隆译、孙长永校，载邱兴隆《比较刑法（第一卷·死刑专号）》，中国检察出版社 2001 年版，第 326 页。

② 要区分的是，这种模糊并不能与边沁对其他身体刑的评价或批判同日而语。因为，尽管边沁对折磨性惩罚的功利分析并没有产生足够的说服力，而对监禁刑与劳作性惩罚的功利评价起到了相对较好的效果，但是两者对外部的影响都是较为确定的；相反，死刑的功利解读导致的却是如正文所言的，进退两难亦即不确定的尴尬境地。

（一）分析框架的向度与限度

如前文所述，边沁在建构功利主义惩罚观的最初，进行了理论根基上的预设，其中之一就是惩罚的特性。在此之前的诸种类型的惩罚中，边沁都是用此预设作为了切入的工具，来论证该种类型的惩罚符合哪些要求、不符合哪些要求，以及相关的原因与改进的可能。在论及死刑的场合也不例外，边沁使用的主要分析框架就是这一套惩罚特性。然而，这必然会产生一种特性之间的张力。前文分析中，比如在简单的折磨性惩罚中谈到的可变性与稳定性、在复杂的折磨性惩罚中谈到的儆戒性与可逆性、在监禁刑中谈到的剥夺犯罪能力的有效性与儆戒性、在其他与地域限制相关的惩罚中谈到的儆戒性与节俭性、在劳作性惩罚中谈到的大众性与儆戒性，相互之间都有共存于一种惩罚的若干不适。这种局面是边沁早就料到的，也是他欣然接受的。

对于这些紧张关系的处理，边沁采取了以下几种模式。首先，依照相关不符合或不太满足的惩罚特性而对具体惩罚做出相应的改进，此时惩罚特性的分析就成为了这个改进的前提步骤亦即一种助力。事实上，边沁在简单的折磨性惩罚、监禁刑中都是这么做的。这种做法，可称为“修补式证成”。其次，并不对具体的惩罚做出实质性改动，而从相关不符合或不太满足的惩罚特性入手来解决问题，此时惩罚特性的分析成为了有益的提示。事实上，边沁在劳作性惩罚中的“大众性”上就是这么认为的，即民众看法应当改变而非惩罚本身应当改变。这种做法，可成为“驳斥式证成”。[①] 最后，边沁在复杂的折磨性惩罚、其他与地域限制相关的惩罚中，在进行完惩罚特性的分析之后基本没有提出相关的改进建议，也没有从不符合或不太满足的相关惩罚特性入手处理，维持了部分特性满足、部分特性不满足的局面，可以把这种做法叫作“片面式证成”。

尽管不是决定性的，然而在历史上，但凡没有得到功利的“修补式证成”或“驳斥式证成”而仅为“片面式证成”的惩罚，比如复杂的折磨性惩罚、其他与地域限制相关的惩罚，都已消亡或正在走向消亡的路上。并不否认，这是观念更新、客观条件制约等诸种因素合力的结果，但也不能不说，这样一种巧合确实道出了功利分析在某种程度上的历史洞察力。也许有人会反驳，即便承认功利的“片面式证成”与具体的惩罚之间的

① 注意，这是边沁的见解。实际上，还是应当进行一些修补或改进，比如监督机制的设立。

内在联系，也不能说明死刑应当保留还是废除的问题，因为在边沁的思想中，死刑在产生效益上以及在节俭性、一致性、可逆性上都遭到了边沁的驳斥，显然不同于置之不理的“片面式证成”。类似这样的反驳是有道理的，这也带出了特别值得注意的另外一处，即在死刑之外，边沁对其他所有身体刑是“证成”的，而唯独死刑，边沁所做的是“证伪”之努力。因此，确切地说，边沁对死刑进行的是“驳斥性证伪”，而这种工作的难度是非常巨大的。通过一个简单的比较，可以对这个难度有更深刻的体会。以简单的折磨性惩罚为例，该惩罚已经得到了边沁的功利“修补式证成”，但这种“既存惩罚”加“对继续存在的肯定”，仍避免不了其日趋没落的命运，由此可见“修补式证成”并不一定就能达到期望的效果。在此基础上反观死刑，边沁进行的是“驳斥性证伪”工作，由于“驳斥”并不具有对“修补”的必然优势，使得这项工作遭遇类似在简单的折磨性惩罚中的情形成为可能；并且，死刑废除的主张可视为“既存惩罚”加“对继续存在的否定”，这种“既存”的制约无疑进一步加大了论证无效或失败的可能。

这种论证上的问题，明显归于边沁的分析框架即惩罚的特性分析法。必须承认，在从“有”（既存惩罚）到“有”（继续存在）的方面，惩罚特性的分析做出了积极的贡献，这在其他身体刑中都有表现；但到了从“有”（既存惩罚）到“无”（予以废除）的方面，惩罚特性的分析就显得捉襟见肘了。也许，又有人会提出异议，认为是边沁对惩罚特性（比如不易言明也难以比较的威吓性）的设置有所欠缺。这种异议可以通过两点来回应：第一，边沁对惩罚特性的设置应当还是把握了最为主要和关键的几个，实难想象这些特性不被用来进行此范畴的讨论；第二，即便可以发现或设立其他所谓更合适的惩罚的特性，也无法在满足所有特性的要求上有较大起色。因此，“成也特性，败也特性”。惩罚特性作为具体惩罚的分析框架，在死刑的问题上已经将其必然的局限性毫无保留地暴露在世人面前。

那么，在边沁后期思想即 1809 年与 1831 年文本中展现出来的立法与司法关系的论述进路，又是怎样一种情况呢？作为常识来说，立法与司法都是法治过程中不可或缺的环节。立法指导司法，司法落实立法，两者之间的应然状态是相互衔接、协调作用的。进一步说，涉及的则是权力如何配置、如何运用的问题。立法权的发挥，既可能约束了司法，也可能放权于司法。惩罚入法，使得司法机关与人员拥有了相关的裁量权，但从罪刑法定的角度出发，实际上在宏观上形成了限制，无怪乎德国刑法学家李斯特发出刑法是“犯罪人的大宪章”的感叹。然而，边沁看到的更多为裁量权的部分。这是有时空背景的，因为边沁生活在典型的普通法系国家，尽管法官要对法的稳定性承担责任，但自由裁量权的宽泛是不言而喻的。衡平法的出现，使得英国法官自由裁量权有了更为丰富同时也更为复杂的内容与方式。而在制定法上，在布莱克斯通进行研究的当时就已存在不下160种的死刑重罪![1] 直到19世纪初，英国刑法中还留有220—230种死刑罪名。[2] 尽管对于18、19世纪英国法官的水平与素养，尚缺乏足够而可信的资料来说明，但基于人性中普遍存在的弱点可以断言，在当时司法的错误、擅断与腐败是必然存在的。于是，数量庞大的死刑罪名，加上法官作为人的弱点，让边沁不免产生担忧、愤怒并进而形成抵抗。边沁意识到，釜底抽薪的办法只有一个：废除死刑。

对于法官裁量中的不合理之处，可以通过外部约束与内在约束的摸索来尽量减少。[3] 但在边沁这里，并不能满足一种绝对性的需要。其实，其他惩罚的裁量中也同样存在类似的弊病。边沁之所以强调死刑的废除，而不放过多的精力到其他惩罚上，以他的观点说就是在其他惩罚中可以减轻、缓和曾犯下的错误以及可以进行相应的赔偿，亦可理解为部分的可逆与完全的可逆。如此，似乎边沁将可逆性直接作为死刑的废除根据就行了，而不需要在威吓性的大小衡量上大费周折。但须注意，仅依赖可逆性的做法，正如前文所述，将会导致在与其他惩罚特性衡量孰轻孰重时发生问题，而这在边沁的体系中是难以说清楚的。这也意味着，立法与司法之关系的分析框架在表面上看起来非常合理，但因为是处于边沁的思想体系范围内，最终仍将落入边沁的惩罚特性亦即第一个分析框架中去。实际上，可逆性的根据说是可以成立的，但不是立于边沁的功利体系，在接下来的部分对此有详细的阐述。

---

① William Blackstone, *Commentaries on the Laws of England* (4), Portland: Thomas B. Wait and Co., 1807, p. 18.

② 马克昌主编：《刑罚通论》，武汉大学出版社2006年版，第87页。

③ ［美］理查德·波斯纳：《法官如何思考》，苏力译，北京大学出版社2009年版，第117—186页。

（二）效益论证的限度以及出路

分析框架对于边沁在死刑废除上的论证的制约，在上文已经大致勾勒出来。但这还只属于“病因”，因为惩罚特性只是边沁惩罚观的理论预设之一；要找出“病灶”，就有必要对边沁惩罚观的功利根基予以回顾和检视了。

在第一章已经提到，功利主义的核心命题为，首先设定关于某种目的状态的原理，其次是设定实现这种目的状态的手段。边沁在其惩罚观中的目的设定已经是明白无误了，即一般预防与个别预防的结合，而在个别预防之下可分为剥夺犯罪能力、使之改造、对其恫吓；实现手段无疑就是惩罚，具体而言为不同类型的惩罚，比如折磨性惩罚、限制性惩罚、劳作性惩罚、死刑等。如何判断手段是否实现了目的，或者进一步说在何种程度上实现了何种目的呢？这一问题，要转化为效益如何这一更为具体的中介问题来予以回答。相应地，在死刑的功利主义省察中，就是要说明死刑的效益究竟如何。在这个问题上，边沁的应对是以惩罚特性的分析展开的，集中于威吓性的证明。要以此路径做出令人满意的回答，就必须在两个细化的命题中至少澄清一个：其一，死刑与带苦役的终生监禁威吓效果等同，两者付出的成本都小于各自获得的效果，但后者的成本相对更少；其二，死刑比带苦役的终生监禁的威吓效果要大，同样两者付出的成本都小于各自获得的效果，但在效果与成本的差价上前者要比后者来得更小。从边沁自己的阐释与西方研读者的解读中，已经得知边沁在此方面基本上采取的是结论式语句，而没有实质性的详细展开，显然属于一种不全面或者说有缺陷的功利分析。其实，就是从今天来看，实证研究的数据来源、方法应用等方面的限制都决定了只可能产生一种有限范围内的结果，这其中还要进行剔除误差的工作，可以推之，在边沁的时代要说明这两个命题是何其困难。

在这个问题上，我国学者邱兴隆先生曾专门撰文予以探讨。在《死刑的效益之维》中，邱兴隆先生认为，要从刑罚的有效性、有益性及节俭性三个方面来进行论证。进言之，通过对死刑在个别预防上能够剥夺犯罪人再犯罪的能力，以及在一般预防上按常识与推理得出的积极威慑效果大于消极威慑效果，可以说其为符合有效性的刑罚方法；依据死刑被分配于所侵犯的权益的价值与人的生命的对比，可以分别得出有益、无益及无法证明三个答案；而无论从个别预防抑或一般预防，都无法证明死刑具有大于终生监禁的边际效益，因而死刑未必符合刑罚的节俭性要求。[①] 这种递进性的分析，实际上是在遵从边沁功利主义路径的基础上，对死刑予以了相较边沁更为清晰的回答。主要表现为，结合了惩罚的一般预防与个别预防，区分了价值对比的三种不同情形，对边沁没有予以说明白的地方进行了补充。然而，死刑未必符合刑罚的节俭性的结论，充其量只是死刑废除的理由之一，而远非足够充分的理由。这就说明，从预防目的出发的效益论证，作为功利惩罚观的根基性内容，无法在死刑的废除上予以彻底证成。

此时，需要予以一个梳理了：死刑的废除到底能不能找到充分的根据？如果能，有哪些根据（复合或单一）？找不到这样的根据，死刑的废除自然就是没有确定性的答案了。在上文中提到，边沁的可逆性可以成立。因为，生死有别，其他身体刑与死刑最大的差别就在于此，这是一条难以跨越的鸿沟。毕竟，人的生命，是所有意识、意志及行为开展的本源。上文也谈到了，边沁提出的可逆性是属于一整套惩罚的特性的，因而在框架上会引致不可回避的诘难，从而陷入一种混乱的交战中。那么，出路何在？目光只能朝向功利主义惩罚观之外。

其实，死刑的存废，在根本上是死刑的价值之争。死刑在效益上的功利考量，只是死刑价值判断的一个方面，因为所有的惩罚都应当具有三大价值：效益、公正、人道。[②] 既然死刑在效益上遭遇了证明上的若干困境，那么就应当看看其他两方面的价值再做综合的判断。首先，死刑是否公正？这可能会比较容易导向对报应主义者的考察。历史上，德国哲学家康德曾经从等害报应的角度表明了态度，他的关于社会解散前应当处死监狱内的最后一名谋杀犯的主张至今仍给人留下深刻的印象。[③] 同为德国哲学家的黑格尔，尽管其出发点是等价报应，在死刑问题上却与康德不谋而合，即杀人必须处以死刑。但是，无论是康德还是黑格尔，都没有在公正惩罚的论题上挖得太深，因为这不过是他们宏大哲学理论中的一小段插曲。在此之后，报应论的发展并没有实质性的突破，在近代更是走向了与

---

① 邱兴隆：《死刑的效益之维》，《法学家》2003 年第 2 期。

② 邱兴隆：《死刑的价值分析》，载游伟《华东刑事司法评论（7）》，法律出版社 2004 年版，第 211—240 页。

③ ［德］康德：《法的形而上学原理——权利的科学》，沈叔平译、林荣远校，商务印书馆 1991 年版，第 166 页。

功利论的交织与融合。另一与惩罚的公正有所联系的议题，即惩罚的相应性问题。美国学者赫希提出了一套理论，即通过对惩罚的基、序等的把握，意图建立较为均衡而合理的罪刑关系。[①] 但是，这种努力，更多地作用在了整体惩罚体系的概括性公正上，而非死刑的具体性公正上。因为，正如邱兴隆先生所言，“罪刑相适应并没有规定什么样的犯罪要求判处死刑，只是说明有死刑时，适用于最严重的犯罪是公正的，它同样告诉我们，在没有死刑存在的情况下，比死刑轻的刑罚适用于最严重的犯罪就是公正”[②]。如此，死刑在公正价值上的判断，似乎已难寻觅到超越康德、黑格尔的具体依据了。这也使得在学者的精英式论断之外，死刑是否公正只能求助于人们心中的惯常性观念了。客观地说，这应归咎于“公正”概念本身的抽象性。如能在“公正”的次级内容上达成类似在“效益”中的基本共识，相关的判断或许就不会这么困难和不定了。这是下一步要完成的任务。

最后，就是对“人道”的观察了。由于惩罚在公正与否的判断上，除了等害与等价的抽象命题外，并没有其他达成或接近共识的次级内容，使得死刑在公正的考量上几乎简化为没有说理的断言。这就提供了一个警醒，即在相关惩罚进行人道价值的分析之前，圈定具体的次级内容成为一个首先需要解决的问题。对此，邱兴隆先生提供了一个参考：要把犯罪人当人；不得损毁犯罪人的人格；不得损毁犯罪人的肢体完整；不得给犯罪人以肉体痛苦。[③] 从中可以看出，人有生命或有生命的人是最低的要求；因为，惩罚不及于人格、肢体完整与肉体痛苦，更遑论人的生命。实际上，“人道”的外延是丰富多彩的，并且随着人类社会的发展而必然出现更多的表现形式，但在根本上“与兽道、非人是相对立的”[④]，因而核心只有一个——人要活着。把将人处死说成是人道的，无异于是一种荒谬逻辑。因此，死刑是不人道的，并且相对折磨性惩罚、带有侮辱性的惩罚等

---

① Andrew von Hirsch, “Proportionality in the Philosophy of Punishment”, *Crime and Justice*, Vol. 16, 1992, pp. 55-98. 在罪刑均衡的假设下，我国学者白建军先生从实证分析的角度出发进行了艰难的探索，参见白建军《罪刑均衡实证研究》，法律出版社 2004 年版。

② 邱兴隆：《死刑的价值分析》，载游伟《华东刑事司法评论（7）》，法律出版社 2004 年版，第 211—240 页。

③ 同上。

④ 陈兴良：《刑法的价值构造（第二版）》，中国人民大学出版社 2006 年版，第 356 页。

而言，是最不人道的惩罚。以死刑在人道价值上的缺失来支持死刑的废除，既没有如其在效益价值考量上的不完备，也没有如其在公正价值考量上的不充分，应当说是属于有力的理由了。但是，一方面，死刑废除的演进中，生命神圣之宗教理念、生命权之自然权利理念以及“生命是人不可剥夺的基本权利”之人权理念都已发挥了影响；[①] 另一方面，“人道主义的官司确实是不好打的，人道主义的呐喊是极易被淹没的”[②]。这种悖论，决定了在现实中理念向行动力的转变还有很长一段路要走。可幸的是，人道作为死刑废除的根据，无论如何在理论上是建立起来了；并且，公正高于效益、人道高于公正的认识一旦达成一致，人道完全可以成为死刑废除的唯一根据。边沁提到的可逆性，就人死不能复生而言，实质上属于“人道”的中心内容，因此完全可以与功利逻辑剥离开来，而直接归属于对“惩罚要人道”的主张与倡扬中去。这应该是死刑废除观的最好出路了。

---

① 邱兴隆：《从信仰到人权——死刑废止论的起源》，《法学评论》2002 年第 5 期。

② 曲新久：《刑法的精神与范畴》，中国政法大学出版社 2003 年版，第 355—356 页。

第四章

边沁的惩罚种类观Ⅱ：通过损失或没收的惩罚

在边沁的惩罚分类观中，除了身体刑（corporal punishment）之外，还有另一大类的惩罚可以归为简单类型的惩罚，即通过损失或没收的惩罚（private punishment，or punishments by loss or forfeiture）。在该类惩罚之下，如同身体刑一样也可划分为若干个小类，分别为使之丧失名誉的惩罚、财产性惩罚、剥夺身份的惩罚、使之丧失法律保护的惩罚。

这部分内容的展开是以边沁的逻辑学思想为基础的。在边沁的思想中，存在“真确实体”（real entity）和“拟制实体”（fictitious entity）之分。物质是唯一的真确实体，而那些通过作为非物质的任何客体的名字的词语来表达的观念，则属于拟制实体。联系功利主义，快乐和痛苦是可被确切感知的，无疑属于真确实体的内容，而比如权利、权力、义务等，就是建立在快乐与痛苦之上的拟制实体概念了。① 就此意义，“拥有”，单从字面来看是不具有实在性的，但是可以作为获得快乐、安全等的手段；相应地，“剥夺”或“没收”作为“拥有”的对立面，也就可以成为一种惩罚了。通过损失或没收的惩罚，就是在这一基础上得以成形的。

第一节　使之丧失名誉的惩罚

名誉，根源于人的道德情感，并且这种情感可以形成对于人的思维、行动等的约束力。在边沁提到的四种约束力中，它属于道德约束力的重要内容。使之丧失名誉的惩罚，与这种道德约束力是密切联系的。然而，道

① ［英］菲利普·斯科菲尔德：《邪恶利益与民主——边沁的功用主义政治宪法思想》，翟小波译，法律出版社2010年版，第12—13页、第20页。

德约束力与政治约束力毕竟在程度、范围等方面都有所不同。因而，边沁在进入对使之丧失名誉的惩罚的论述之前，对与之相联系而又存在区别的名誉的道德约束力予以了详细的剖析。

一　源泉：道德约束力

边沁认为，道德约束力是不由政治官员所掌控的，它的方向和力量都决定于最终落着到的对象，即必须进行自我的亲身体验，因此在形式上是难以概括的，具有随机性，而就计算和预见而言也是非常困难的。[①] 在可分性上，道德约束力是允许细小划分的，从简单的谴责到暂时的友善的搁置再到永久的敌意，几乎涵盖了从小到大的所有程度。在有益于改造上，边沁认为道德约束力一方面可以使人变得更为谨慎，从而避免以后再经历类似的遭遇，同时从他人那里发出的道德评价也会随时间慢慢淡化，另一方面因为不存在上诉或者赦免的情形，这种给予耻辱的道德约束力也可能对改造起到副作用。[②]

在稳定性上，边沁认为是存在缺陷的。他列举了性别、年龄、健康程度、财富大小、社会等级等情形，指出一个人感到羞愧和耻辱的程度与敏感性有关系，而敏感性又取决于前述各种情形的不同。比如，生活在文明国度的女性，因为教育程度和身体状况的缘故而比男性更为关注羞愧的感受；年轻人对于道德观念并无太多的感触，而老年人则因为变得愚钝也不大注意这些观念了；健康的身体、巨大的财富，可能会在抵消来自他人的道德评价的影响上起到作用；社会的上、中层阶级，受公众意见的影响比较大，而下层阶级则可能忙于日常劳动而无暇顾及这些与必要生活不大相关的事情了。[③]

在儆戒性上，边沁将道德约束力和政治约束力做了对比，认为前者的影响不如后者来得大。一个人的名誉，主要作用于他的朋友和熟人这些较为直接的关系，而与其他陌生人的关系不是很大，加之还有一个影响的时间消磨问题，因而难以发挥对于一般人的警示作用。[④]

---

① Jeremy Bentham, *The Rationale of Punishment*, New York: Prometheus Books, 2009, pp. 192-193.

② Ibid., pp. 195-196.

③ Ibid., pp. 193-195.

④ Ibid., p. 195.

边沁的这种分析大体上是合理的。一般而言，道德感是与社会的发展水平、个人的文化素养息息相关的。文明程度较高的社会，人们受到道德约束力的影响也往往越强，而自身也可能产生足够的道德禁忌以免受或不劳他人的指涉。与此同时，由于道德约束并不像法律约束一样有明确的形式外观，更多地属于社会成员之间达成的传统共识，又仅仅限于一种来自他人的评价而非借助一种强力的压制，因而在个人与并未明定的共识之间存在偏差时，产生的影响是微乎其微的。由此可见，道德约束力确实可以构成一种约束，然而却是一种不够强大的约束，也是一种不确定的约束。尽管如此，主要以名誉为对象的道德约束力，在人类的惩罚实践中被转化为了一种以耻辱刑为代表的政治约束力，亦即从道德约束力的源泉中流淌出了政治约束力的活水，边沁接下来对这一特殊的惩罚类型进行了解读。

二 一种政治约束力上的相应惩罚

在道德上成为约束的“使之丧失名誉”，在满足一定条件下可以成为法律上的约束。贝卡里亚曾经说，“法律所处以的耻辱必须同产生于事物关系本身的耻辱相一致，必须同普遍道德和各个制度下的特定道德……所倡导的耻辱相一致”①。但是，由于受到了特定人员的控制，作为惩罚的使之丧失名誉在方向上更为确定、在力量上也更为集中。② 这种惩罚，既可以通过立法的方式也可以通过执行的方式予以施加。当然，在执行的场合，边沁认为要遵守实定法的规定。③ 就具体情形而言，边沁按照不同惩罚的种类予以了说明：金钱刑与准金钱刑带来的不名誉或耻辱是比较小的；准监禁刑和本地禁入稍强一点；逐出国境的惩罚再强一些；监禁刑带来的影响则是比较大了；劳作性惩罚，因与之联系的其他惩罚的缓和与严厉程度而呈现出相应的影响；折磨性惩罚在整体上是拥有极高程度的不名誉或者耻辱性质的，但在个别情形下其大小程度并不与施加于受惩罚之人身上的苦痛或不便相对应，而且恰好相反，比如颈手枷等使人暂时丧失运

① ［意］贝卡里亚：《论犯罪与刑罚》，黄风译，北京大学出版社2008年版，第54页。

② 在《立法理论》中，边沁提到了“耻辱刑”（ignominious punishment）与“丧失名誉”（loss of honour）这两种说法的细微不同，但在本质上是予以等同视之的。参见Jeremy Bentham，*The Theory of Legislation*，London：K. Paul，Trench，Trubner & Co. Ltd.，New York：Harcourt，Brace and Company，1931，p. 349。

③ Jeremy Bentham，*The Rationale of Punishment*，New York：Prometheus Books，2009，p. 198.

动能力的惩罚，比如一些暂时或永久改变人之外观形象的惩罚，对受惩罚之人施加的痛苦与给其带来的耻辱相比，反而不足为道了。此外，边沁还提及了两种特别耻辱刑，一种为对相关人的物品的惩罚，比如古代波斯的鞭打上流人士的衣服以示对其的惩罚，又比如法国以相关人员的肖像进行的惩罚；另一种为在人死后对尸体的侮辱，人类惩罚史类似的实践并不少见。[①]

同样，边沁运用惩罚特性分析法对使之丧失名誉的惩罚进行了研究。在可分性上，边沁认为该惩罚是满足要求的，并且优于其他任何惩罚。为此，边沁饶有兴致地谈到，其他惩罚及其分量的确定无不依靠法律，而使之丧失名誉的惩罚则可以部分地摆脱这种依赖。因此，相关惩罚以法律形式宣布之后，具体执行的任务则落到了民众的身上。[②] 这与边沁在大众性的分析形成了关联，即民众能够在法律允许的范围内充当惩罚的判官或执行人员。[③] 在儆戒性上，沿着前面政治约束力优于道德约束力的结论，边沁认为无论是使之降级抑或将其推置于公开场合而使之感到耻辱，都是能够产生优越的警示效果的；在节俭性上，边沁同样采取了较为满意的态度；在可逆性上，边沁看到了恢复名誉的可行性，只不过在与损害身体或留下痕迹相联系的耻辱刑上不能实现。[④] 可见，在边沁的上述特性分析中，大多采用了赞许的态度，这也为边沁对于该类型惩罚应当予以适用的主张提供了一些理由。但是，边沁并没有在稳定性上给予类似他在道德约束力上的说明，也没有对有益于改造予以进一步论述。可以预想，对于耻辱刑在这两个特性上的符合是存有重大反对意见的。

在之前边沁关于耻辱刑的论述中，可以看到不同种类的惩罚都或多或少地带有不名誉或给予耻辱的意味。但须注意，类似这样的惩罚大多适用于与道德相关的犯罪，比如杀人、抢劫等传统的犯罪；而在诸如走私、选举贿赂等与民众生活的联系不那么紧密的犯罪中，带有道德谴责的惩罚的适用就显得与普通民众的情感不那么相符了。对此，边沁是有认识的。这里就产生了一个犯罪性质的界分与区别的问题。实际上，在惩罚与名誉或

---

① Jeremy Bentham, *The Rationale of Punishment*, New York: Prometheus Books, 2009, pp. 202-204.

② Ibid., pp. 207-208.

③ Ibid., p. 208.

④ Ibid., pp. 208-209.

耻辱的联结背后，存在着法律与道德的复杂互动。“道德的目的，从其社会意义来看，就是要通过减小过分自私的影响范围、减少对他人的有害行为、消除两败俱伤的争斗以及社会生活中其他潜在的分裂力量而加强社会和谐。”① 在此意义上，法律的目的并不与道德的目的相违背，反而是一致的，形成了一种实质内容同一而制裁方式有所区别的竞合关系。但是，要维护的社会秩序不仅限于直接联系于民众的部分，也有间接联系于民众的部分。对于后者，因为其本身的“不可见”或民众的“不在场”，难以上升为强烈的道德情感。对于这部分秩序的侵害，构成了刑法理论中的“法定犯”，而与前部分所涉及的“自然犯”区分开来。尽管不能否认法定犯是可能转为自然犯的，但在这样的过程中夹杂了太多的难以掌控的不确定因素，而且几乎可以肯定地说法定犯与自然犯存在特定时期内的截然不同性，至少在边沁的时代就有这样的情况。因此，如何处理法定犯与耻辱刑的关系，成为了边沁必须面对的问题。

边沁首先假设了民众对于立法者的信任。这种信任的存在源自于一个检验，即民众可以根据立法者行为带来的结果而相应地给予批判或者信任。进而边沁引申出了一个引导民意的问题。换言之，在民众信赖的基础上，立法者可以通过适当的方式建立起民众对于相关犯罪的认识，并形成对于名誉或耻辱的印象联结。对于具体的途径，边沁提到了特殊的立法技巧，比如古罗马时期在某些犯罪后添加若干词汇用以表达耻辱之意的做法，又讲述了类比的说理手法，比如将购买走私之物的行为比喻为偷窃公共资源的行为。② 可以看出，边沁的努力，其重点在于立法者作为的发挥。从他所阐述的示例来看，也是来自于历史上曾经出现过的实践。可以说，边沁于常人之外洞悉了立法者作为的“指挥棒”效应，而这种秘密的窥探，为边沁的立法者理论再次加分。无疑，边沁是从其对耻辱刑重要性的认同出发的，进而在遭遇法定犯的困难场合摸索到了立法者的引导这一有效途径。但是，这只说明了问题的一个方面，在另外一个方面亦即民意的复杂性上，边沁基本上是采取了回避态度的。比如，对于某些法定

① ［美］E. 博登海默：《法理学：法律哲学与法律方法》，邓正来译，中国政法大学出版社2004年版，第387页。

② Jeremy Bentham, *The Rationale of Punishment*, New York: Prometheus Books, 2009, pp. 209-211.

犯，即便立法上采用何种技术都无法在民众心中唤起道德谴责的必要；又比如，立法的作用局限于某个群体或某类人，而无法达成一种普遍共识。对于这些问题，边沁都没有加以考虑。

对于使之丧失名誉的惩罚或曰耻辱刑的重视，既与边沁对于惩罚种类的功利考察有关，也与惩罚本身对精神的作用力有关。人都是社会动物，既处于社会之中，必然要受到方方面面的牵制。如果说其他类型的惩罚主要是针对犯罪人本人及其相关拥有物，那么耻辱刑则因调动了社会的舆论压力而构成了对人之精神的影响。就范围来看，这种惩罚也同其他惩罚一样具有普遍性。比如在我国的历史上也曾出现过象刑、髡刑、墨刑、弃刑、明刑等多个种类的惩罚，或作为独立刑或作为附加刑予以适用，充当了阶级统治与压迫的重要工具。[①] 在今天，残酷、恐怖的身体刑已经在大多数国家一去不复返了，而以更为轻缓的表达方式出现的耻辱刑却走进了有关学者的视野，比如所谓的犯罪信息的公开披露的建议。[②] 必须指出，类似以改造之名行威吓之实的措施与方案，始终无法掩盖其对受惩罚之人之个体感受的侵略性与漠视性。名誉固然可以恢复，而给受惩罚之人造成的内心创伤却是永远也无法弥补的。退后一步，即算试图激发受惩罚之人的羞耻心以促成自我改良，也要从其他非公开化的策略与手段着眼。边沁没有意识到这点，因而不尊重犯罪人的幽灵又一次在他的思想中冒出了头来。

第二节　财产性惩罚[③]

在论及惩罚特性的节俭性、有益于补偿时，边沁就附带地提到了财产性惩罚。由于此种类型的惩罚是对人的金钱、财物等的剥夺或没收，因此

① 杨鸿雁：《中国古代刑罚中的耻辱刑刍议》，《西南政法大学学报》2000 年第 4 期。

② 李立景：《诉诸舆论的司法：耻辱刑的现代流变及启示》，《南京师大学报（社会科学版）》2006 年第 5 期。

③ 按照英文字面意义，“pecuniary forfeitures”应当直译为“没收金钱”或“金钱的没收”。从边沁的主题行文来看，实际上涵盖了“金钱的没收”（pecuniary forfeitures）和“准金钱的没收”（quasi-pecuniary forfeitures）两种类型。因此，在标题处以及正文中符合相关意思的地方译为“财产性惩罚”，而在其他直接与“金钱的没收”相关的地方译为“金钱性惩罚”或“金钱刑”，相应地，与“准金钱的没收”相关的地方译为“准金钱性惩罚”或“准金钱刑”。

被边沁归入了通过损失或没收的惩罚这一大类。就金钱或财物而言，能够给人带来生活的便利从而产生快乐，这是常识。相应地，对于金钱或财物的剥夺或没收，因影响到人们的正常生活而产生了痛苦，在此意义上成为一种惩罚。

以剥夺或没收之物的不同，可以从字面上分为金钱刑与准金钱刑，前者指向纯粹的金钱，后者指向可以替换成金钱的物品。对于财产性惩罚的法律实施方法，边沁做了简单的梳理。比如单纯对金钱的剥夺，前提是需要明确知道犯罪人拥有的金钱数额，以及具体的地点；又比如对犯罪人实际占有物品的没收，而后者可以通过买卖折抵相应的数额；以及在犯罪人对财产拥有法律权利，或所有与实际占有相分离的场合，通过强制促使犯罪人提供相关情况的必要信息。[①] 可以说，财产性惩罚在内容上不存在理解的困难，因此边沁对此所做的相关说明并未如在折磨性惩罚、限制性惩罚等惩罚中的那般详尽。然而，边沁还是一如既往地坚持了其在具体惩罚种类上的特性分析。

实质上，金钱性的惩罚涉及的是金钱的移转。从接受一方来看，这种移转是可以产生利益的，也有益于补偿，这在边沁之前论及节俭性和有益于补偿时有所提到。但是在深入分析金钱性惩罚的场合，边沁在节俭性上多了一些与他之前的泛泛而谈不一样的看法。边沁的视野，从受惩罚之人扩张到了他周围的家属亲人。作为付出金钱的一方，受罚之人的经济条件与生活状况要变得比以往更差，而必然牵连到与他朝夕与共的家人。边沁澄清，这并非一种同情的感情之痛，而是一种原初性的痛苦，因为金钱的剥夺与没收将使他们切实地认识到生活即将走向贫困，以前的便利和快乐将无法继续享受。而这些扩及性的影响，可能抵消由惩罚带来的利益。[②] 边沁继续说到，金钱性惩罚在平等性上的表现不错，尽管其承认了较富裕的人与较穷困的人对于同样数额的财产会有不同的感受，但并不属于一般性的情形；在可分性、可逆性以及大众性上，金钱性的惩罚都能符合要求；而在儆戒性上，由于执行并不公开，难以与正常支付形成区别，只能通过数额的大小来形成相应的威吓，不过在准金钱性惩罚中对于特定物的没收，比如祖传的土地、从父辈处继承而来的房屋，因为附加了私人感情

① Jeremy Bentham, *The Rationale of Punishment*, New York: Prometheus Books, 2009, p. 216.

② Ibid., pp. 217-218.

的要素而不能与一般同类物等同对待，这时没收性惩罚的儆戒性就相对更大了。[①] 可见，财产性惩罚继使之丧失名誉的惩罚后成为了边沁的又一宠儿。上述谈到的特性，可通过两点来概括：数量性和通用性。在有益于补偿、节俭性、可分性、可逆性上，缘于作为财产刑对象物的金钱在数量上可以计算，或者其他物品可以折算成金钱；在平等性与大众性上，缘于金钱的一般等价交换物的定位。

总的来说，边沁在此的分析与他在耻辱刑中的做法如出一辙，即没有认真考虑和对待相关惩罚的缺陷之处。除了边沁认为不大能成为问题的贫富差异之间的不平等性、对亲人的牵连影响之外，财产性惩罚还在重罚不重教、执行困难、以罚代刑、适用范围较窄、容易导致逃避制裁、容易导致重新犯罪等多个方面存有不足。[②] 比如在当时属于财产性惩罚必然内容的没收财产刑，受到了同持功利惩罚观的贝卡里亚的猛烈抨击，"没收财产是在软弱者头上定价，它使无辜者也忍受着罪犯的刑罚，并使他们沦于必然也去犯罪的绝境"[③]。又比如边沁其实非常清楚受罚之人经济状况的差异，因而总结了犯罪的收益、犯罪侵害的事物价值、损害的程度以及犯罪人的财产这四小项以供参考的情形；显然，前三小项关系到的是犯罪的客观危害程度，而第四小项则既无关于客观危害也无关于主观恶性，而仅涉及了犯罪人的支付能力。在边沁的逻辑世界里，或许可以从预防犯罪的目的出发，通过惩罚与犯罪的比例规则找到一个合理的决策，使得依据犯罪人的不同财产状况施加不同严厉程度的惩罚，从而得到基本一致的效果。但是，这显然有违背罪刑相适应原则之处。而且，在要补偿被害人的场合，如何匹配犯罪人的财产与被害人的损失，最终还得以前者的状况为基础。以此来看，边沁对于财产性惩罚的反思基本没有迈开步伐，尚停留在起步阶段。

从英国的法律传统来看，盎格鲁-撒克逊时期的犯罪与民事违法界限模糊，使得作为惩罚方式的金钱赔偿与在民事范畴内的赔偿损失之间并无明显的差别，财产刑主要有赔偿金、补偿金和罚金。诺曼征服以后，封建

---

① Jeremy Bentham, *The Rationale of Punishment*, New York: Prometheus Books, 2009, pp. 217-220.

② 马克昌主编：《刑罚通论》，武汉大学出版社 2006 年版，第 198—200 页。

③ ［意］贝卡里亚：《论犯罪与刑罚》，黄风译，北京大学出版社 2008 年版，第 58 页。1870 年，英国通过了《废除没收财产法》。

所有制得到发展，侵犯财产的犯罪进一步增加，没收财产的惩罚也开始适用于叛逆罪与重罪。[①] 到边沁的时代，资产阶级已经登上英国政治的舞台，社会经济的发展进入了一个速度更快的轨道。一方面，基于犯罪同其他事物一样会刻上时代的烙印，侵财型犯罪有增无减且形式更趋多样；另一方面，基于人们生活中经济财产重要性的提升，将剥夺或没收相关财产作为惩罚受到了更多的青睐。边沁对于财产性惩罚的偏好，与英国社会及其法律制度的这种发展经历是存有一定联系的，确实可以从中找到财产性惩罚之时代符合性的若干正当理由。财产刑指向的是人身之外的钱财，终究要好过影响及于人之身体的惩罚，这是其作为一种惩罚赖以存活的最根本原因。对于这种在本质上相对其他惩罚具有相当优势的惩罚，应该从限制不合理性的角度出发来进行修正，比如没收财产刑的废除，比如罚金刑的易科、缓刑制度的正当性探讨，以促进其合理性的最大程度的发挥。

还有一处较有意思。边沁对折磨性惩罚进行了简单与复杂的划分以及对更小子类诸如改变肤色、毁容、断肢等内容的详细论述，而对财产性惩罚却只粗略地提及了确定与不确定之分，以及在确定的惩罚之下分为限制型和固定型的寥寥数笔。稍多点的，边沁根据英国当时的法律制度，对于几个财产性惩罚的不同名称进行了常识性说明。[②] 在篇幅上，财产性惩罚不仅不及于折磨性惩罚，也远比不上同为通过损失或没收的惩罚的耻辱刑。放眼当下，折磨性惩罚几近消逝，而耻辱刑在取舍上游离不定，这些都与财产刑和监禁刑的并驾齐驱、成为较为主要的惩罚类型的状况形成了鲜明的对比。并且，财产性惩罚的制度建设已经走上了精细化的道路。如在我国，罚金适用方式上的选处、单处、并处、并处或单处，罚金数额上的比例制、倍数制、比例兼倍数制、特定数额制、抽象罚金制，缴纳方式上的一次或分期、强制缴纳、随时缴纳、减少或免除缴纳，以及没收财产的范围、偿还债务相关问题等，在立法上都有了明确的规定。[③] 边沁执迷于财产性惩罚，却没有以其长于的分类本领展开诸如在其他惩罚中的详细分析，不能不说是一个遗憾。

---

① 何勤华、夏菲主编：《西方刑法史》，北京大学出版社 2006 年版，第 297—314 页。

② Jeremy Bentham, *The Rationale of Punishment*, New York: Prometheus Books, 2009, pp. 219-220.

③ 高铭暄、马克昌主编：《刑法学》，北京大学出版社、高等教育出版社 2000 年版，第 249—251 页、第 254—255 页。

第三节 剥夺身份的惩罚[①]

相对财产性惩罚，剥夺身份的惩罚吸引到了边沁更多的目光。边沁从对诸如丈夫身份、等级身份、公职身份以及议会选举的投票权等的介绍开始，指出这些身份的拥有能够给人带来情感、尊严、财富、荣耀等多方面的好处。[②] 正因为身份是产生快乐的一口源泉，对其的剥夺就会使得井枯水干，而曾经享受了因其身份带来实惠或好处的人就会感受到痛苦的恶。以此方式，这种通过身份的剥夺制造痛苦的方法也进入了惩罚的庞大体系。

边沁的分类癖好使其在婚姻身份、父亲身份、儿女身份、受托人身份之下分别罗列了若干牵系到的具体的快乐。在此，不全列举而仅作概括。前三种身份各自独特的快乐有，制度化婚姻而带来的愉快感、父辈享受儿辈的孝敬、儿辈对父辈的感激；而三者共同拥有的快乐则为：使用对方财产的快乐、被对方关爱的快乐、因对方良好声誉而感到的快乐、看到对方幸福的快乐、继承财产的快乐等。关于受托人身份，能够带来的快乐有：期望为他人增进幸福的快乐、期望获得他人的信任而可以使用信托财产的快乐、期望分享来自他人对其能力和廉洁的肯定的快乐，获得与工作职责相关的酬劳的快乐等。[③] 这些快乐的列举，无疑属于边沁在道德思想体系中设计出的苦乐细目表的一个延伸和发展。由于并非金钱或财物等外在物，边沁指出的上述快乐源于个人的内心感受，因而又落入了之前谈及的敏感性问题。为此，边沁又一次感叹，“……快乐名义上是相同的，但在价值上易于非常不同”[④]。

就惩罚的方式而言，主要表现为一种声明，包括通过法律上的离婚、对离婚后生子的认定、终止亲子关系的判决等。可以发现，这些手段在今天基本上都被划入了民事的范畴，如此来看，边沁将剥夺身份作为惩罚来

---

① “Condition”直译为“条件”，但从边沁所讲的主要内容来看，涉及婚姻、父亲、儿女、受托人、自由（人身）及政治自由这几方面，采用“身份”的说法似乎更为合适。当然，这一译法还有待商榷。

② Jeremy Bentham, *The Rationale of Punishment*, New York: Prometheus Books, 2009, p. 221.

③ Ibid., pp. 222-225.

④ Ibid., p. 225.

看待似乎有些不尽合理。这种看法有其道理，然而，边沁在当时也确实是将之定位为了具有刑事属性的惩罚。[①] 究其原因，可能与英国当时的惩罚实践中常识性认识有关，又或者在当时剥夺相关身份的措施在严厉性上与其他不大能引起歧义的惩罚大同小异，以及其他。从边沁本人来看，这与他的苦乐学说存在着并不矛盾的逻辑连贯性，或许也可成为一个相关的因素。这方面的历史考古，完全可以作为一项全新的工作来进行，而在本书就不予展开了。不过，从边沁的惩罚类型观中看到当下讨论火热的刑民交叉的身影，却是一个意料之外的收获。

既然边沁是以带有刑事属性的惩罚之定位来谈对身份的剥夺的，那么他以往采用的惩罚特性分析法便自然成为了要关注的对象。然而，边沁在此并未使用这一分析法，对于剥夺身份的惩罚是否符合或满足相关特性及其程度如何，完全没有任何直白的字眼。实际上，边沁在稳定性上还是有涉猎的。在前面快乐在名义上一致而在价值上有异的基础上，边沁指出该惩罚产生的效果是不确定的，而取决于当事人比如父亲和儿子的直接联系，实质上表明了该惩罚在稳定性上存有不足。[②] 尽管没以惩罚特性为切入点展开对剥夺身份的惩罚的分析，但边沁还是发掘出了一个两难困境。以对父子关系的裁判为例：如果犯罪人不是相关人员的父亲，那么，宣布他不是某人的父亲的行为不足以成为一种惩罚；如果犯罪人是相关人员的父亲，那么，这样的宣称就无异于是一种假话或谎言。[③] 边沁的意思是，法律声明与它的真实作用是两码事。在此，边沁陷入了一种自我混淆之中。所谓的两难困境，存在于法律对人之感情关系意图发生作用的场合。因为法律是外在强制，而感情是自发而生的，如果个体感情足够强烈，完全可以抵挡得住来自外界的侵扰，比如即便法律解除了父子关系，父亲依旧关爱其儿女并从中得到了快乐，反之儿女也是一样。但是这仅为部分的情形，两难困境在及于财产、继承权等的场合是不存在的，这是另外一部分的情形。事实上，边沁列举了“血统败坏”这种英国古法中的惩罚，涉及的就是财产继承权的剥夺。[④] 从中可见，法律声明起到了实质性的作

---

① Jeremy Bentham, *The Rationale of Punishment*, New York: Prometheus Books, 2009, pp. 226-227. 对剥夺身份的法律声明，边沁明确地使用了“penal instrument”这个词组。

② Ibid., p. 226.

③ Ibid., p. 227.

④ Ibid..

用。另外，边沁在婚姻、父亲、儿女、受托人之后，又谈到了人身自由和政治自由及对两者的剥夺，也真实地影响到了受惩罚之人的切身利益。种种情形都表明，剥夺身份的惩罚在严厉性上并非是一种虚幻。

第四节 使之丧失法律保护的惩罚

在通过损失或没收的惩罚的论述的结尾处，边沁提到了一种所谓使之丧失法律保护的惩罚。由于“法律的保护”属于一个较为宽泛的概念，并且单从字面意思来看几乎属于政治共同体中所有成员都应享有的权利，如若不予以特别说明就难以定位到某一具体的法律或权利，更不用提以此为基础展开的惩罚了。事实上，边沁的确没有予以细致阐述，只是笼统地指出与之相关的惩罚是“繁杂”与“广泛”的。如若要说边沁做了什么，那就是对使之丧失法律保护的惩罚的大致内容有所介绍，并与其他两种相关的法律手段做了简单的比较。

边沁提到，在该惩罚中，法律扮演的不是积极的角色。一般情况下，人享用其私人财产是受到法律保护的，其他人的干扰或侵犯显然不被法律允许；但相关人员在受此惩罚之后，法律不再为其提供后盾与支持，亦即不会介入可能存在的其他人的干扰或侵犯。① 换言之，相关受惩罚之人成为了某种意义上的“法外之人”，进入了一种自然状态，随时面临未知的侵扰与干涉而得不到强力的救济。这种惩罚与对占有物或财产的没收并不完全相同，尽管都涉及相关人员对于占有物或财产的享用，但后者采取了积极的强制手段而非处于一种置之不理的状态；这种惩罚也与所谓的“法庭的使之不能”的惩罚存有区别，后者主要为法律尽其所能来阻止相关人员获取财物的努力，构成了边沁之后谈及的剥夺法权（outlawry）这种复杂惩罚类型的一个部分。②

就篇幅来看，边沁对于使之丧失法律保护的惩罚的论述，在所有具体惩罚类型的分析中是最少的。另一处与之相当的为边沁在复杂类型的惩罚中提到的保护王权令（praemunire）。这两处，共同构成了边沁向来就有的详细分析风格的例外。

① Jeremy Bentham, *The Rationale of Punishment*, New York: Prometheus Books, 2009, p. 230.

② Ibid..

第五章

边沁的惩罚种类观Ⅲ：复合型的惩罚

在《惩罚原理》第五部分中，边沁的研究扩及了若干不同于他之前论及的惩罚类型，称为“复合型的惩罚”（complex punishments）。[①] 该部分研究始于边沁对惩罚的行为与结果的思考。边沁认识到，即便惩罚的行为或操作方式单一，其带来的结果也可能是多方面的，比如较为简单的监禁刑能够影响到受惩罚之人的财富、名誉及生活处境等，这是非常自然也是无疑义的；但当惩罚的行为或操作方式呈现出多元状态时，就需要区分适当（proper）与不适当（improper）这两种情形了。在适当的情况下，惩罚具有一个清楚、明白的名称，其名下涵括的多种行为方式在法律上有明文体现，而不会出现理解与适用上的分歧；在不适当的情况下，惩罚的名称则显得晦涩难懂，内部包括哪些产生恶的行为也不能事先确定，一切处在较高程度的未知当中。[②] 边沁着力批判的对象，就是这些不适当的复合型惩罚，主要包括了放逐、重罪之罚、保护王权令、剥夺法权和绝罚。[③]

---

① “Complex punishments”可直译为复杂的惩罚、复合的惩罚。考虑到边沁之前在折磨性惩罚中区分了简单的折磨性惩罚与复杂的折磨性惩罚，而在此处尽管包含有复杂的成分，但更强调是由多种惩罚的组合，因此采用了“复合型的惩罚”一说。

② Jeremy Bentham, *The Rationale of Punishment*, New York: Prometheus Books, 2009, p. 263.

③ 在该部分，边沁还初步提到了“全景监狱”（panopticon penitentiary）。当时，边沁是将之作为一种复合的惩罚类型加以阐述的，并且对此持有非常正面的肯定态度。该惩罚类型在之后发展为占据了边沁后半生绝大多数时间的宏伟计划，较为集中地体现了边沁的惩罚执行思想，故在此暂时不予分析。

第一节 放逐

一 两种模式

在历史上，英国曾经在北美地区实行过殖民统治，大批的犯罪人曾被作为放逐的对象而驱赶到了这片广袤的土地上。随着美国的独立，英国的殖民政策有所调整，重心转向了新南威尔士。① 因而，在18、19世纪富有英国特色的殖民史中，放逐成为了休戚相关而无法抹去的重要惩罚，并进而形成了较旧的北美模式和较新的新南威尔士模式。比较而言，以北美为目的地的放逐，在当时存在一种契约制度，在政府之外还有中介、雇主，使得被定罪之人可以通过一定的出价来逃脱惩罚；在以波特尼湾为目的地的放逐制度下，所有的成本都由政府支付，殖民地总督充当了雇主的角色，负责受惩罚之人的住宿、饮食、劳动等，使得通过金钱给付等规避惩罚的机会大幅减少。尽管如此，边沁认为放逐这种惩罚在平等性上是有所缺失的，原因在于其是由逐出国境与劳役结合而来的惩罚。逐出国境的惩罚已不需多言，在边沁之前的分析中已经有所了解；而劳役，就其本身而言在独立适用的场合可以发挥一定的有利影响，但在逐出国境之惩罚的牵连下，其作用的发挥也受到了限制。为了充分展示放逐的利弊得失，边沁就几种惩罚的特性进行了阐释。②

二 具体的剖析

儆戒性，被作为了刺向放逐的第一把尖刀。在逐出国境的惩罚中，边沁已经提示了民众在获取与惩罚相关的信息上的困难，而只能依靠故事、

① 边沁对放逐刑的论述，比较了北美和新南威尔士两种模式。据史料记载，1770年库克船长才在悉尼附近登陆，到1788年（一说为1787年）英国第一批囚犯和居民才抵达新南威尔士。因此，《惩罚原理》关于放逐刑的论述，应该是在1775年以后的事了。这与部分学者所持的《惩罚原理》手稿成于1774—1776年之间的说法形成了冲突。一个契合前述说法的可能为，编辑人员将边沁在1775年之后关于放逐刑的手稿加进了之前形成的主体部分。因为相关资料的缺乏，这个猜测有待进一步证实。

② Jeremy Bentham, *The Rationale of Punishment*, New York: Prometheus Books, 2009, pp. 265-266.

传说与想象等来理解这种脱离于公众视野的惩罚。在放逐的惩罚中，边沁予以了较之以往论述更为深刻的揭示——引入了对犯罪人实际遭遇的介绍。受惩罚之人被装载在拥挤、肮脏的船中，要经历6—8个月的航程才能到达目的地；其中，可能遭遇海浪的侵袭，以及要面对传染性疾病甚至是死亡的危险；在达到目的后，可能遇到饥饿、进行持续的苦力劳动、遭受掠夺等，于人都是不小的苦难。[①] 这些情况，都是对当时作为惩罚的放逐的真实写照。然而，这只是问题的一方面。另一方面，广大民众并不太知悉也不都明白这种惩罚的真实严厉性。边沁无奈地提及，这些惩罚中只有不到总数的百分之一甚至是千分之一的情形能够给最容易犯罪的人留下印象。[②] 而在涉世未深的年轻人身上，作为惩罚的放逐的威吓机能的发挥就受到了更大的阻力。为此，边沁举了一个他所听到的真实故事：一个14岁和一个16岁的年轻人因为偷盗被判处了放逐的惩罚，当小一点的年轻人开始哭泣的时候，被在他身边的年长同伴嘲讽为了胆小鬼，而后者认为自己将被送往的是一段伟大的旅程。[③] 可见，隐藏着巨大风险的放逐在某些人眼里成为了一段奇特的经历，更趋向于对未知世界的探险而非包含特定威吓目的的惩罚。这种境况，在以边沁为代表的惩罚实践须以有关目的为指导的立法者看来，简直是莫大的嘲讽。此处，也涉及了边沁在惩罚理论预设中的价值学说。惩罚的价值有实在和表面之分，而表面的价值与一般预防有更为直接的联系。在放逐的惩罚中，从边沁上面的论述来看，表面价值遭到了重大的削减或抵消。如果说边沁在惩罚的价值预设中举出的对肖像的惩罚这一例子在今天已无法具备较强的说服力，那么边沁在此处对于放逐的惩罚的表面价值没有达到其应该的水平的举例，则是足以发人深省的。换言之，按照功利主义逻辑，惩罚的表面价值固然是值得追求的，但不能一味地向上浮夸，否则将沦为一种不切实际的立法的主观幻想；但是，惩罚的表面价值至少应当不低于其实际应该具备的价值，一种惩罚能够给人产生一种冒险或旅行的感觉，明显是存在问题而不合常理的。因此，边沁在放逐的惩罚中所做的一番正反比较，使人在其惩罚的价值学说上有了新的认识，而这种认识是富有积极意义的。

---

① Jeremy Bentham, *The Rationale of Punishment*, New York: Prometheus Books, 2009, p. 267.

② Ibid., p. 268.

③ Ibid..

有益于改造，成为了继儆戒性之后向放逐刑发出的又一攻击。边沁在此的分析比较了北美模式和新南威尔士模式的不同。在北美尚还属于放逐的目的地时，受惩罚之人在抵达并被雇主收留以后，进入了一个较为节俭和清廉的环境；在从事劳动中，受到了周围所有人的打量和关注，没法轻易懈怠下来去进行一些具有恶性倾向的活动；如果受惩罚之人尚保留诚实的品质，还会受到旁边人的鼓励与支持，有如其在原来生活社会中的情形。① 而到新南威尔士成为放逐地的时候，这一切都发生了重大的改变，与北美存在数目众多的家庭不同，新南威尔士的管理人员远不能达到相应的需求，由于不能对懒惰、赌博、醉酒等进行有效的监管，反过来又使得受惩罚之人对维持秩序的当局产生了蔑视而进一步加剧了不服从命令的混乱状况，以至于边沁用了一种较为极端的比喻来说明当时当地的情形——“狼和狐狸的社会”。② 在管理之外，边沁提及了类似于监狱中交叉感染的人际影响问题。例如，在殖民地建立的早期，因犯罪而被放逐的人员或许还能在行为上与一般秩序相匹配，而当惩罚期满成为了当地常住居民之后，这些人员的禁忌感和约束感开始消失，教唆、帮助那些尚处在服刑期的人员的情形屡屡出现，以致造成非常恶劣的影响。③ 在净化心灵、寻求慰藉的宗教指导和教育上，牧师人数屈指可数，而新南威尔士土地广阔，在路途遥远的不同教堂之间来回奔波，既压缩了牧师引导做礼拜的时间，也降低了相关活动的质量，从而使得宗教约束力的束缚作用达不到理想的程度。④ 而被边沁认为对改造构成了最大威胁的原因，则是普遍性的，并且是过度的对于烈性酒的依赖。不同性别、不同年龄、不同职务、犯了罪的还是没犯罪的，都嗜好饮用烈性酒，甚至达到了几近疯狂的程度，有人一取得种庄稼的所得就转手用来购买了酒。管理当局在禁止措施上做得十分糟糕，基本没办法阻挡烈性酒的流入。⑤ 在酒精的麻醉与侵蚀下，人的身体健康与意志力都受到摧毁，并因相关的依赖而导致了盗窃、抢劫等犯罪行为的发生。对于烈性酒的负面效应，边沁的见解不仅向人们展示了当

---

① Jeremy Bentham, *The Rationale of Punishment*, New York: Prometheus Books, 2009, pp. 268-269.

② Ibid., pp. 269-270.

③ Ibid., p. 271.

④ Ibid., pp. 271-272.

⑤ Ibid., pp. 273-274.

时进行道德改良的现实窘境，就是在今天也给人以诸多的启迪。此外，与前面的管理缺位有关但不相同的，边沁还提及了警官的腐败和司法过程的瘫痪状况，这更是助长了秩序的混乱而为相关犯罪活动提供了可乘之机。[①]

关于北美和新南威尔士两种模式的对比，边沁的研究是带有类型化倾向的。新南威尔士模式是由政府主导的，按理应当比由农场主导的北美模式获得更大的预期效果。但是，“应当为何”与“实际如何”之间的巨大反差让边沁尝到了挫败的滋味，因此怒而起身鞭笞上述提到的种种情形。一般性管理、官员腐败、对酒精的控制等都被作为了理由，来支持边沁的一个愤然的论断——放逐刑在改造这一个别预防上是失败的。而在个别预防的另一目的即剥夺犯罪能力上，边沁采用了与以往稍有不同的先扬后抑的叙述手法。放逐不同于监禁，是要将人送往国外殖民地的惩罚。从本土居民来看，犯罪人从他们生活里消失了，也不用再为这些人可能实施犯罪而担忧了。这可归结为因犯罪人的空间转移而造成的犯罪不能。但是，边沁提醒到，对于母国的人们来说看不到犯罪了，并不意味着犯罪人就不会犯罪了，犯罪人在被放逐到殖民地后仍然可能恶性不改而继续犯罪。他强调说，“……没有减少犯罪的数量，而仅仅是改变了犯罪的地点”[②]。在此，边沁的警示引发了人们的思考，即剥夺犯罪能力的评价标准何在？在本土执行的监禁刑中，将犯罪人关押起来被认为是满足剥夺犯罪能力这点要求的，主要原因就在于实现了空间上的隔离；将犯罪人送至千里之外的放逐刑，同样从空间或地理位置入手来实现犯罪人与普通民众的隔离，为什么在剥夺犯罪能力上却获得了不同的评价呢？为此，边沁指出了一个事实，即受惩罚之人在被放逐到殖民地后，可能再返回到母国，其中既包括得到了允许的，也包括了未经允许而擅自逃离的，并且随着海上贸易的扩张，犯罪人逃离殖民地而返回母国的机会越来越多。[③] 由此可见，在边沁的看法中，空间的隔离必须是具有确定性的，像放逐刑这样充满了较大逃

---

① Jeremy Bentham, *The Rationale of Punishment*, New York: Prometheus Books, 2009, pp. 272-273.

② Ibid., p. 274.

③ Ibid..

离可能的惩罚无疑削弱了剥夺犯罪能力的效果。[①] 因而，边沁在此体现出来的对剥夺犯罪能力的评价是具有绝对性倾向的：其一表现在犯罪的数量上，要绝对减少；其二表现在犯罪的空间上，要绝对隔离。

在对被害人一方的补偿上，边沁只是简略地言及放逐的惩罚难以实现该目的，一笔带过而没有展开。[②] 在经济性或称节俭性上，边沁做了一笔计算。根据财务委员会（committee of finance）的第 28 次报告，以 1798 年为截止期限的 10—11 年里，建设殖民地耗费了总共 1037000 英镑，摊在每个人头上大概有 46 英镑。这些花费中，主要包括了以下名目：运输工人的费用；总督、法官、监工、警官等管理人员的开销；用于确保服从与和平的军队的开销；工人本身不卖力而做出的贡献不多；工具、原材料的运费。[③] 而在作为母国的英国，据有关统计，维持一名犯罪人正常生活的费用大概是 10. 13 英镑左右。[④] 两相比较，孰优孰劣一目了然。要付出这样巨大的成本，边沁认为是不值得的。何况前面已经谈到，放逐的惩罚在儆戒性、有益于改造上都是倾于无效的，而在剥夺犯罪能力和补偿危害上存在不足。另外，边沁还补充说到了放逐的惩罚容易加重的问题。他指出，根据立法者的意图，放逐刑的期限基本为 7—14 年，在惩罚体系中属于相对较轻的惩罚，然而在实际中却经常出现犯罪人死亡的情况，而无异于事先判处的是死刑，而且，这种可悲的灾难却往往发生在最为脆弱的人身上。[⑤] 边沁在此所说的，进一步加强了其在放逐刑的开篇之时就不平等性所做的论证。

在惩罚的功利性计算中，边沁在放逐的惩罚中所做的论述是比较成功的。然而，也可能出现这样的挑战，即犯罪人被运往殖民地，支持了当地的开发建设，促进了社会经济的繁荣，而具有远非金钱能比的重大贡献。

---

① 监禁刑的执行过程中，同样也会出现越狱等情形。在边沁的认识中，这种情形可能远比不上放逐刑中的逃离返回的问题。另外，执行监禁刑中可能出现的意外，可在监狱的设计与管理上予以较之放逐刑更为有效的应对，这在边沁的“全景监狱”中有所体现。

② Jeremy Bentham, *The Rationale of Punishment*, New York: Prometheus Books, 2009, pp. 274-275.

③ Ibid., p. 275.

④ ［意］切萨雷·龙勃罗梭：《犯罪人论》，黄风译，中国法制出版社 2005 年版，第 373 页。

⑤ Jeremy Bentham, *The Rationale of Punishment*, New York: Prometheus Books, 2009, p. 276.

这种观点似乎是沿着功利观的脚步在前行的，从而抛出了一团可能让人困扰的迷雾。对此，边沁明确指出，新南威尔士殖民地的日渐昌盛靠的主要是迁徙而来的自由移民，是他们的辛勤与诚实的劳动让社会经济得以发展，而犯罪人的问题始终存在，不过因为前者的努力而得以部分抵消。① 后来的刑事人类学派的代表人物，意大利的龙勃罗梭，通过对美洲、澳大利亚等地相关历史的考察，支持了边沁的刑事殖民地在经济上损耗巨大的观点。② 由此，为放逐刑辩护的窗口慢慢关闭了。若干年后，民族运动兴起，与殖民地有着紧密联系的放逐也走向了尽头。

第二节 重罪之罚

边沁对于重罪之罚的研究始于词源上的考察。关于“felony”这个词的由来，仁者见仁，智者见智，在不同词源学者中有基于各自知识背景所做出的不同论断。其中，边沁提到了一种他比较感兴趣的说法，即“felony”是由“fee”和“lon”组合而来，前者自盎格鲁-撒克逊时期以来在英国就有财物或金钱的意思，而后者在德语中有价格的意思，合起来的意思为，与生命或产业同等价值的行为；然而，边沁倾向于认为“felony”是来源动词而非这两个名词，进而，他主张“to fall”这个动词可以通过形而上的扩展而拥有“to offend”的意思，并将盎格鲁-撒克逊传统中的“feallan”和德语中的“faellen”作为了辅助说明。③ 边沁的这一考证是否准确，有待今天的词源学家去讨论。④ 不管是边沁坚持的动词词源还是其他学者的名词组合，其中的共同点是可以找到的，即“felony”蕴含了一种程度非常之高的意味。

在历史上，“felony”不仅为惩罚的名称，更是对一类犯罪的指称，即重罪。最初的源头，要牵涉到英国封建时期君主和封臣之间的特定关系。在当时，对领主不忠被视为是极大的罪行，而相应的惩罚为没收罪犯的土

① Jeremy Bentham, *The Rationale of Punishment*, New York: Prometheus Books, 2009, p. 278.

② ［意］切萨雷·龙勃罗梭：《犯罪人论》，黄风译，中国法制出版社 2005 年版，第 371—373 页。

③ Jeremy Bentham, *The Rationale of Punishment*, New York: Prometheus Books, 2009, p. 291.

④ 我国有学者指出，“felony”一词来源于拉丁文“fell”或“fel”，包括了恶毒的意思。参见何勤华、夏菲主编《西方刑法史》，北京大学出版社 2006 年版，第 319 页。

地和财产，将之归为国王所有，并根据其犯罪行为的轻重而另行处以死刑或其他惩罚。[①] 在诺曼征服时，重罪（felony）的名称被正式引入了英国。[②] 在一段时期内，该犯罪仅指少量的粗暴性质的犯罪，比如杀人、盗窃、抢劫等，应当说性质还是比较单一的，犯罪圈也比较特定。[③] 随着时代的发展，英国在制定法和普通法上相继规定越来越多的重罪，以致犯罪圈不断向外扩张，到边沁的时代已经是不堪重负。无怪乎边沁会恼怒地说道，“我丝毫也没有更明白他的罪行是什么：我所能从中知悉的全部，是他将遭受什么苦难。他可能犯了侵害个人之罪，可能犯了侵害邻里之罪，也可能犯了侵害国家之罪”[④]。无疑，重罪的泛滥，以及其与作为惩罚的重罪之罚在名称上的共用，成为了英国法制史上一道独特的风景线。

上述对于词源的推敲以及对于“felony”既可指代惩罚又可指代犯罪的阐释，还只是属于边沁对于重罪之罚这种惩罚的复杂性的初步揭示。将该惩罚引向争议的风口浪尖的，是一种被称之为“神职人员特权”（benefit of clergy，又可称为“僧侣特权”）的豁免制度，即指神职人员在少数特定案件中享有世俗法院刑事诉讼和管辖的豁免，而转交教会法院审判的情形。[⑤] 这种豁免，是西方世界宗教势力影响深厚的一个局部镜像，而这一系列事件的开端，还得追溯到1075年教皇格列高利七世推行的改革运动。在教皇革命以后，新的教会法体系和各种新的世俗法体系得以产生，这种二元格局的存在，“导致了在教会法律秩序内部各种世俗法律体系的复合性，而更特殊的是导致了教会法院和世俗法院并存的管辖权”[⑥]。换言之，神职人员犯罪的管辖在本质上属于教权与王权的对抗以及王权向教权的妥协。而另一方面，即从宗教本身的特质来看，其在尘世之外建构了一个世人遥不可及的天国，寄寓了神圣、纯洁、美好等诸种人类精神世界中最为可贵的精华。作为接近神灵并为之服务的神职人员，自

① 薛波主编、潘汉典总审订：《元照英美法词典》，法律出版社2003年版，第543页。

② ［美］伯尔曼：《法律与革命（第一卷）——西方法律传统的形成》，贺卫方、高鸿钧、张志铭等译，法律出版社2008年版，第438页。

③ Jeremy Bentham, *The Rationale of Punishment*, New York: Prometheus Books, 2009, p. 292.

④ Ibid., p. 293.

⑤ 薛波主编、潘汉典总审订：《元照英美法词典》，法律出版社2003年版，第142页。

⑥ ［美］伯尔曼：《法律与革命（第一卷）——西方法律传统的形成》，贺卫方、高鸿钧、张志铭等译，法律出版社2008年版，第112页。

然也因所从事工作的属性而被赋予了神秘气息，而变得不同于俗世中循规蹈矩生活的民众。以此推之，如由普通民众的法官来审理为神服务的人员，在某种意义上就变成了一种“不适格”，亦即对神的不敬。因此，教权与王权之间的权力斗争，以及宗教与世俗在意识形态上的差别，为神职人员特权的出现提供了渊源性说明。

这种特殊的豁免加入重罪之罚中，自然就形成了与不具有豁免的重罪之罚的区别。边沁没有就这两类惩罚展开以往通常进行的特性分析。

就前者即带有豁免的重罪之罚而言，边沁对其历史流变给予了关注。之前已经谈到重罪犯罪圈的扩张及其惩罚的随之扩展，以至于到18、19世纪英国的惩罚在严厉性上维持在一个高位水平。相映成趣的是，神职人员特权也在经历着实质内容上的变化。起初，受到犯罪指控的神职人员可以通过涤罪（purgation）的方式反驳犯罪指控，亦即自己宣誓其无罪，并由12名邻居宣誓证明其所述属实；[①] 1350年开始，这一特权的适用对象有所放宽，在教堂帮忙的非神职人员也被视为拥有该项特权；[②] 后来，进一步扩及能够阅读拉丁文的人，女性也从被排斥转为了被包容进来。这可归为第一点，即适用人员的范围不断扩大。相反的是，在14世纪神职人员的特权不能适用于严重叛逆罪被确定下来；到了17世纪末，诸如谋杀、纵火、夜盗等多种犯罪也不能适用该特权了。[③] 这可归为第二点，即适用犯罪的种类不断缩小。两者结合起来看，如果说后一点减弱了神职人员特权的影响力是无疑问的，那么前一点因神职人员与非神职人员的共用（尽管在程度上并非完全一致），说其泛化了该特权的影响力也是有其道理所在的。尽管边沁没有对这段流变做诸如历史学家的细致考究，但他在基本内容上是把握了这一趋势的。[④]

就后者即未带豁免的重罪之罚而言，边沁对其所能涵括的简单类型予以了详细的说明。第一，对于货物和动产的没收；第二，对于土地和房屋的没收；第三，对犯罪人予以监禁，直至对其的最终惩罚予以执行；第

① 薛波主编、潘汉典总审订：《元照英美法词典》，法律出版社2003年版，第1121页。

② 何勤华、夏菲主编：《西方刑法史》，北京大学出版社2006年版，第312页。

③ 同上。

④ Jeremy Bentham, *The Rationale of Punishment*, New York: Prometheus Books, 2009, pp. 293-300.

四，使之不能提起任何诉讼；第五，死刑的适用，即简单的绞刑。[①] 这五种简单类型是及于犯罪人本人的惩罚。重罪之罚不仅表现在简单类型的多样性上，而且还表现在一种扩张性上，亦即牵连到了犯罪人本人之外的其他人。比如，继承人不能对其财产进行继承，这涉及了边沁在另一处的议题即发动惩罚的适当性问题；比如，在行为人犯罪后购买了他的不动产的任何部分的，将会受到对犯罪人的没收财产的惩罚的影响；以及其他。边沁用了“back-relation”一词，意在表示类似的没收惩罚实际上回溯到了犯罪之时。[②] 就处以重罪之罚的神职人员而言，尽管没有了特权的保护，但在遭受惩罚的具体内容上，较非神职人员还是有所减少，而只包括了第一项的对于货物和动产的没收以及第三项的监禁刑。在第五项即死刑的适用上则有一次豁免的机会，即神职人员在第一次犯死罪时，法院处以在其左手的大拇指上烙下“M”字样的惩罚，以后可以通过此标记的有无来判断死罪是否是再犯，如属于再犯的情形则不再予以豁免。[③] 实际上，这可视为对神职人员实施了一种耻辱刑。当然，比起直接适用死刑来，这种豁免形式已经是非常轻缓了。整体来说，对于神职人员的重罪之罚（除了死刑外）基本照顾到了其身份，而使其保留了名誉。[④]

尽管边沁没有通过惩罚的分析来正面告知世人，重罪之罚在哪些方面存在落后之处而又在哪些方面具有可采性，但他对这种惩罚的基本态度却是溢于言表。首先，这体现在了他对惩罚名称由来的追问上；其次，他对与之相关的重罪范围扩张的尽管不算详尽的阐述；最后，他对神职人员特权在重罪之罚中所起作用的介绍。这些都给人以一种消极感，即重罪之罚本身是不明确而含糊的，严厉性不仅及于犯罪人本人也影响到了相关人员，在适用上更是不平等。也许会有这样的异议，即以神职人员特权为代表的制度在当时惩罚严苛、死刑泛滥的特殊历史背景下，可以起到平衡刑

① Jeremy Bentham, *The Rationale of Punishment*, New York: Prometheus Books, 2009, pp. 300-301.

② Ibid., pp. 301-302.

③ Ibid., p. 303. 在美国学者布莱克援引的斯蒂芬的著作片段中，死刑的首次豁免权不仅及于神职人员，还包括了识字之人亦即有文化的俗人。参见［美］布莱克《法律的运作行为》，唐越、苏力译，中国政法大学出版社 1994 年版，第 78—79 页。

④ Jeremy Bentham, *The Rationale of Punishment*, New York: Prometheus Books, 2009, p. 304.

法的残酷、使之朝向一定程度的宽宥的积极作用。[①] 然而，这在平等性上的遗缺是无解的。从功利主义最基本要求的可计算上，重罪之罚给人的印象就像是一团乱麻，而无法从何处着手予以功利性论证。或许正是如此，才使得边沁采取了这样一种委婉的手法来表达他的真实看法。事实上，在《惩罚原理》正式出版之前，神职人员特权于 1827 年被废除，这为边沁的论述又增添了一份起到了支持作用的现实依据。

需要提及的是，关于边沁在此所说的重罪，在英国史上确实留下过很深厚的印迹。在西方世界，英国很早就对重罪与轻罪予以了区分，经过诸多成文法、普通法的相继规定，形成了英国特色的重罪—轻罪体系。[②] 绵延数个世纪以后，直到 1967 年，英国才取消了重罪与轻罪之分，而代之以可逮捕罪（arrestable offence）与不可逮捕罪（non-arrestable offence）。[③] 尽管如此，英国的影响却已经扩及世界上的许多国家。以美国为典型，发展并完善了这种分类模式，比如美国法学会拟制的《模范刑法典》，就有重罪、轻罪、微罪、违警罪的划分。[④] 大陆法系国家中，以法国为例，在刑法典中也出现过重罪、轻罪、违警罪的三分。[⑤] 在我国，近年来有类似的呼声发出，认为重罪与轻罪的区别可以在刑事实体、诉讼程序和刑事政策上发挥积极意义。[⑥] 从罪行有轻有重的事实到这种事实应不应该在立法上予以体现，中间夹杂了太多的复杂考量，比如理论重构、立法成本等诸多问题，而毋宁说是一种应以“地方性知识”为指导的论证。但是，从中可以获得的启示是关于重罪的问题或许可以通过更为明晰的立法以及严格贯彻罪责自负原则、刑法面前人人平等原则来予以消除或解决。这么来看，边沁完全可以在此处给出建设性的反思意见，尽管他在其他地方对上述具有修正功能的限制性条件予以了阐释。

① 何勤华、夏菲主编：《西方刑法史》，北京大学出版社 2006 年版，第 317—318 页。

② 童颜：《第十四讲 关于西方国家重罪与轻罪的问题》，《国外法学》1987 年第 6 期。

③ 薛波主编、潘汉典总审订：《元照英美法词典》，法律出版社 2003 年版，第 543 页。

④ 储槐植：《美国刑法》，北京大学出版社 2005 年版，第 6 页。

⑤ ［法］卡斯东·斯特法尼：《法国刑法总论精义》，罗结珍译，中国政法大学出版社 1998 年版，第 182 页。

⑥ 卢建平、叶良芳：《重罪轻罪的划分及其意义》，《法学杂志》2005 年第 5 期；王文华：《论刑法中重罪与轻罪的划分》，《法学评论》2010 年第 2 期。

第三节　保护王权令与绝罚

保护王权令（praemunire），是令边沁反感的又一复合类型的惩罚。在内容上，该惩罚由"使之不受国王的保护"和"没收土地、房屋与其他动产"组成；根据国王的喜好，还可能在前两种基础性惩罚之上再增加监禁刑，还有增加剥夺信用等惩罚的建议。在适用范围上，涉及了多种不同性质的犯罪，包括反政府罪行、侵犯财产的罪行、侵犯个人自由的罪行乃至干扰贸易的罪行。在用词上，边沁集中批判了两点，一是不简洁，二是不精确。[①] 边沁的主要说明，大概就是以上三方面内容。同重罪之罚有些相仿，保护王权令的名称也拥有一段演进史。据边沁介绍，"praemunire"最初源自于一种令状，接着作为了有关惩罚的名称，最后指代了可以适用此惩罚的诸多犯罪。[②] 从历史上看，该惩罚与英国王室维护和加强王权统治有直接联系，涉及的法案有 1352 年的《空缺圣职继任者法》（*Statute of Provisors*）和 1392 年的《侵犯王权罪法》（*Statute of Praemunire*），[③] 直白无疑地体现了王权对教权的排斥，以及在正当性上确立了王权的优先性。保护王权令与重罪之罚中的神职人员特权放在一起，可以给人提供一个对比的机会。在这个对比中，宗教与王室及各自对法律形成的影响，以及因势力的此消彼长而随之发生的变化，一览无余。

在稍后的地方，边沁提及了另外一种与教权有关的惩罚，即绝罚（excommunication）。相对神职人员特权，这种惩罚是教权主动为之的行为。受惩罚者，轻则不能参加圣礼或担任圣职，重则不能与任何基督徒交往，甚至被捕入狱。[④] 边沁认为，绝罚的意蕴已经不单纯是政治上的约束力了，而夹杂了道德约束力和宗教约束力在内。他列举了绝罚之下的若干简单类型的惩罚，包括了取决于法官喜好而无时间限制的监禁刑、忏悔、用金钱支付表达忏悔、使之不能起诉、使之不能作为辩护人、使之不能作

① Jeremy Bentham, *The Rationale of Punishment*, New York: Prometheus Books, 2009, pp. 306-307.

② Ibid., p. 306.

③ 薛波主编、潘汉典总审订：《元照英美法词典》，法律出版社 2003 年版，第1074—1075 页。

④ 同上书，第 506 页。

为陪审员、使之不能作为证人、使之不能得到教会俸禄、逐出所有教堂、使之不能享受葬礼的便利等十四种惩罚；更重的情形下，还包括一种剥夺其选择监护人或财产管理人的权利的惩罚。[①]

某种意义上，绝罚也被视为了像对非基督徒进行劝化一样的对异端的关爱，希望受惩罚之人从忏悔中得到拯救。[②] 在惩罚的功利目的中，有改造一项，似乎和在此意境下的绝罚有了良好的联系。然而，边沁的证据无情地摧毁了这种看似温情脉脉的表象。在绝罚的忏悔当中，受惩罚之人要把头和脚赤裸地暴露于外，将白布包裹在身体上，到教区教堂、大教堂或公共市场上，宣布包含了悔罪内容在内的特定形式的语句。边沁认为，这样的惩罚在把握准确的情况下可以充当耻辱性的惩罚，但其可轻可重的不确定程度过大，而最终逃脱不了被人滥用的可能。[③] 以上所述，又将边沁思想中的一些平常不太容易见得到的地方表露了出来。绝罚的改造固然值得期待，但边沁看到的显然更多的是给予耻辱或不名誉；而当确定性上存在问题之时，边沁在简单类型惩罚观中业已表达过的对耻辱刑的欣赏，也只能退居其次而让位出来；边沁对于确定性的重视程度，远超过了耻辱刑的分量。至少在此，可以得出这么一个结论。另外，逐出教堂的惩罚，类似于边沁在限制性惩罚中提到的一类不起眼的惩罚，即本地禁入。边沁略带调侃地说，在这个时代将逐出教堂披上惩罚的外衣显得有点奇怪。当然，他没排除这会给特定的人带来痛苦。[④] 进一步，边沁又言及了个人敏感性不一，对于能否领受圣餐的感受是不同的，因而不具有平等性，也不具有儆戒性。[⑤] 很明显，边沁完全是站在一个世俗的立场上来进行的评价。

再回顾保护王权令，绝罚可以与之较为合适地一起构成惩罚史上教权和王权对法律渗透的典型性说明。如联系中世纪绝罚经常用来惩罚世俗君王的事实，则这一说明就更为直接、透彻了。在边沁的时代，教权影响与

---

① Jeremy Bentham, *The Rationale of Punishment*, New York: Prometheus Books, 2009, pp. 312-313.

② 彭小瑜：《历史语境中的宽容（二）——12 世纪西欧教会法论异端与绝罚》，《首都师范大学学报（社会科学版）》2001 年第 4 期。

③ Jeremy Bentham, *The Rationale of Punishment*, New York: Prometheus Books, 2009, p. 314.

④ Ibid., p. 315.

⑤ Ibid., p. 316.

统治已经大不如以前了，而世俗政权在不断更迭中走向了强大。这一状况，延续到了今天。不论如何，类似的惩罚，为边沁提供了分析的标本，也算得上是单纯合理性讨论之外的有意义之事了。

总的来说，如果前文中提到的身体刑、通过损失或没收的惩罚在世界上诸多国家或地区有相仿或一致的实践，那么，边沁在此谈到的复合型惩罚则十足地彰显了典型英国历史的特色。放逐的历史，与英国较早在世界上展开的殖民统治有莫大关系。重罪、轻罪的划分及演化，以及欧洲大地上贵族王权与教会权力的争斗与妥协，无不联系到了那段跌宕起伏的动荡岁月。可以这么说，边沁对于复合型惩罚的解读，就是通过惩罚这一特殊中介对英国特定时期历史的阐释。因此，作为惩罚理论家的边沁，某种意义上也可以称为英国惩罚史学家。与其他几种复合型的惩罚相比，边沁对放逐刑还是给予了较为明确的特性分析。有意思的是，在17、18世纪，由于适用神职人员特权的犯罪种类的缩减，使得大量出现的重罪被判处死刑的概率大增，结合王权有宽赦罪犯的权力，如将原本应当判处的死刑改为适用放逐刑，则可以在一定程度上调和惩罚的严酷。① 而在边沁的逻辑体系内，放逐刑不需要，死刑更应当废除；如果死刑废除了，就不会导致后续步骤的王权宽赦，进而也就不必在缓和惩罚的需要下适用放逐刑了，这么一种有悖于历史的推论完全可以在边沁的思想中得到自圆其说。但是，边沁对死刑与放逐刑的否定论证，并不在齐一的水平上能够获得合理性。在边沁的死刑思想的分析中，已经可以看到，仅靠威吓程度的比较来废除死刑已是一条无论如何也走不通的死路。这也涉及一个分析框架，及其在“驳斥性证伪”中的局限性问题。以此来看，在边沁用惩罚的特性对放逐刑予以同样的“驳斥性证伪”之努力时，必然也会遇到其在死刑论证中所难以绕开的“挡路石”。然而，在此也出现了一些不同的信息，即边沁是从儆戒性、有益于改造、剥夺犯罪能力、补偿上，并加上了经济性，来对放逐刑发起攻击的。要知道，前四者完全匹配了功利主义惩罚观中预先设定好的目的，而经济性或称节俭性的不足，是在整体上俯瞰放逐刑所得出的结论；在目的上被驳得体无完肤，而在宏观上又不具有效益上的优势，无怪乎放逐刑在功利性论证上必然要失势了。因此，从绝对意义上，边沁

① 何勤华、夏菲主编：《西方刑法史》，北京大学出版社2006年版，第325页。

关于放逐刑的论证是不可能完满的，这是由分析框架与任务设定之间的不衔接所引致的；而从相对意义上，边沁在放逐刑上的论证，又是更优越于死刑的论证，因而属于较为有力的功利性学说。至于在重罪之罚、保护王权令、绝罚等惩罚中的论证，边沁更多的是通过梳理一条条的具体事实来强调这些惩罚在实践中的不确定以及无所适从。[①] 这在追求立法明确性的边沁眼中，显然是无法容忍的。

① 边沁还论及了一种剥夺法权的复合型惩罚（outlawry），主要是指对法律资格与地位的剥夺，言及的也是不平等性。在此不予展开。参见 Jeremy Bentham, *The Rationale of Punishment*, New York: Prometheus Books, 2009, pp. 308–311。

第六章

边沁的惩罚发动思想：兼谈“惩罚无辜者”问题

对于什么是合适的“惩罚的发动”，边沁没有相应的回答；对于什么是不合适的“惩罚的发动”，边沁却留有不少笔墨。这可视为，边沁在研究惩罚发动的问题上采用了一种反向论证的手法，即通过否定之例划出一个圈，以期让人对此予以反思并进而树立起较为合理的惩罚发动观。边沁的著作中，关于惩罚的发动主要有这么两处，一为不宜于惩罚的情形，在涉及惩罚议题的三本书中都有提及；二为“坐错了地方”的惩罚，在《惩罚原理》中有最为详细的阐释，在《立法理论》中也有专章谈论，而在《道德与立法原理导论》中没有论及于此。就以上两处的关系而言，在《惩罚原理》一书中，前者被安排在“一般原理”（General Principles）的部分，后者则放到了具体的惩罚种类的说明之后。这一体系安排，反映了前者具有一般性而后者更显具体性。这个判断，在另一方面得到证实，即前者篇幅较短、内容较少，而后者篇幅较长、内容较多。然而，这样的处理，并非意在突出哪个部分更为重要。从接下来的展开分析中，可以看到这是着眼于实际的需要，即对惩罚发动中的不同问题依照差异化的视角予以有针对性的剖析。

第一节　不宜于惩罚的情形

边沁将不宜于惩罚的情形分为了四种类型，分别为“无理由”“无效果”“无益处”“无必要”。下文将首先对这四个分类予以述评，然后进行一番综合的解读。

一 分类的述评

（一）“无理由”的情形[①]

第一项，没有任何损害，比如经过了利益关涉人同意的行动。边沁说的“没有任何损害”，并不是从物理意义上而言，因为作为心理因素的“同意”充当了一个祛除损害性的角色。这不免给人造成一个印象：边沁是一位崇尚个体自治的人。对于“同意”的范围以及怎样证明这种“同意”，边沁在此没有进一步展开。在当今，“被害人同意”或“被害人承诺”的学说，成为了大陆法系国家犯罪论体系中的重要内容，在我国刑法学界也受到了不少的关注与讨论。[②] 边沁的点水式提及，远不能同当下正当化事由学说相提并论，但其将之纳入惩罚理论的范围，却提供了一个不同的旨趣。第二项，害不及利。边沁举出的“内务”“司法”“军队”“最高”等权力，说明其对权力之害是有意识的，只不过权力运作带来的利益或者好处大过了其带来的损害或者坏处。比如，惩罚就是权力的展现方式之一，不仅存于立法也存于司法之中。在此，边沁隐晦地为惩罚的正当性提供了一个辩护。第三项，肯定对损害有所补偿。边沁将此情形分为了“罪过的性质允许适当的补偿”与“肯定会有这样的补偿”两个要素。第一个要素中边沁提到了罪过的性质，这个强调颇值得玩味，“允许”在哪些范围内进行，留给了人以想象空间。第二个要素，则因实在属于“纯粹的理想假设”，不得不使边沁有所让步，而将这一项情形作为了减轻惩罚而非绝对免罪的理由。边沁的这项主张，在今天许多国家的刑事司法中已经获得了支持，即作为量刑情节（或法定或酌定）的一种来予以考量；尤其在财产性犯罪中，受到的非议更少。

---

① 在《立法理论》中，该情形意指不存在真正的犯罪，而没有像在《道德与立法原理导论》与《惩罚原理》中一样划分更多的小项。参见 Jeremy Bentham, *The Theory of Legislation*, London: K. Paul, Trench, Trubner & Co. Ltd., New York: Harcourt, Brace and Company, 1931, p. 322。另外，在《惩罚原理》中，“无理由”情形只包括了前两项而无第三项。参见 Jeremy Bentham, *The Rationale of Punishment*, New York: Prometheus Books, 2009, p. 63。

② 黎宏：《被害人承诺问题研究》，《中国法学》2007 年第 1 期；车浩：《论被害人同意的体系性地位——一个中国语境下的“德国问题”》，《中国法学》2008 年第 4 期；车浩：《“被害人承诺”还是“被害人同意”？——从犯罪论体系语境差异看刑法概念的移植与翻新》，《中国刑事法杂志》2009 年第 11 期。

（二）“无效果”的情形

第一项谈及了刑法溯及力与法外判决的问题，是边沁对立法与司法的批判。第二项指出了刑法应当公开而为世人所知，现今常用的做法即法律在公布以后、施行以前保留有一定的过渡期，可视为这一项的发展。第三项提到了刑法对人不能产生任何影响的情形，分别为“幼稚”“精神错乱”“醉迷”。这三者所指可归为刑事责任年龄与责任能力的范畴，在今天作为是否负有刑事责任的基本判断已是显而易见。第四项中，边沁说的“不明白这个行动属于刑罚所涉及的哪些行动”，以及“无意”“不知”“误料”，可以看到事实认识错误与法律认识错误的影子。第五项中，边沁说的“相反的原因对意愿有支配性影响”，以及“自然危险”与“被损害之威胁”两种情形，在现在似可纳入紧急避险与胁迫犯的范围。第六项中身体受到强制，主要是说犯罪主观方面的缺失。这样，在“无效果”情形中，除第一项、第二项外，其他四项不约而同地注意到了犯罪主体或主观方面条件的某些不符合，与当今提倡的主客观相统一原则有相同的见解。

（三）“无益处”的情形

相对前一情形而言，边沁并未否认惩罚的效果，而是在权衡惩罚造成的苦痛与犯罪带来的苦痛中，否定了前者大于后者的情形。为了使权衡走向精细化，边沁结合了他的“行动害处”理论，说明了由惩罚造成的苦痛的四种类型：守法之人的强制或限制之苦痛、面临惩罚之人的害怕之苦痛、经历惩罚之人的忍受之苦痛、同情的苦痛以及其他派生苦痛。[①] 边沁所说的第一种苦痛，含有一丝将守法之人作为潜在犯罪人的意味，不然难以想象为何把不去犯罪当成是难受的事情。相对第一种，人们更容易理解第二种、第三种的痛苦。第四种苦痛，在边沁思想中占据了一个并不中心但却非常重要的位置，在后面进行的惩罚对象合适与否的讨论中，可以随处看到这种苦痛的身影。另外，边沁还提到了“偶然环境的影响”，使得

---

① 《立法理论》中，边沁对应提到的是“刑法（penal law）制造的苦痛”，除了正文中的四种类型之外，还增加了一种所谓“虚假诉讼（false prosecutions）的苦痛”。参见 Jeremy Bentham, *The Theory of Legislation*, London: K. Paul, Trench, Trubner & Co. Ltd., New York: Harcourt, Brace and Company, 1931, pp. 323-324。

惩罚造成的苦痛大大增加。[①] 也有四种，依次为犯罪者人数的增多、犯罪人提供的服务有社会价值、民众的不满以及外国的不满。如果说第一种更偏向于理论上的推演，那么第二种在目前许多国家的法治实践中可以找到尽管并非等同却十分类似的地方，如在我国，发明创造、技术革新等已被确认为立功表现而可作为减刑的理由，便是一个例证。第三种，与惩罚的“大众性”有所联系，关系到民意的问题。第四种，可能缘于边沁对国际关系的稳妥考虑，但惩罚权究竟还是属于国家主权的一部分，因此这种说法不免加入了某种程度的政治权衡。这后四种影响，关系到赦免的问题，边沁认为其所要求的慎重审查将造成巨大耗费。

（四）“无必要”的情形

这里说的是，能够以惩罚之外的其他措施或代价防止犯罪发生的，就不应当使用惩罚。边沁举了教诲或说理等例子，初步展现了其在预防犯罪上的广阔视野。这一主张，边沁并未像前述三种情形一样再予以更详细的阐述，但却给后人留下了一笔不能不说宝贵的遗产。惩罚是人的惩罚，也是对人的惩罚。这就意味着对于惩罚，无论给予如何的文明化，也不管怎样来进行限制，终究无法割裂其内在的侵犯性，这也是边沁的“惩罚是恶”之表述的真义所在。然而，若形成对惩罚的偶像崇拜，甚或产生依赖性思维，恐怕没有比这更可怕的事了。边沁的思考，源于对这一可能的深切担忧，意在警醒或打破类似的荒谬想法或行动。靠什么？——“无必要”。实际上，这里暗含了一种比较，即惩罚与其他措施或代价的比较。显然，边沁认为后者更优。

二 综合的解读

从上述对于边沁的不宜于惩罚之四种情形的解读中，可以瞥见当今刑法学理论体系中许多重要议题的身影。同时，也可以觉察，边沁似乎无意将这些涉及的内容拓展得更为丰富、精致。或许，这会给予人以浅尝辄止之感；而恰恰相反的是，边沁在此处展现了他的把握与控制力。须知，边沁在此谈的是惩罚而非整个的刑法理论，若将过多的精力放到别的地方，必将冲淡此处讨论的主题，而削弱其欲立之言的说服力。实际上，在前文

① “无益处”中的“偶然环境的影响”，在《立法理论》与《惩罚原理》中都被安排到了“无必要”情形之后。这说明，边沁对这部分归类的认识还存在模糊之处。

即已提到，这四种不宜于惩罚的情形在惩罚哲学中关系到一个“发动”的问题。“任何刑罚体系的设置，都是以其实际运用为目的；而实际运用刑罚所遇到的首要问题便是确定动用刑罚的根据，即以什么为根据来决定应否动用刑罚。”① 具体而言，在根据上，采用的是报应观还是功利观，抑或报应与功利的一体论，将对惩罚的发动形成截然不同的指示。以边沁身上散发出的浓烈功利主义色彩，说其是以功利观来看待惩罚的发动，应当不会遭致很多的反对。那么，边沁是否贯彻了这一根据？或者说，这四种不宜于惩罚的情形是否真正反映了边沁的功利思想？还需一番回顾。

首先，不宜于惩罚之四种类型的递进关系是明显的：先看有没有侵害发生，在侵害发生之后看采取措施有无效果，接着看收到的效果与采取措施所付出的代价之间的差额，最后看能不能将这个差额予以扩大亦即付出更少而收到同样或更大的效果。因此，四种类型在宏观上呈现出的思路，与边沁乃至一般人的功利计算大致相符。其次，边沁并未如其在惩罚种类的评价中一样运用作为分析工具的惩罚特性（由问题域所致，在此并不合适），但可以从惩罚的预防犯罪目的观来予以检查：“无理由”情形对犯罪的成立进行了实质否定（除了第三项中的现实考虑），“无效果”情形中第一项对犯罪的成立进行了文本否定，按照无犯罪则无惩罚的逻辑，惩罚成了无本之木而不宜发动；“无效果”情形中第三至六项说明了行为人在意识、意志及身体官能上的种种不能或困难，以至于惩罚对行为人无法形成影响，进而达不到预防相关行为的目的，此时如若发动惩罚只能增添多余的苦痛；而“无益处”与“无必要”的情形，固然可以在笼统意义上实现预防犯罪的目的，然而并非是一种边沁式的以节俭为取向的预防犯罪观，因而在此发动惩罚，同样是不可取的。最后，按照边沁对于一般预防和个别预防的区分，还可以更为细微地发现，“无效果”情形中的第一、二项是因为在一般预防的场合做得不够，第三至六项是因为在个别预防的场合有所欠缺。可见，无论从功利计算的理路还是预防犯罪的惩罚目的观的角度，边沁对不宜于惩罚之四种类型的刻画，基本实现了论证逻辑上的自洽性。

① 邱兴隆：《刑罚理性导论——刑罚的正当性原论》，中国政法大学出版社 1998 年版，第 2 页。

第二节 “坐错了地方”的惩罚[①]

在前文中，边沁完成了对于什么是不合适的“惩罚的发动”的基本考察。也许，边沁认为四种类型的说明还不够全面，接着又进行了颇有意思的如下探讨。在展开论述之初，边沁用到了一个形象的比拟：坐在了一个并不合适的地方（seated in a place which is not its proper place）。[②] 这种表达是较为有趣的，真正的含义为——惩罚落到了不恰当的人身上。可知，边沁在此将目光投向了受到惩罚影响的人。具体地，边沁将这种情形一分为二：一为替代型（vicarious）惩罚，即犯罪之人没有遭受惩罚而未犯罪之人遭受惩罚的情形；二为溢出型（extravasate）惩罚，即“在一个错误的渠道里流动”的情形。[③] 这里，边沁的形容再次借用了通俗的比喻。进一步，边沁划分出了替代型惩罚、传递型惩罚、集体型惩罚以及随机型惩罚。可以说，边沁将对象的合适与否作为了惩罚发动的必要内容，并努力试图给予一番辨识。

一 分类的述评

智识的时代性，鲜明地体现在边沁的研究中。英国法独特而别致的传统，为边沁的研究提供了充裕的素材，促使他对于惩罚在对象上的缤纷景象之认识得以成形。

（一）替代型惩罚

自杀（suicide），无疑是一个沉重的话题。当今对此的研究，一般活跃在精神、心理等领域，主要工作为探寻、积累相关成因的知识，建立提前介入的干预机制，初衷在于对人之生命的珍惜与挽救。这种干预，很少纳入法律规制的范畴，因为显得不太合乎时宜，而将自杀作为一种犯罪，并用惩罚的手段来应对，更被今人认为是不可想象的事情。这极大地源于个体自由意志精神（在不同程度上）的日渐普及，及其引向的对个体把

① 相对而言，《惩罚原理》比《立法理论》在此方面的阐述更为详尽，因此本文以《惩罚原理》为主来探讨边沁关于惩罚实际作用到的对象的理论。

② Jeremy Bentham, *The Rationale of Punishment*, New York: Prometheus Books, 2009, p. 233.

③ Ibid..

握自身命运的尊重。因此，对于个人放弃自己的生命，进行干预与保持尊重之间形成了一股张力，而形塑了当今较为普遍的有限国家行为。然而，在若干世纪以前，世界上确有国家出现过对于自杀的惩罚性规定，边沁生活的英国就是一例。

在《惩罚原理》中，边沁并未叙述自杀在英国法中如何成为犯罪的历史，而是直接提及了与自杀相关的惩罚。除了自杀者的尸体在死后被刺穿，以及在埋葬时被认为“不名誉”或“耻辱”之外，对自杀者财产的没收也被作为惩罚手段予以采用。① 对于仅及于自杀者本人的惩罚，确切地说，对自杀者尸体的亵渎与对自杀者死后的诋毁性评价，可以从中感受到宗教仪式及禁忌的深刻影响，但边沁并不关心于此。后者即没收财产，夺取了自杀者家庭中其他成员本应继承的生活资源，给并未犯罪的他们带来了苦难，这才是边沁所称道的“替代性惩罚”。这种惩罚，意在通过激发拟自杀者对于亲人的“社会性感情”来克服导致自杀的“自私心”。可见，边沁进行了功利性的初步分析，然而，他认为这并不是全部。边沁明确指出，“这不仅对于其所宣称的目的无价值，而且属于最高程度的残酷。当一个家庭失去他们的支柱后，法律进一步剥夺了他们的生活资料”②，无疑是雪上加霜。

边沁假设了若干来自外部的辩护：可能一些种类的财产不会被没收，可能法律不会执行，可能陪审团发现自杀者精神错乱从而规避制裁，以及国王拥有免除没收这一惩罚的权力，以将财产留给寡妇或孤儿。边沁自问自答，犀利地指出，诸如此类的种种补救措施最终都将导向伪证。③ 显然，伪证与司法公正是无法相容的，其对司法制度的侵蚀也必然属于较大的恶害而不能适应于功利取向，因而假设的外部辩护在现实层面举步维艰，难以立足。为了避免可能的混淆，边沁指出了另一种国家层面的报复行为，即“受损害的主权国家对加害国实施的除战争以外的报复行动，如没收其财产”④。最后，在“替代型惩罚”的结尾，边沁摆脱了自杀犯罪

① Jeremy Bentham, *The Rationale of Punishment*, New York: Prometheus Books, 2009, p. 241.

② Ibid..

③ Ibid., pp. 241-242.

④ 边沁手稿中，所使用的词语为“reprizals”，按照上下文意思，其指称的应为“reprisals”。原文参见 Jeremy Bentham, *The Rationale of Punishment*, New York: Prometheus Books, 2009, p. 242。相关含义可参考薛波主编、潘汉典总审订《元照英美法词典》，法律出版社 2003 年版，第 1184 页。

及其惩罚的限定，而在更为广泛的范围，假设了自愿代替他人受罚的情形，比如儿子替父亲、丈夫替妻子、朋友替朋友等，他用了一句话来回应这种假设：可以进行这样的想象，但考虑这种普通事件之外的偏差是无用的。①

其实，作为犯罪的自杀被纳入英国法律的传统中，在边沁的功利考察之外还可能涉及政治、经济方面的更深层次原因。以社会形态的角度观之，可以发现自杀的入罪与出罪密切地联系了英国社会从封建主义到资本主义的转变。我国有学者指出，在英国的封建社会，惩罚自杀者（包括惩罚尸体和没收财产），既可以有效减少依附于领主的劳动力的损失，又能够补偿甚至增加领主的财产性收入；而后出现的宽宥自杀者，在政治上缘于民主司法对惩罚尸体的抵抗，在经济上则是因为没收财产对资产阶级积累原始资本的不利。② 相对边沁的理论分析，这种解释或许更适于作为立于当下破译过往历史的手法。当然，这并不意味着边沁相关思考的意义要打折扣，因为评价需要在他自己的惩罚理论中来做出，而此处的思考与其所置身的框架并不矛盾。

（二）传递型惩罚

由于人拥有同情心，在与犯罪人有若干联系的情形下，对于犯罪人所受惩罚的或多或少的感受便在所难免。这既是自然而无可厚非的事情，也是边沁所指出并承认的“情感传递”。对于一类特别的惩罚及其所导致的“效果传递”，边沁则显得颇有微言，这就是所谓的“血统败坏”（corruption of blood）。③ 据考证，“血统败坏”之惩罚是在诺曼征服时期引入英国的。其内容大致为，因犯相关重罪而被剥夺民事权利和民事行为能

---

① Jeremy Bentham, *The Rationale of Punishment*, p. 243. 形成反差的是，我国古代司法活动中代亲受刑的现象是普遍存在的。有学者指出，这种代父、代母、代兄、代弟、代夫等类型的特别受刑方式，源于孝悌义等伦情的推动以及名利追逐、礼法所累的影响，尽管可能破坏法制的实施，却仍然有其生存的广阔空间。身处英国的边沁，不可能有中国古代社会的知识经验，但说其在此特别情形下忽视了替代型惩罚中的伦情之虑，也不能不说是有道理的。方潇：《中国古代的代亲受刑现象探析》，《法学研究》2012 年第 1 期。

② 黄永峰：《英国法对自杀者的惩罚与宽宥——福柯刑罚政治经济学的一个扩展》，《暨南学报（哲学社会科学版）》2009 年第 3 期。

③ Jeremy Bentham, *The Rationale of Punishment*, New York: Prometheus Books, 2009, pp. 243-244.

力，同时影响到若干关系人。“血统败坏的人被认为败坏、玷污了其祖上及后代的血统，因此他既不能继承土地或其他财产、维持财产的所有权，也不能将财产留给其继承人，后世地产权利的合法性不能追溯至该败坏家族血统者。”[①] 布莱克斯通认为，该种惩罚是不合理的。在这点上，边沁给予了难得的赞同，同时也加入了自己的一些不同分析。

首先是该惩罚的初衷。边沁用到了一贯的心理威吓分析法，基本内容与前述对自杀者的财产予以没收的惩罚中的情形并无二致。其次，边沁发挥了他特别的构造事件发生情境的本领。他举了一个例子，围绕丈夫、妻子以及土地来展开，通过丈夫对妻子的关爱和妻子获得土地的事件概率的假设，以及从两个概率假设相乘得出的数值极小的结果，意在说明这种惩罚在现实中不具有普适性，因为基本取决于拟作为对象的犯罪人的社会关系及其财产状况，而人与人之间的状况几乎不可能相同。接着，边沁比较了叛乱罪（rebellion）与叛国罪（treason），指出在前者中可以肯定辨别是非之道德情感在家庭成员中的一致性，而后者则立于不同的基础上。[②] 这些都表明，所谓的传递型惩罚，需要在一个社会关系较为可靠与固定、相互情感较为深刻与厚实的场合中，才可能形成由关系以及情感所联接成的“传递链条”进而发挥威吓或遏阻的作用。

果不其然，边沁在数落传递型惩罚的缺点时，一开始就提到了确定性（certainty）与稳定性（equability）。就前者而言，取决于将要受罚之人有无亲属以及可以没收的财产；就后者而言，取决于将要受罚之人对于其亲属的感情，是喜欢还是厌恶，抑或漠不关心。这两点的缺失，无疑使得传递型惩罚难以在人们心中建立并维持一种恒常的联系，轻松地将作为主要依据的威吓推入摇摆不定的境地。边沁又趁热打铁，在节俭性、儆戒性与大众性上予以了继续批评，将传递型惩罚的顺着社会联结的延展性影响、痛苦感受的私密与不普及性以及可能引发公众反感、损害法律尊严的种种缺陷曝光在具有理性认知的人们面前，完成了一次小规模的依循功利主义路径的证伪之举。

---

① 薛波主编、潘汉典总审订：《元照英美法词典》，法律出版社 2003 年版，第 328 页。

② 边沁认为，没收可适用于叛乱罪中，但是属于一种自卫的措施，而非作为惩罚的方式，包括传递型惩罚在内。Jeremy Bentham, *The Rationale of Punishment*, New York: Prometheus Books, 2009, p. 245.

顺着边沁的思路，确实可以看出传递型惩罚的诸多纰漏之处。但是，边沁的论证也有忽略了或者说没有深入的地方。相关分析中运用的心理威吓，在此是立于一般预防的层面来说的。边沁固然代替拟犯相关之罪的人进行了利益的权衡，但并没有扩及拟犯罪之人的亲属。事实上，传递型惩罚的设立，可能造成对拟犯罪之人周围的关系较为紧密之人的影响，以此激发这些人对拟犯罪之人的感化、说服或阻止，实现犯罪预防的最终目的。可见，边沁说的人的苦乐计算，是存有一定边界的。

（三）集体型惩罚

可归为"溢出型"但又不同于"传递型"的另一类惩罚，被边沁称为集体型惩罚。简单地说，就是成员犯罪而整体受罚。边沁选取了三个示例，第一个例子是普通法中极少适用的，市政法人因其成员有不当行为而被剥夺特权；第二个例子是，1736 年在爱丁堡发生的骚乱，导致了相关法案在国会通过，一种特别的惩罚得以规定，既处罚了负有失职责任的爱丁堡负责人，也对整个城市处以了巨额罚金；第三个例子，源于新肖雷汉姆自治市的贿选事件，促使立法机关将选举权赋予了更多符合条件的自由地产保有人，而相对地削弱了无辜市民的权利，同时增加了他们对新选民不恰当用权的担忧。[①]

边沁使用了拉丁文"propriam personam"（或"propria personas"）及"alienas personas"，将该类惩罚直接指向的对象与间接影响的对象区分开来。[②] 尽管可以大致合理地推测，边沁对于所谓集体型惩罚的态度是倾向于批判的，但他并没有对该类惩罚是否可以实现预防犯罪的目的予以说明；相对传递型惩罚的分析而言，也缺少了使用惩罚的特性予以一一检视的过程。因而，边沁在此的论证显得有些乏力。边沁用了一小段文字对爱丁堡骚乱事件与叛乱罪进行了比较，认为惩罚可能与人们之间的感情同盟有关。[③] 换言之，之所以进行惩罚，意在追究这种联系的责任。然而，类似拥有如此欲求的惩罚缺陷，之前已在边沁的笔下得到了展示。而对于选

---

① Jeremy Bentham, *The Rationale of Punishment*, New York: Prometheus Books, 2009, pp. 248-251.

② "Propriam personam" 的意思是自权人，即有独立的人格的法律主体；"alienas personas" 是指他权人，即受制于他人的人，没有独立的法律主体资格，比如奴隶、家人等。边沁在此处的引用，意在表达人与人之间的一种法律附属关系。

③ Jeremy Bentham, *The Rationale of Punishment*, New York: Prometheus Books, 2009, p. 249.

举权的问题，边沁最终将其作为了改善宪法这一伟大计划的基础工作。①

这种类似于连带的惩罚，不禁让人想起我国古代曾经盛行的连坐、保甲等制度。历史上，确曾出现过这样的时期，有罪之人牵连到无罪之人，残酷惩罚被人为地扩大化，整个社会的上空被恐怖气氛所笼罩，以至于今人对“株连九族”“满门抄斩”等语词耳熟能详。落后、腐朽、不人道及对此的反感与憎恶，很自然地成为了今人的评价与反应。可是，有学者认为，在中国传统社会中，连坐建立了组织成员之间相互监督、自我管理的约束机制，为社会治理功能效用的发挥提供了基础，节约了社会治理的成本。② 另外，也有学者从经济学中的信息与激励理论获益，认为早期国家在信息严重不对称与控制能力低下的处境中，利用了连坐和保甲制度在获得分散信息上的优势，对维护国家统一与社会稳定起了重要作用。③ 这样来看，尽管边沁提到的集体型惩罚并不完全同于我国古代的连坐等制度，但两者在国家治理与控制中所发挥的作用无疑可以达成很大程度的一致。只是，边沁认为，这样的惩罚大多是不必要的。对必要性的强调，出现在边沁介绍该型惩罚的初始，其中重要的一点为有罪者与无罪者共同承受的坏处不能超过适用惩罚所获得的好处。④

（四）随机型惩罚

着眼于惩罚实际作用到的对象，边沁对一类更为特殊、存在于英国法传统中的惩罚予以了归纳，给其取的名字是“随机型惩罚”。边沁同样举了三个例子，相对集体型惩罚中的示例耗费了更多的笔墨。归为“随机型”的第一种惩罚，与不动产的没收有关。一个因自由保有地产获得利益的人在犯了罪后，剥夺或使之丧失前述利益构成了对其的部分惩罚。然而，这种惩罚延及了曾与犯罪人发生了奠基于此的利益关系的其他人。不管这些其他的未犯罪之人是通过买卖或抵押还是其他任何方式获得了相关的利益，都将悉数被法律追回。更甚的是，既不要求关系之人对犯罪人的

① Jeremy Bentham, *The Rationale of Punishment*, New York: Prometheus Books, 2009, p. 251.

② 窦竹君：《连坐：中国传统社会治理的制度基础——关于连坐与社会治理的思考》，《河北法学》2010 年第 6 期。

③ 张维迎、邓峰：《信息、激励与连带责任——对中国古代连坐、保甲制度的法和经济学解释》，《中国社会科学》2003 年第 3 期。

④ Jeremy Bentham, *The Rationale of Punishment*, New York: Prometheus Books, 2009, p. 248.

确犯了罪的情况有所知悉，也对涉及地产的流转次数在所不问。[①] 这种惩罚的绝对性与彻底性，可见一斑。布莱克斯通在《英国法释义》中，曾将这种对关系之人的恶劣影响归结为是犯罪人的问题，而站在了维护该制度的立场。对此，边沁略带讽刺地说，只要其他任何人身上而不仅是受惩罚的人身上存有一点最少的过失，那么法律残酷的说法就不存在，也没有法律是值得责备的。[②]

在第二个例子中，来自英国古法中的“敬神之物”（deodand）进入了边沁的视野。该制度主要是指，“对直接致人或其他生灵死亡的私人动产依法予以没收，归于国王，并用于宗教、慈善事业”[③]。在层出不穷的没收方式中，所谓“敬神之物”为英国特色的惩罚又增添了可资议论的话题。顾名思义，这种对私人动产的没收，与宗教神灵有莫大关系。在基督教义中，灵魂离开肉体后，在炼狱里会遭受艰难的煎熬，而音乐以赞美诗的方式使得灵魂的苦痛得以舒缓，起到了拯救与超度的作用。顺此教理，边沁做了一个续展：吟唱音乐者既然付出了劳动，就理应获得相应的回报；突然死亡之人，不可能事先留下预付此项劳动的任何说明；既然劳动的报酬不由发生意外的人支付，那就只能由其他人支付或以其他物品支付了。[④] 这种逻辑，体现了对宗教神圣事务的敬重，顾及了英国社会宗教文化影响广泛的现实，表面上有一定道理。若进一步追问，则还是会发现，其并没有澄清为什么没收的是致死之物这个疑团。边沁穷尽其思仍不得其解，无奈地将之归为可能是创设这项制度的先人想通过对致死之物的没收来表达一种怨恨。[⑤] 显然，这样的理由，等同于什么也没说。

若有人犯了声名狼藉之罪及重罪，与之相随而诞生的一种惩罚即所谓的“排除在证据之外”（exclusion put upon testimony）。[⑥] 这是边沁提到的第三种随机型惩罚，之所以被设立，主要源于对犯罪之人的不信任，认为其所言无助于发现甚或混淆真实的案件情况，给司法判决的正确做出带来

---

① Jeremy Bentham, *The Rationale of Punishment*, New York: Prometheus Books, 2009, pp. 251-252.

② Ibid., p. 252.

③ 薛波主编、潘汉典总审订：《元照英美法词典》，法律出版社 2003 年版，第 399 页。

④ Jeremy Bentham, *The Rationale of Punishment*, New York: Prometheus Books, 2009, p. 253.

⑤ Ibid..

⑥ Ibid..

麻烦。无疑，这是一种带有明显歧视色彩的做法。边沁认为，人说谎话要有动机。在有关的法律要求或义务中，政治、道德及宗教的约束力都使得人说假话变得困难，除非有人为利益的介入。进而，边沁指出，一般人的有限经验、匆忙判断及疏于反省，导致了在看待人上的简单二分方式（好人与坏人），并且这种世俗的错误，也蔓延到了司法裁量中。[①] 边沁并非无的放矢。的确，社会的复杂缘于生活于其中的个人之间的差异。就个人而言，在不同的时空境遇中，也必然在所思、所言、所行上呈现出非一致性。人在道德上，就是一个综合体，正如好人会干坏事一样，坏人也会做好事；甚至，好人与坏人的区分也是根本无必要的，如要评价一个人，就必须严格限于具体事件中的具体作为。在这里，可以看出边沁对单一行为与人格之间必然联系的否定。那么，如何来判断犯相关之罪的人的言语是否可信呢？陪审团，成为了边沁给出的回答。出于谨慎，边沁又设置了对以前所犯之罪的告知、犯罪的具体原因以及过去了多长时间等，来支持他取消这项制度的主张。[②]

在边沁归纳的这类惩罚中，前两种涉及了对财产（包括不动产与动产）的没收，而第三种实际上属于证据资格的否定。这些，都是边沁在反省英国古代法中具体事例时所萌生的观念。相对前三类惩罚而言，边沁并未对这些惩罚在预防犯罪上的如何不力多加解释。但是并不能因此认为，边沁提出这一类型是不慎重的，因为这仍然属于功利论证的范畴。稍具体地说，惩罚本身是恶；而在这些惩罚中，没收的财产归于国王而非原权利人，否定证据资格的做法避免了可能的误导却无益于法庭获得更多的信息；恶与善两相权衡，结果并不能令边沁感到满意。在此，边沁关于利益应当大众化的倾向，以及对诉讼利益的特别认识，初露痕迹。尽管他更多的是运用了平白叙事的手法，而非大张旗鼓的呐喊。

二　综合的解读

与“不宜于惩罚”的若干情形相仿，边沁在所谓“坐错了地方”的惩罚中对实际作用到的对象及其是否合适的分析，似可纳入刑事责任归属

---

① Jeremy Bentham, *The Rationale of Punishment*, New York: Prometheus Books, 2009, pp. 254-256.

② Ibid., pp. 258-260.

的范畴。无论是效果的殃及，还是惩罚的确切落脚，几乎都可视为未犯罪之人承担了不应当承担的刑事责任，违反了今天经常谈及的“罪责自负原则”。

当然，“坐错了地方”的惩罚的论述也有不同于“不宜于惩罚”的情形的地方，主要言及的为该类惩罚对情感维系的利用和责任连带的运用，比如替代型惩罚、传递型惩罚和集体型惩罚。更为重要的是，边沁意在指出这四类惩罚在确定性、稳定性上的重大缺失，这类似于他在复合型惩罚中的批判。这种缺失，也可以在一个简单的对比中得到印证。在作为简单类型之一的财产性惩罚的相关论述中，边沁从节俭性、可逆性等方面对与金钱、财物相关的惩罚予以了褒扬和赞赏；而在“坐错了地方”的惩罚中，边沁却对没收财产的情形抱以了不欣赏甚至拒斥的态度。这种对于同一或相近事物在不同环境下的不同看法，无论是从功利计算的角度还是从边沁对于立法的重视来看，无不与确定性、稳定性有莫大关系。

从历史来看，英国 19 世纪开展了刑法改革。其中，在 1834 年，废除了“血统败坏”制度；在 1862 年，废除了“敬神之物”制度。有学者指出，边沁的精神，在很大程度上影响了英国的这场声势浩大的刑法改革。[①] 这无疑是对边沁学说的积极肯定。然而，即便相关制度的存废更多地联系于政治、经济、文化等因素而与边沁本人及其学说没有太大的干系，换言之，即便边沁的学说并未产生如此强大的号召力，也无法否认这样一个事实，即在当时，边沁的批判已经在朝着正确的方向前进了。总体来说，边沁著作中关于惩罚发动的论述，集中起来展现出了这么一个图式：惩罚发动的一般否定（联系惩罚直接指向的行为与对象）——惩罚发动的具体否定（联系惩罚实际作用到的对象）。从行为到人，无不涵括在边沁的惩罚发动之思中。

第三节　惩罚无辜者：迷思与解惑

边沁的功利惩罚观最富争议的地方，恐怕在于“惩罚无辜者”（Punishment of Innocent）的问题了，这也同样构成了全部功利主义惩罚论者需

① ［爱尔兰］约翰·莫里斯·凯利：《西方法律思想简史》，王笑红译，法律出版社 2010 年版，第 290—291 页。

要面对的共同挑战。如同古希腊神话的阿喀琉斯之踵，每每谈及于此，高谈阔论的功利惩罚论者无不沉静下来，要么忙于解释，又或者避而不答，而没有了昔日提倡其学说时的亢奋与自信，俨然陷入了一种落寞的境地。然而，功利惩罚观至今仍然活跃在惩罚理论探究的舞台上，不仅仅是作为供人加以评论的“古董”（亦即一种历史资料的介绍），更是被接纳为了足以对惩罚政策与实践形成影响的思维引力。这就不得不让人探下身来，对其予以一番细致的观察，甚至在必要时要对其进行剖析，弄清楚“惩罚无辜者”到底只是功利惩罚观表面上不影响全局的瑕疵，还是从功利惩罚观内部的深处显露出来的病症了。这一切始于，“惩罚无辜者”是在何种范围亦即何种意义上来说的。

一　问题域的起步性界定

“惩罚无辜者”这个动词加名词的组合，是可以置于诸多语境来理解的。本文考察的是边沁的功利主义惩罚观，因而是在这个范围内来说的。这个范围也可以稍微扩大一点，即以功利主义为指导的惩罚观。

（一）不同于轻罪重罚

以此观之，“惩罚”是带有刑事意味的惩罚。就“无辜者”而言，在言及惩罚的场合就是没有犯过罪的人。因此，“惩罚无辜者”就是对没有犯罪的人处以带有刑事性质的惩罚。需注意，这并不属于通常意义上的轻罪重罚。一个人犯了罪，当然要受到一定程度的惩罚。但是，如果这种惩罚的严厉性大过了犯罪人所犯罪行的严重性，就超出的这部分而言，无疑是附加给犯罪人的惩罚。这往往给人造成一种“部分”无辜的直观感。在此，由于是对“惩罚无辜者”的严谨讨论，为避免引起不必要的歧义与混淆，轻罪重罚的情况必须要被完全排除出去，但在后文适合的场合会对此有所提及。

（二）提前排除死刑的发动

只要是对无辜者的惩罚，无论惩罚的大小如何，理应纳入讨论的范畴。申言之，即算对无辜者处以死刑，也是可以适用于“惩罚无辜者”这一命题的。然而，边沁的死刑思想暂时回绝了“惩罚无辜者”在这一方面的挑战。从前文中已经看出，边沁在死刑问题上较为充分地恪守了其一以贯之的特性分析法，但由于其在框架上与要完成任务间的鸿沟，使得其在死刑的功利论证上并不能圆满。尽管如此，边沁对于死刑的态度是非常明确的，即废除之。这不仅在其早期思想中有所体现，还贯彻到了其晚期思想中，并且直至逝去也没有改变其立场。以边沁对死刑的反对为基础，一个合理的推论是对有罪的人也不能判处死刑，何况一个无辜的人了。因此，在探讨边沁的功利惩罚观是否蕴含了惩罚无辜者的可能时，本着将复杂问题尽量简化以利于入手分析的考虑，可以按照边沁本人的意思先将处以死刑的观点排除出来。同样，要注意的是，这里并非实质性的切割。边沁所主张的，与其思想中在逻辑上体现的应然取向，是两种完全不同的情形；也可能出现这样的场面，即边沁不主张死刑，但从他的思想逻辑中又推导出了死刑的可能。换言之，在还未展开讨论之中，不能对边沁思想中可能存在的逻辑悖论予以完全否定。因此，提前排除死刑的发动，是一项为切入问题而进行的技术性处理。和轻罪重罚一样，在稍后适合的地方亦即将“惩罚无辜者”初步梳理清楚后，会对死刑相关的问题做出确切的回应。

经过上述两个步骤，“惩罚无辜者”的最初讨论范围就比较确定了，即对没有犯罪的人处以带有刑事性质的惩罚的情形，同时先对处以死刑的情形不予考虑。依照这个范围，来看边沁的真实意图到底为何，以及他的意图是否与他的思想逻辑体系相一致的问题。

二　边沁的真实意图与真正逻辑

接下来，就要对边沁惩罚思想中零散的部分予以整合，来尽可能合理地揣测出边沁在“惩罚无辜者”这个问题上的真实意图了。

（一）真实意图：边沁的否定

首先，在本章第二节中边沁讨论了“坐错了地方”的惩罚。如果说替代型惩罚中对自杀者财产的没收尚且属于一种惩罚效果的殃及，那么，传递型惩罚中的“血统败坏”、集体型惩罚以及随机型惩罚中的“敬神之物”则是对没有犯罪的人的直接惩罚。边沁通过对“血统败坏”不符合确定性、稳定性、节俭性、儆戒性、大众性等惩罚的性质或特性的分析，通过对犯罪之人及与其有紧密联系的人之间连带责任的不予赞同，通过对“敬神之物”的宗教基础的平铺直叙，已经非常清楚地表明了罪责应当自负的观点。可以说，这是边沁归属的刑事古典学派的一个标志。尽管在惩罚的目的、惩罚与犯罪之间的比例等理论预设上，边沁与康德、黑格尔为代表的报应论者存有本质上的差异，但在责任议题上的观点却大致是共同的：人是有自由意志的，而犯罪是人基于自由意志实施的行为，以至于在道义上要给予其非难。[①] 这与边沁的功利主义原理也并不矛盾，因为快乐和痛苦是作用于人的心理，通过心理联想机制的运动而为人的决策提供参考的，再加上个人敏感性的考量，使得这种个体主动而为之的主张有了更扎实的基础。道义责任并不必然联系于功利主义，因为其在神意报应之后、法律报应之前充当了道义报应的前提；[②] 而古典功利主义却与道义责任之间存有千丝万缕而难以割裂的关系。因此，从罪责自负的基础看，惩罚没有犯罪的人亦即无辜者，并不容于边沁在“坐错了地方”的惩罚中的相关论述所体现出来的意思。[③]

其次，边沁在谈及惩罚的价值时，提到了惩罚的表面价值、实在价值以及差距的问题。为此，他举了两个例子。一个是通过惩罚肖像制造出与惩罚真人同样的效果的例子，另一个是在好望角的荷兰人通过喝点燃的白兰地来逃避惩罚的例子。前文已经分析，边沁的举例削弱了他在降低成本以提高收益上的说服力，因为成本是降低了，但收益是否提高还取决于立法者或实施惩罚之人与驻足观看惩罚之人的认识能力的差异。如果差异并不是很大或基本相同的话，这样的惩罚只会适得其反而损害惩罚的公信力与权威性。然而，边沁的未充分加以论证的这种言说，却能够反映出他对被惩罚的犯罪人的态度，即并不是一定或非得像“一报还一报”那样坚决。那么，这就缓和了惩罚的下限，从而松动或瓦解了“惩罚无辜者”的绝然立场。实际上，在边沁关于监禁刑的论述中，提到了关押被处以终生监禁的犯罪人的“黑色监狱”，认为可以在犯罪人给外界以悲惨的形象而在内部可以过舒适的生活的方向上下功夫。这种使得惩罚不成其为惩罚的理念，在某种程度上是荒谬的，却也给了边沁在“惩罚无辜者”问题上一个开脱。

最后，边沁在某些地方显现出了这样的认识或主张，即无辜者不能被有意地惩罚，但是在对有罪之人进行惩罚时，一些无辜者也被卷入进来，这是由不可避免的错误所导致的。这可以从边沁区分可避免和不可避免的

---

① 马克昌：《比较刑法原理——外国刑法学总论》，武汉大学出版社2002年版，第36—37页。

② 邱兴隆：《关于惩罚的哲学——刑罚根据论》，法律出版社2000年版，第30—36页。

③ 在“不宜于惩罚”的论述中，边沁谈及了“无理由”“无效果”的情形，从中体现出惩罚的发动受到犯罪的不成立的遏制（实质上和形式上），已不需多言。

错误性惩罚的努力中得到佐证。[①] 可以这么理解，即在立法、司法中出现失误和错误是难免的，而惩罚在功利学说中被视为防止更大程度恶的恶，因而在要取得这种防范的好处时，就必然要承担相应的不合理法律活动的代价。[②] 而在这点上，作为功利主义死对头的报应主义也无法拥有更明显的优势，因为宣称必须是犯罪的人才可给予惩罚，并不意味着现实中被处以惩罚的人一定是犯罪的人。在各种可能面前，报应主义与功利主义站在了同一条起跑线上。如以这样的思路来看，边沁似乎还属于承认了现实之无奈的人，这就使得将其与主张"惩罚无辜者"的人物形象联系在一起变得困难起来，除非有进一步的证据，证明这只是边沁的自我粉饰。

以上并非涵盖全面的几处介绍，程度不一地显现出了边沁似乎并不乐于看到"惩罚无辜者"这种情况的出现。可以看到，这些都是在惩罚理论范畴内对边沁意图的揣摩与判断。在此之外，英国学者弗雷德里克·罗森（Frederick Rosen）跳出了边沁的惩罚理论文本的限定，而给予了一个具有更广阔视野的解读。罗森论证的主要进路，可以归结为相互联系的两个方面，一为后功利主义的研究范式问题，二为边沁的惩罚理论与功利思想在论证上的逻辑关系问题。

在前一方面，罗森将目光投向了两名学者，A. C. 尤因和洪德里奇。在惩罚理论的探讨上，尤因和洪德里奇采用了综合分析的方法。他们对功利主义作为惩罚的唯一根据进行了批判，对报应主义在惩罚中的完美证成也予以了质疑，可谓各个击破而不偏于任何一方。这种方式被罗森称之为"后功利主义范式"（post-utilitarianism paradigm）。然而，罗森却发现，尤因和洪德里奇都或多或少地将功利主义惩罚观简化为了威吓理论，从而认为两者的研究实际上背离了以边沁为代表的古典功利主义的传统。并且，罗森指出这一谬误沿袭到了 W. D. 罗斯、H. J. 麦克洛斯基、J. J. C. 斯马

---

① Guyora Binder and Nicholas J. Smith, "Framed: Utilitarianism and Punishment of The Innocent", *Rutgers Law Journal*, Vol. 32, 2000, pp. 115-224.

② 边沁在《道德与立法原理导论》中的"刑法的界限"一章，对惩罚无益的场合予以了补充。他提及了两种情形：一为所花费的代价过高，即便这些全部运用到了惩治罪过上；二为可能殃及无辜者，使之遭受仅属有罪者的厄运。其中，第二处讲的就是立法者与法官的能力或品质问题。参见［英］边沁《道德与立法原理导论》，时殷弘译，商务印书馆 2000 年版，第 354 页。

特等学者的研究中，而最终造成了古典功利主义与后期学者研究的断裂。[①] 在后一方面，罗森认为，相关学者弄反了边沁的功利思想与惩罚理论在论证上的逻辑顺序。对于功利主义惩罚观的理解，他们认为是一般性功利原则在特定领域或情形下的应用，亦即遵从了“自上而下”（top-down）的关系模式。而罗森指出，边沁的功利主义惩罚观实际上应从“自下而上”（bottom-up）的关系模式来体会。具体而言，边沁在不同论域设立了不同的指导规则。比如，在惩罚领域设定了目的、规则等，在民事范畴确立了安全、生存、富裕、平等四个次级的目的。[②] 所谓的这些次级结构，才是决定与指导各自所在领域的实践或应用的真正指挥棒。由于对次级结构的忽视，导致了诸多学者从最大幸福原理的抽象概念出发，而得出了通过惩罚一个无辜之人来保证其他大多数人的安全的这一看似合理实则荒谬的结论。

换言之，在罗森眼中，持“后功利主义范式”的学者的失败，缘于他们没有真正领悟边沁的真实意图。姑且不论这样的见解是否足够充分与恰当，罗森这种打破了往常以惩罚理论为阵地的分析，的确给人带来了灵机一动的启发；而在“惩罚无辜者”这个问题上，引导学者们走向了更为宏观的以整个思想体系为对象的全盘考察之路。其实，不仅是惩罚理论与功利主义思想的逻辑关系需要打量，就是在惩罚理论与宪政理论、证据理论之间，也可以找到边沁思维倾向的蛛丝马迹。边沁在《政府片论》一书中，对君主政体、贵族政体与民主政体予以了关注；[③] 在《宪法法典》中，进而阐述了民主政体的三项原则，即最大幸福原则、自我选择原则和利益一致原则。[④] 这些都反映出，边沁对公开、民主精神的秉持、追求与向往。而边沁在《司法证据原理》中的讨论，几乎都指向了一个唯一的原则，即没有证据应当被排除。“证据是司法的真正基础，对证据的一切排斥都是对司法的否定。”[⑤] 这种偏于极端的主张已经不大能够符合

---

① Frederick Rosen, *Classical Utilitarianism from Hume to Mill*, London: Routledge, 2003, pp. 214-219.

② Ibid., p. 225.

③ ［英］边沁：《政府片论》，沈叔平等译，商务印书馆 1995 年版，第 169—177 页。

④ 杨思斌：《功利主义法学》，法律出版社 2006 年版，第 56—58 页。

⑤ ［法］埃利·哈列维：《哲学激进主义的兴起——从苏格兰启蒙运动到功利主义》，曹海军、周晓、田玉才等译，吉林人民出版社 2006 年版，第 415—420 页。

诉讼程序领域的当下发展了，但从中体现出来的探究案件真实面貌的意欲，却是无论如何也不能完全予以否定的。因此，在民主、公开与寻找案件真相的品质的引领下，边沁如果还是真心要求惩罚无辜的人，就会显得有点不合乎常理了。

作为没有亲历过那段历史的后来人，无法绝对保证边沁在“惩罚无辜者”的问题上一定就采取了怎样的论调或态度。但是，基于上文在惩罚领域内的几方面梳理，以及受罗森的启发而立于惩罚领域之外来看惩罚的些许思考，可以大致得出这样的结论：边沁并没有要对无辜的人予以惩罚的意思，尽管他没有站出来大声呐喊以引起人们对此问题的关注，但实质上应当是对该命题抱以否定态度的。即便在他处或者在他日，有更多、更新的资料得以展示出来，而证明边沁确曾说过要惩罚无辜的人的话语，那也只能说，边沁自己制造出了两个持有不同观点的“边沁”。

（二）真正逻辑：边沁的无法否定

如果追问到此为止，还不能说就解决了边沁在“惩罚无辜者”议题上的所有相关事务。边沁在思想阐述中体现出来的意图是一方面，而根据其理论解释衍生而来的逻辑推理又是另一回事。

首先，就上文中“坐错了地方”的惩罚以及对源于一种现实无奈的承认的情形，边沁的说辞是难以被反驳的。但是，在惩罚的表面价值与实在价值的二分观念下，边沁通过若干举例所体现出来的意图，并不能形成对从他的思维逻辑中推演出来的惩罚无辜者的可能的有效反抗。具体而言，在边沁的理论预设中，惩罚的价值存在两个维度：一为向上、追高的维度即表面价值，二为向下、就低的维度即实在价值。边沁希望惩罚的表面价值大，或者说他希望惩罚的实在价值小，都有各自的道理所在。但相对某一端的数值，边沁更为关心的是两者之间的正数意义而非负数意义的差值。再来回顾边沁关于惩罚肖像的举例，假设达不到威吓的一般预防的效果，则无论惩罚多么节约成本，都是一种无效或无益之罚而不应当被采用。因此，在表面价值与实在价值的差为正数亦即表面价值大于实在价值的前提下，存在整体向上浮动的可能；亦即提高惩罚的下限，但更提高惩罚的上限，这样两者的差值变得更大从而更有利可图。这就好比之前是一块钱的进货两块钱卖出，后来变为了两块钱的进货但四块钱卖出，进货成本由一块钱提高到了两块钱，而卖出价格却由两块钱提高到了四块钱，相对原来一块钱的差价，后来得到的两块钱的收益反而更大了。这种局面的造就，与之前边沁在惩罚与犯罪之间的比例规则上的论述也有联系。因为，边沁在第五条规则即限制加重惩罚的规则上是含混不清的，一个“必要的限度”与一个“符合这里的规则”，回避了应当如何予以限制的具体打算。① 因而，边沁的惩罚思想中确实包含了缓和惩罚的下限的内容，但在如何限制惩罚的上限上，基本没有做出回答。这种追逐高额差价抑或“利润”的导向，在很大程度上孕育了在巨大表面价值存在的情况下突破惩罚发动之底线（即必须存在犯罪）的可能，并非仅仅通过“惩罚的前提是犯罪”的宣言就能够阻挡得住，从而为“惩罚无辜者”打开了一扇天窗。

其次，罗森的研究进路尽管极富启发意义，也需要接受较为慎重的省察，可从以下三个方面来予以说明。

第一，关于功利主义原理的一级命题与不同论域的二级原则（secondary principles）之间的关系。按照罗森的主张即自下而上的模式来看，自然可以形成不同于以往学者的新的见地，拓展了对于同一事物的不同认知。进言之，以二级原则建构一级命题的进路，就其本身而言也是合理的。但是，罗森以其进路的合理性来压制其他进路的合理性，除非有强有力的证据，否则会面临一种不能承受之重。边沁在惩罚理论的预设，也就是罗森指称的二级原则，确实具有强烈的针对性，即涉及犯罪与惩罚的专门领域。在惩罚的创制、发动、分配与执行的场合，显然这种更为具体的目的、规则等更有指导意义，这是毋庸置疑的。然而，就报应主义者而言，在惩罚目的、规则上也有一套自己的范式，并因之形成了与功利主义的世代对垒。如何将功利惩罚观与报应惩罚观区别开来？在惩罚的目的、惩罚的规则这样的同类名称上，功利惩罚观如何标示出自己的与众不同？恐怕还得依靠功利主义原理这个一级命题。也就是说，二级原则必然要联系于一级命题才能说得清楚，如若不然，功利惩罚观的称谓也就不复存在了。实际上，这在某种程度上也体现出了逻辑方法上的归纳与演绎的不同。归纳，是一个从部分到整体、从特殊到一般、从具体到抽象的过程；而演绎，则采取了与之相反的路径，从一个假定的命题出发而生成其他的命题。两种方法都是不可或缺的，无论单独使用哪一种方法而排斥另一种方法，必将有失偏颇。因此，罗森的贡献在于使得作为二级原则的惩罚理

① Jeremy Bentham, *The Rationale of Punishment*, New York: Prometheus Books, 2009, p. 72.

论的预设获得了相对以往更高的关注度，而其不足之处则在于过于强调这种独特性而有意无意地忽略了功利主义原理这个一级命题的统筹效应。就边沁而言，联系他对英国法律传统弊病的抨击，以及对编纂法典的号召与推动，说其在某种意义上偏向了具有大陆法系传统的法律思维也是不为过的。以此观之，由功利主义原理出发形成二级原则，进而影响各自领域的具体实践，就不属于那么容易完全被否定的事情了。这也揭示出一个深刻的道理，所谓合理性，有其存在的范围；一个范围内的合理性超出原有的界限而意图统治其他地域的疆土，就极有可能转向它的反面即不合理性；并且，在更大的范围内，不同子域的合理性是可以共存不悖的，对这些和谐共处的合理性予以孰优孰劣的比较是没必要的，也是不可能的。

第二，退一步，以罗森的二级原则为出发点。按照他的意思，二级原则向上形构了功利主义的一级命题，向下指导了惩罚领域的具体实践。那么，惩罚的一般预防为主、个别预防为辅的目的观，以及惩罚与犯罪之间的比例规则，就扮演起了最终决策者的角色。尽管威吓论并不是功利惩罚观的唯一内容而不能将其与后者等同视之，但须注意，在谈论“惩罚无辜者”的场合，威吓论却几乎成为了唯一可供检查的内容。事实上，要掂量功利惩罚观中是否存在惩罚无辜者的可能，有益于改造、剥夺犯罪能力的预防犯罪的目的以及补偿被害人的损失的目的都是与之毫不相关的。因此，在罗森的二级原则为关键点的进路下，经过这么一番分析，得出了在“惩罚无辜者”的特定论域下对功利惩罚观的检视只能精确到威吓论的结论，而反过来推翻了罗森对其他学者相关研究的指责与批驳。结合前文业已分析过的惩罚与犯罪之间的比例规则在上限制约上存有的漏洞，要说边沁的功利惩罚观在根本上杜绝了惩罚无辜者的可能，是难以立足的。

第三，罗森在确立二级原则对惩罚实践的指导或判断后，直接宣布惩罚与犯罪之间的比例规则的运用能够将“惩罚无辜者”的问题予以一般性的排除。[①] 其实，比例规则本身存在的问题已经在前文中有所论及；在此再退后一步，假设比例规则本身没有问题。于是，新的问题凸显出来，分为两个方面。一方面为，谁来操作？罗森显然隐含地借助了另一要素——理性人假设。由于在边沁的比例规则中，第一条就是惩罚的价值不

---

① Frederick Rosen, *Classical Utilitarianism from Hume to Mill*, London: Routledge, 2003, p. 216.

得低于足以盖过犯罪的收益的价值，也就是说，惩罚的恶在量上要有向上提升的倾向，并且是刚好超过、不能多也不能少，而这是要由有控制力的人来实施的。必然地，一个不食人间烟火的理性人角色的要求跃于纸面而呈现出来。[①] 另一方面，即便存在这样的理性人，需注意，罗森指的是依靠“比例规则的运用”，亦即惩罚与犯罪的对应。换言之，理性人是在犯罪存在的前提下来衡量、匹配惩罚的，这依然没有回答应当如何对待尚未犯罪之人的问题。在个别人或少数人的利益与绝大多数人或大多数人的利益发生不可调和的冲突时，因为不存在对预防犯罪之目的的绝对约束，到底是以惩罚无辜者为代价来换取最大多数人的最大幸福，还是严格遵守惩罚须以犯罪为前提的箴言而不惩罚无辜者，就没有可供理性人予以参考的判断依据了。因此，罗森求助于比例规则的做法，不仅在理性人假设上不太容易做得到，而且也仍然不能给予“惩罚无辜者”问题以正面的解答。

从上述三点来看，罗森的剖析尽管站在了维护以边沁为代表的古典功利主义惩罚观的立场，但在关于“惩罚无辜者”议题的辩驳上，缺乏足够的力量而没能获得最终的成功。

至此，边沁功利惩罚观中的真正逻辑已经较为清晰地呈现出来了：在惩罚的价值学说中没有对表面价值追高的情形予以透彻的说明，也没有对如何限制予以详细的介绍；在惩罚目的观中，威吓论的存在使得在牵引上总会朝着把人当成手段或工具的方向前进；在惩罚与犯罪之间的比例规则上，减轻惩罚的详细规定与加重惩罚的一笔带过形成了鲜明的反差。这些逻辑的存在，不仅没有进一步压缩“惩罚无辜者”的生存空间，反而将之有所放大。可以说，在此问题上，作为边沁的真实意图的否定最终没能敌过作为边沁思想的真正逻辑的无法否定。此时，也可以将解析“惩罚无辜者”问题时的起步性限定予以解除了。上述分析，对于轻罪重罚的情形是可以同样适用的。另外，尽管边沁是反对死刑的，但“惩罚无辜者”上不封顶，因此，在极端情形下也可能出现使用死刑作为儆戒手段的例

---

① 需要澄清的是，这里并非是指人们通常认为的立法失误、司法错误的情形，因为立法发动或司法发动的不合理，在以报应主义惩罚观为指导的惩罚实践中也是可能存在的，或者说，无论是报应观还是功利观，在指导实践时都无法避免个人或少数人在应用上的缺憾。与之不同，在此所讲的理性人并非是要苛责到现实个案情形的地步，而是在整体上而言，即既要足以预防未来犯罪又要掌握好毫厘之间的分寸，本身是极其难以做到的事情。

子。至此，功利惩罚观已出现了全线溃败的迹象。[①] 在根本上，这是由功利主义的基本命题亦即目的性要求所决定的。在预防犯罪的问题上，尽管边沁还论及了其他预防犯罪的手段，但只要在运用惩罚的场合，这一命运就早已经注定了。

在一个法治尚不完善且没有足够自信的国度，功利主义惩罚观完全是可以大行其道的。个中原因，也并非是刻意追求一种牺牲少数人利益的恶，还可能更多的是意欲保全多数人利益的善。这是制度抉择的问题，也确实是出于无奈而进行的制度抉择的问题。然而，当人真正不仅把自己当人也把他人当人，当法治不仅是法律人的向往也成为全体公民的共同理想之时，功利主义惩罚观的活跃度就势必要降低了。此时，报应主义的介入就变得尤为重要起来；甚至可以说，只有报应主义才能承担起堵塞功利主义（包括边沁在内）在惩罚观上逻辑漏洞的历史使命。通过报应主义的限制，促成功利主义惩罚观向低位运行，而使之在一个合理的轨道上发挥其功效。由此，继惩罚的目的、比例规则后，在惩罚的发动上又一次看到了走向一体论的趋向。[②]

---

① Amanda Alexander, "Bentham, Rights and Humanity: A Fight in Three Rounds", *Journal of Bentham Studies*, Vol. 6, 2003.

② 邱兴隆：《刑罚理性导论——刑罚的正当性原论》，中国政法大学出版社 1998 年版，第 76—91 页。

第七章

边沁的惩罚执行思想：以全景监狱为中心[①]

在经历了理论建构的艰难跋涉后，边沁终于在惩罚的实践领域找到了一方归宿，这就是被后世学者经常提及的“全景监狱”计划（panopticon）。在这一全新模式中，边沁将自己的惩罚思想注入了其中，意图打造一个功能强大的“监狱帝国”，这在当时的英国称得上是石破天惊之举。在边沁奉献出自己宝贵智识的同时，恰逢在英国蓬勃兴起的监狱改革运动，诸多新思想、新提议如泉水般涌现出来，边沁的主张，无疑契合了这一历史发展的轨迹，从而写下了其中浓墨重彩的一笔。一方面，从边沁惩罚思想的整体来看，全景监狱计划是对他前期惩罚思想的一次回顾，也是一次总结、一次反思：既有对功利惩罚观理论预设的继承，也有在监禁刑这一具体惩罚种类的框架之内进行的调整。另一方面，全景监狱计划也构成了一种所谓的“反检视”，边沁惩罚思想中合理的地方得到了凸显，而不合理或不尽合理的地方也被放大。这一切，都意味着边沁的功利惩罚观已经进入了惩罚的本真居所，而与既存的惩罚制度或机制达成了对话。从最终的结果来看，边沁的全景监狱计划未能在英国全面施行。尽管其中掺杂了复杂的而非边沁本人所能主导的因素，但他的这份厚重的监狱改革倡议，却早已深入有识之士的心中，并在许多地方掀起了以全景监狱为模板的相似改革。甚至在后世，有学者从中汲取了营养而发展出了富有影响力的理论，法国学者福柯就是其中的代表。为了展示边沁的这一宏伟计划，还得先从给他带来灵感的一趟意义非凡的俄国之旅说起。

---

① 边沁主张的行刑仪式，可视为其惩罚执行思想中的内容，但在大多数情况下是被附带地提及的。因此，在介绍边沁的惩罚执行思想时，以建立在监禁刑思想基础之上的全景监狱计划为主要内容。

第一节 俄国之旅与建筑结构

全景监狱的产生，最初要得益于两个边沁。一个是本文关注的主人公杰里米·边沁（Jeremy Bentham），而另一个则是他的弟弟萨缪尔·边沁（Samuel Bentham）。[①]

一 边沁兄弟的俄国之旅

当时，俄国正处在女皇凯瑟琳二世的统治下，社会经济面貌呈现出欣欣向荣的景象。英国与俄国之间的贸易在18世纪70年代有迅猛的增长，让处在大不列颠群岛的人们看到了涌现出来的机遇；而圣彼得堡与巴黎之间存在的冲突，让英国人的俄国是天然同盟的印象进一步加深。[②] 于是，开始陆续有英国人前往俄国寻找工作机会，萨缪尔便是其中一员。起先，萨缪尔作为海军工程师奔波于俄国各地，这段生活不仅让他练就了流利的俄语，也使得他对不同地方的情况有了较为深入的认识。在1784年3月，萨缪尔正式进入波特金王子的麾下工作。[③] 此时的波特金王子，受到凯瑟琳女皇的信任与宠爱，踌躇满志而意欲有所作为。萨缪尔以其专长和见识受到波特金王子的重视，获得了帮助王子打理其在克里切夫的产业的职务，为此也受到了褒奖而在经济上变得宽裕起来。[④] 而杰里米原本计划在1784—1785年的冬天去看望他的弟弟，而直到1786年初才与萨缪尔在克里切夫相见。在那一年里，萨缪尔忙于自己的事业，而杰里米帮助萨缪尔做了大量的文案工作，兄弟二人大致过着快乐而愉悦的生活。[⑤] 正是在为波特金王子服务的这段时间里，萨缪尔在设计发明和革新上取得了许多成

① 杰里米·边沁生于1748年，他的弟弟萨缪尔·边沁生于1757年。在杰里米这一代，边沁家庭总共有七个小孩，除了他和萨缪尔，其他五个在童年夭折。

② Ian R. Christie, *The Benthams in Russia*, 1780 - 1791, Oxford: Berg Publishers Limited, 1993, pp. 2-4.

③ Ibid., p. 122.

④ Ibid., pp. 167-170.

⑤ Ibid., p. 174.

就，其中一项就是后来成为全景监狱原型的监视屋（Inspection House）。①

（一）常识性理解

关于这个监视屋的由来，后世一般认为与萨缪尔在开展项目建设上需要对劳力进行管理有关。② 在当时，俄国雇工大多缺乏熟练的专业技能，而工程实施需要庞大的人力资源，两者结合起来给组织管理带来相当大的难度。于是，一方面，对于劳力技能与养成的训练，从西方引进具有丰富经验的工匠来指导相关的工作，成为了一个可行的对策。另一方面，即监督劳动、组织生产、提高效率的追求上，通过新型建筑来实现对陈旧管理体制的突破的想法开始成形。这个基本的构思为，管理人员处于建筑的中心来观察外面发生的事情，从而可以在需要的时候进行介入来协调或处理相关事务。这种对外景象一览无遗的可能，是由360°的可见性所提供的，实质上强调了管理上的中心主义。对此，作为萨缪尔母国的英国是否曾经存在过类似的范例以供参考或模仿，只能留给历史学家去考证了。在今天看来，这种构思可被看成是从内到外的扫视而在理解上不存在任何困难，然而如若单独观之仍不免令人心生怀疑，一个中心观察就能起到监管上的如此重大之效？确实如此。在结合了其他机制的考察后，可以发现这种来自中心的观察几乎支持了所有其他机制发挥作用的可能，这在杰里米将其发展为全景监狱的过程中有十分明显的体现，可谓是一种“蕴含了复杂的简单性”。对于这样的一般性认识，即监视屋源于萨缪尔在管理生产上的需要，西蒙·维里特（Simon Werrett）提出了不同的意见。维里特不仅关注了萨缪尔在俄国为波特金王子掌管工厂这一事实，还对俄国文化中的戏剧性、凯瑟琳女皇的南巡以及东正教教堂在建筑上的影响等更为广阔的因素予以了追踪。为尽可能全面地认识监视屋的产生渊源，有必要对维里特这一不同于常规的研究予以介绍。

（二）维里特的拓展分析

自彼得大帝以来，俄国开始走上了西化的道路，欧洲一些经济发达国家成为了重要的效仿对象。在社会转型的过程中，俄国的文化传统遭受到

① Catherine Pease-Watkin, “Jeremy and Samuel Bentham—The Private and the Public”, *Journal of Bentham Studies*, Vol. 5, 2002.

② Ian R. Christie, *The Benthams in Russia*, 1780 - 1791, Oxford: Berg Publishers Limited, 1993, p. 177.

了西方模式的冲击，在贵族阶层的习俗特征上有较为明显的反映。标榜与西方国家的同一性，以及乐于见到繁荣、享受愉悦的风气开始在上层人士中蔓延，波特金王子也不例外。作为俄国广袤的南方土地的实际控制者，波特金王子谋划建立起一个制造业、农业、科学等各方面都比较先进的地区，并且说服了凯瑟琳女皇进行南巡，来检验这些取得的成果。这一过程，既是波特金王子对自身政绩的展示，也属于俄国在发展道路上对自身形象的部分宣扬，尽管并没有受到随之参观的外国友人的好评。既然是视察、参观与检验，一个可以将所有景象置于眼底的平台就变得必要了。首先，维里特通过对这段历史的介绍，指出了管理劳力之外的又一可能构成监视屋来源的引因——全面观看波特金王子治下辉煌景象的需要。① 这种分析，远超过了上面常识性理解的范围。结合俄国当时的历史来看，维里特的这种解释并非没有一点道理。一个国家、一个民族在转型过程中，往往需要阶段性的成就来激励自身，从而有更大的信心、更多的精力投入发展与建设中去。尽管这次由波特金王子一手操办的成效展览，多少带有浮夸或炫耀的成分，但联系到当时俄国与土耳其之间的紧张关系，俄国南方地区作为战略要地也确实需要加快发展。因此，凯瑟琳女皇南巡，以及在视察过程中贵族阶层对于观看辉煌景观的需要，就为维里特的这一解释提供了一个可以说得过去的历史背景。然而，毕竟没有足够的证据表明，参与了其中准备工作的萨缪尔将之转化或同一为了用于监督劳力以进行生产的监视屋，因此，维里特的这个解释尽管较为合理，但未必是对真实情形的揭示。

其次，维里特从东正教教堂建筑结构的视角，提供了另一个他所认为的对于萨缪尔在监视屋的设计上有着潜移默化影响的解释。维里特指出，自 9 世纪以来，东正教教堂的特色就已经十分显著，圆形穹顶是其中重要的一处。位于教堂中央的穹顶，象征着上帝居住和行动的“尘世天堂”。与西方基督教堂通常的高塔和尖顶的建筑风格相比，东正教教堂的穹顶更给人以一种现实的而非遥不可及的经验性，让人感受到神的无处不在、无所不知。同时，所谓圣障的存在，起到了将神职人员与普通民众分隔开来的作用：前者被允许看到神之力量是如何真实运作的，而后者只能通过周

① Simon Werret, “Potemkin and the Panopticon: Samuel Bentham and the Architecture of Absolutism in Eighteenth Century Russia”, *Journal of Bentham Studies*, Vol. 2, 1999.

围或穹顶上的图案来感受神的气息。因此，在这种仪式的进行过程中，不同的阶层依据与神的接近程度而被划分出来。穹顶和圣障，使得神的存在与不可见结合起来，而民众却无不处在神的注视与关切之下，于是一种不对称的可见性就得以产生了。维里特对于东正教堂结构意涵的提及，是想点出民众对神的崇拜与服从，与监视屋产生的使劳力服从管理的功效之间有着某种类同性。甚至，维里特还结合了彼得大帝以来俄国在世俗化方面的若干措施，肯定地指出就算萨缪尔想建立起一种“世俗化的教堂”也并非是超乎寻常的事情。并且，相对他的第一个解释而言，维里特提供了一个完成于1782年的三一教堂的例证，来说明萨缪尔对此建筑结构是早已有所了解的。[①] 应当说，维里特就建筑结构而由此及彼的手法，还是具有一定说服力的。从历史上看，俄国东正教教堂在造型上的传统一直就是“圆顶十字架”，16世纪中期开始出现了教堂采用帐篷顶式设计的例子，但仅过了一个世纪就被禁止，而回归了传统。[②] 可以说，这种别致的造型与历史同行，承载了俄国千年历史的荣辱与兴衰。[③] 萨缪尔从1780年开始就已经在俄国的土地上跋涉，以他丰富的地方经验，不可能对在俄国宗教、政治、社会生活中产生重大影响的东正教教堂一无所知。但是，萨缪尔对于建筑风格的了解，难以与他对宗教文化的透彻洞悉画上等号。因而，只能说萨缪尔可能从建筑的外观上借鉴了东正教教堂的某些特征，但不能就绝对地肯定，萨缪尔是受到了东正教教堂对民众产生影响力的启示来设计意欲达到监管劳力之目的的监视屋的。[④]

除了上述两个解释之外，维里特还谈到了另外一点，涉及俄国在政治上奉行的专制主义。他认为，如若不是萨缪尔要去参加与土耳其的战争，一个监视屋的成品完全可以在克里切夫建造出来，因为俄国的专制主义使得劳动力、土地、资金等物质条件的提供都不成问题。后来全景监狱计划

---

① Simon Werret, “Potemkin and the Panopticon: Samuel Bentham and the Architecture of Absolutism in Eighteenth Century Russia”, *Journal of Bentham Studies*, Vol. 2, 1999.

② 李翠：《俄罗斯东正教教堂的文化诠释（14—16世纪）》，硕士学位论文，首都师范大学，2005年，第33—34页。

③ 李小桃：《俄罗斯东正教教堂的文化意义》，《四川外语学院学报》2003年第5期。

④ 不同的是，杰里米在阐释全景监狱的构造时，可能察觉到了与宗教神灵之间某种微妙的联系。参见John Bowring ed., *The Works of Jeremy Bentham* (4), London: Simpkin, Marshall, & Co., 1843, p. 45。

在英国的流产，似乎为维里特的确信提供了进一步的佐证。他认为，杰里米做的工作不过是推广了他的弟弟萨缪尔的工程，使之能够在更为普遍的场合下付诸应用。[①] 维里特的此番说辞，实质上等同于一种陈述。确实，作为全景监狱之原型的监视屋，与边沁兄弟的俄国之旅存有重要的关联。甚至可以说，没有这一趟在俄国工作、生活的特殊经历，萨缪尔或杰里米可能会在其他设计发明上有所成就，但未必就一定是监视屋和全景监狱了。历史的偶然性与必然性，在此处的交汇能够被明显地察觉到。然而，维里特的论证至少有两处是值得推敲的。一为专制主义的俄国是监视屋产生的环境基础，但这与英国全景监狱计划的成败无太大的关系，后者联系了更多不同的偶发或独特因素而无法仅用宏观政治环境上的区别来予以判断；二为杰里米固然推广了他的弟弟萨缪尔的模型，但须注意，杰里米的成名在于全景监狱而非用于监督生产的监视屋，在适用对象上的殊异性决定了两者的内在构造机制是存在重大差异的。[②] 从公正的角度来说，全景监狱计划的原型起始于萨缪尔，却基本是在杰里米手里制订出来的。实际上，特定事物在发展中会受到诸种不同因素的相互促进、相互抵牾，其最终的结局仰赖于这些力量综合作用的结果，而这远非是简单或单一的解释所能胜任的。

维里特在三个方面的分析，自始至终都没有离开俄国及其特定历史背景的主线。在此意义而言，如果有确切的历史资料予以直接、有力的证明，则维里特的研究完全可以上升为一种公论，而真正改写在监视屋起源上的常识性理解。同时，也正因为没有这方面的直接证据，使得维里特的分析具有研究上的参考价值而不具有史料上的确证价值。无论如何，维里特的分析还是打开了一条更为广阔的路，揭示了边沁兄弟这段特殊的俄国之旅的更多可能，对其贡献应当予以肯定。此外，维里特关于杰里米所做的推广工作的论述，也引出了需要予以进一步深究的议题。上文已经初步

---

① Simon Werret, “Potemkin and the Panopticon: Samuel Bentham and the Architecture of Absolutism in Eighteenth Century Russia”, *Journal of Bentham Studies*, Vol. 2, 1999.

② 或许会有这样的异议，即监视屋这个原型向监狱以外的学校、医院、精神病院等机构的衍生，同样涵括在了杰里米·边沁的认同范围之内。这种主张的事实部分是无疑的，但不构成对杰里米的贡献的抵消，因为杰里米毕竟主要集中于监狱的建筑结构与管理制度的阐述，而对学校、医院或精神病院等机构的举例是附带性的。因而，就监狱管理与监督劳力的不同而言，杰里米是有自己的独特贡献的。

言及萨缪尔对监视屋的初创，以及其与杰里米发展的全景监狱之间存有的一定不同。其实，杰里米还有一项工作是萨缪尔没有也无法做到的，这就是思想智识上的发掘：作为工程师的萨缪尔，设计了监视屋的基本结构；而作为思想家的杰里米，则在萨缪尔的建筑中看到了他的功利主义思想及其惩罚观付诸实践的可能，通过将抽象的惩罚哲学理念注入具体的空洞建筑之中，从而赋予了这一冰冷之物以火热的灵魂，使得全景敞视结构的理论形象一下子丰满起来。尽管杰里米将这些都归功于其弟弟萨缪尔的初始设计，但杰里米的发展并将之与理论融会贯通从而形成一种“看得见的理论”，却是明眼之人都能领会与察觉的。

对于这一段史话的梳理，无论是常识性理解还是维里特的拓展性分析，都为后世探寻全景监狱的渊源提供了背景性知识，抑或说是一个故事性情节，而祛除了将之视为思想家躲在书斋里冥思苦想而主观臆造出来的产物的错误观念。同时，对于萨缪尔的工作及杰里米造访俄国、与萨缪尔共同生活的介绍，并非要人为地制造出杰里米和萨缪尔在全景监狱上谁的作用更大的纷争。相反，正是通过这样的介绍辨识清楚各自的努力与贡献，更有利于消弭可能发生的紧张关系。事实上，缺少萨缪尔和杰里米的任何一方，全景监狱既不会产生也不可能成为惩罚理论上的重大议题。1780—1791 年的这段时间，边沁兄弟的俄国之旅对于作为原型的监视屋与作为后续的全景监狱起到了至关重要的作用。对全景监狱计划倡导者的杰里米·边沁而言，如果没有亲自到俄国去体验萨缪尔的生活，很难想象可以通过书信等其他方式来理解他的弟弟所从事的设计的实质。在正值监狱改革风暴兴起的英国，这样一段旅程，或许让杰里米抽身出来，而有了不同于当时英国同道中人的独特思考。

二　全景监狱的建筑结构

正如前文所言，某种意义上，杰里米·边沁的惩罚执行理念与全景监狱的构造相互交织在了一起。要了解并深入理解边沁的行刑观，亟待一种所谓的“建筑阐释学”，来将他浇灌进建筑景观中的理念呈现出来。这一切始于对全景监狱具体构造的解析。边沁的介绍，整个建筑呈圆形状；中心是监管人员工作的地方，可以对外围周边的情景进行全方位的观察；外围是被监禁人生活的地方，被分隔成为了若干个单元；在中心和外围之间，有一个中间地带或环形区域。[①] 因此，从横切面来看，全景监狱可以看作是同心圆，而在整体上，全景监狱基本是对称分布的。

以监视屋（Inspection House）的原理观之，中心监管人员要实现对周围被监禁人情况的掌握。但是，被监禁人毕竟不同于进行生产活动的劳力，其人身自由受到了严格的限制。在监狱的特殊情境下，边沁在被监禁人居住的单元亦可称为“监禁格”（cells）的结构上做起了文章。[②] 在朝向全景监狱之外的一面，安装了足够面积的能让光线透过的窗户（window），而在朝向中心监管房（inspector's lodge）的一面，安装了不会遮挡住光线的铁栅栏（iron grating），这样可以使得光线从监狱之外通过监狱外围上的监禁格而到达监狱中心的监管房，从而让监管人员能够将被监禁人的行为活动看得一清二楚。与之相反，监管房安装的却是卷帘（blinds），可以根据被监禁人视线所能达到的高度而进行相应的调整，以使被监禁人无法看到监管房内的情况。为了以防万一，边沁还考虑到了光线过于强烈而卷帘不起滤光作用的情形，设计了可以活动的分隔物或类似屏障之物（partitions），在特定情况下调整角度来确保监管房内情形的不可见性。[③] 因此，一种单向的可见性或者说“中心不可见性”被建构起来。今天看来，这是对光学原理的简单引用，只不过边沁稍微增加了一点复杂度，即指出了监管房与监禁格之间的距离会对光线的强弱造成影响，而以他的弟弟萨缪尔在监视屋设计中采用的 100 英尺的距离作为了参考。[④]

这是全景监狱结构的最初设计，也是最主要的部分。在此，边沁完成了从监管生产劳力向监管被监禁人的首次转化。紧随而来映入眼帘的，是其他更多细致入微的测定，包括了监狱外围的监禁格的数目及层数、间隔墙的厚度、监管房的地板厚度、监管房与监禁格在高度上的匹配与设置等。[⑤] 这些规定得十分详尽的设计，围绕和服务的都是同一个目的，即边

---

① John Bowring ed., *The Works of Jeremy Bentham* (4), London: Simpkin, Marshall, & Co., 1843, p. 40. 在“*Postscripts I*”中，边沁将外观形状由圆形替换成了多边形。

② 与“监禁格”对应，将监管人员工作的地方称为“监管房”。

③ John Bowring ed., *The Works of Jeremy Bentham* (4), London: Simpkin, Marshall, & Co., 1843, p. 41.

④ Ibid., p. 42. 在“*Postscripts I*”中，边沁拓展至了以 120 英尺为直径的距离。

⑤ Ibid., pp. 42-43.

沁意欲保证的“中心性”和“可以看见但不被看见”的实现。[①] 在今天，人们对于全景监狱的结构及其蕴含的认识，已大多笼统地为上述简单却较为经典的内容所充斥或挤占，上升为标签或符号的迹象已经非常明显。须注意的是，上述结构设计的来源是边沁在俄期间撰写的一系列信件，换言之，只是他在全景监狱结构上的初始思考；在此之后，边沁又以分为两个部分的后记来对他之前的论述予以了补充。对此，珍妮特·森普尔（Janet Semple）指出，边沁在克里切夫写出的“信件”（*Letters*）无论从地理上还是在实际上都脱离了英国政治和监狱的严酷现实，而他在回伦敦以后补充的“后记”（*Postscripts*）则从本土可行性的角度对全景监狱计划予以了翻新，而较为贴切地符合了以说服政府为目的的需求。[②] 从内容上看，这些修正可概括为两个方面。其一，对原有设计中相关结构的数值调整，比如监管房和监禁格的长度、宽度、厚度、相对位置等的改变；其二，对原有设计中没有详尽说明的地方予以了进一步说明，对实质变更了的结构予以了重新阐释。[③] 比如，就第二方面而言，以联接监狱中心监管房与外围监禁格的沟通系统（communications）为例，边沁将之分为了过道、楼梯和门这几个不同的组成部分；在楼梯（staircase）名下，边沁又区分了被监禁人使用的楼梯、监管人员使用的楼梯和造访人员使用的楼梯，字里行间仍然体现了其在“信件”中业已确立的两个重要原则。

当然，这些改进并非完全是无可非议的。其中若干结构的变动，比如监管走廊的增加、位于中间地带的隔墙的建立等，引起了建筑环境专家菲利普·斯蒂德曼（Philip Steadman）的关注，被其认为是对中心性原则与单向可见原则的违反，而且可能导致监狱中心的空心化、及时处理问题的困难等问题。[④] 事实上，边沁自己也意识到了这一点。在“后记”第一部分，他坦承，监管人员的“中心不可见”并不是一件乐观的事情，存在

---

① John Bowring ed., *The Works of Jeremy Bentham* (4), London: Simpkin, Marshall, & Co., 1843, p. 44.

② Janet Semple, *Bentham's Prison—A Study of the Panopticon Penitentiary*, Oxford: Clarendon Press, 1993, p. 99.

③ John Bowring ed., *The Works of Jeremy Bentham* (4), London: Simpkin, Marshall, *& Co.*, 1843, *pp.* 67-109.

④ Philip Steadman, "The Contradictions of Jeremy Bentham's Panopticon Penitentiary", *Journal of Bentham Studies*, Vol. 9, 2007.

一种所谓的两难困境：如果监管人员要在足够的光线下开展工作，那么无论采取什么遮挡措施，都将被监禁格里的人看见；如果没有足够的光线使得监禁格里的人能够看见监管人员，那么也就没有足够的光线来供以监管人员进行工作。[①] 只不过，边沁对于这种困境的化解及其所采取的修改措施，没能经受住斯蒂德曼在建筑学上的细节性检验。这在一定程度上，反映出了建筑实体与设计理念之间无法完全达致重合的客观事实。无疑，边沁的全景监狱的结构在细节上是存在纰漏的，并且这些纰漏可能发展为决定其最终成败的因素；但是，诞生于俄国的监视屋原型，毕竟已经边沁之手而脱胎为具有英伦特色的监狱模型了。

在主干架构之外，边沁也充分展现出了他富于人文关怀的一面情怀，比如供暖和供水的问题，而与其在折磨性惩罚、耻辱性惩罚中呈现出来的面貌大为不同。在“信件”中，边沁提到了一种方便、经济的供暖模式。就方便性而言，主要是通过集中加热、管道输热的方式来将暖气送往被监禁人居住的监禁格中；就经济性而言，输送暖气的管道并不暴露在外，而是安装在建筑内部，这样可以减少散热带来的损失。[②] 在“后记”第一部分，边沁对供暖模式予以了细化，又分为了开放式与闭合式以及闭合式下的通风式与不通风式，并结合供暖房与管道的布局等进行了较长篇幅的说明和比较。[③] 关于供水，边沁提到了两种模式，一种为雨水的收集，另一种为利用人力的轮动机制。尽管前者较后者而言并不持续和稳定，但边沁看到了蓄水池的重要性。通过在全景监狱顶部周围设置的水槽以及自顶而下的管道，雨水被积聚到了洗衣房、厨房蓄水池中，以供生活所用；并且，边沁也注意到了监管房、用于监管的走廊、用于祈祷的走廊使用的是容易引起燃烧的材质，又在防止火患的驱动下架设了从蓄水池导出的灭火渠道。[④] 尽管边沁在供暖、供水方面的系统设计，严格来说已经不属于建筑结构本身的范畴了，但从确定与之相关的供暖房、蓄水池的位置以及对于建筑外观或内部结构的利用来看，相关内容可以促进对于边沁全景监狱结构在功能发挥上的更深理解。此处，也呼应了边沁在《惩罚原理》中

① John Bowring ed., *The Works of Jeremy Bentham* (4), London: Simpkin, Marshall, & Co., 1843, p. 80.

② Ibid., p. 41.

③ Ibid., pp. 110-118.

④ Ibid., p. 110.

阐述监禁刑思想时举出的“恶——补救措施”列表中的前两项内容。①

对于边沁描述的全景监狱结构的细枝末节，难以准确无误地将之完全掌握，但他在这些设计中浸润与花费的心血，却是非常容易能够感受得到的。从边沁在“信件”中的初始论述以及在“后记”中所做的补充，可以看出以下三个方面的追求。

首先，中心性以及单向可见性，契合了边沁在惩罚目的上对威吓性的追求。不过，就被监禁人以为有人监视的场合，实质上追求的是一种个别威吓亦即对于犯罪人的威吓；只有当普通民众进入全景监狱内，看到犯罪人被关押的事实时，才能说追求的为一般性威吓。在《惩罚原理》中，边沁还说道，建筑的外观、奇怪的形状、围绕在其周围的墙和渠、站在门口的护卫等，都会给人造成惩罚的印象而有利于儆戒性的实现。② 这与监管房的中心作用没太多联系，但可以纳入全景监狱结构的整体功效的范畴。

其次，对于供暖、供水等系统的设计，是边沁对 18 世纪英国监狱流弊的一种回击。监狱，在那个时代已经成为了悲惨、苦难之地的代名词。边沁本着对被监禁人的合乎情理的关心，而朝着维系人之基本生活的方向进行了努力，顺应了当时监狱改革的潮流。这在边沁的惩罚观中，也联系了有益于改造的特性。没有对人的基本生活条件的保证，对人在精神境地上的规范性要求也就无从谈起。边沁对于这点的重视，证明了他的全景监狱计划在道德要求上具备了一定的基础。

最后，结构设计非常详细，达到了相当具体的地步，以至于有学者认为边沁的全景监狱将极简主义发挥到了极致的地步，成为了一个到处充溢着精密分析的“理性神庙”。③ 无论是对于结构的细分也好，还是具体建筑数值的设定，都反映了边沁“物尽其用”的思想。与道德计算相比，边沁在这里展示出了真实可见的数理计算能力，而让人不得不为边沁的全面才能所折服。剖析到这种程度的结构设计，也体现了边沁在惩罚特性中强调的另一重要特性，即节俭性，抑或经济性。

---

① Jeremy Bentham, *The Rationale of Punishment*, New York: Prometheus Books, 2009, p. 121.

② Ibid., p. 280.

③ Jacques-Alain Miller and Richard Miller, “Jeremy Bentham's Panoptic Device” *October*, Vol. 41, 1987, pp. 3-29.

在结束这段论述之前，还需要做一个简单的梳理。就单向可见或单向不可见而言，实质上是光学原理在建筑结构上的运用。但同时要看到，电灯这个今日最为普遍的事物，在边沁的时代还不见任何踪影，这就使得自然光、烛光等光源成为了边沁实现他要达到的预期目的的首要考虑因子。除此之外，边沁的时代也尚未出现闭路电视，监狱的监管人员不得不采用目测的方式来了解被监禁人的活动，这也成为了迫使边沁对建筑结构进行全方位打量的重要制约因素。因此，全景监狱的结构对当时这种监管上的直接性有明显的反映，而不可避免地蕴含了一种较为朴素的性质。然而，也正是这种朴素，才显得边沁的艰辛努力与卓越贡献异常的珍贵。这是今天对科技手段运用于监狱管理习以为常的大多数人们所难以想象与体会的。结合边沁时代极其有限的条件，来看边沁对建筑学、光学与功利主义惩罚观的融合，完全可以毫不夸张地说，边沁既翻开了监狱史上全新的一页，也锻造了建筑史上一个经典的范例。这种光彩，是最终失败这个结果也无法掩盖的。

第二节　制度设计与改革悖论

在上文中对全景监狱的建筑结构有了大概的介绍，但并非是边沁计划的全部内容。如果说建筑结构作为实体承载了边沁惩罚执行思想的施展，而属于“硬”的部分，那么全景监狱计划中的制度设计则成为了思想实施的具体展开，而属于了“软”的部分。两部分相辅相成，才能展现出边沁全景监狱计划的真实面容。下面对相关的制度设计予以解析，并对与之相关的若干问题进行必要的考察。

一　若干制度设计

在“信件”（*Letters*）和“后记”（*Postscripts*），边沁没有明确地按照建筑结构与制度建设的区别来予以分别的阐述，但可以从中归纳出主要的四种制度，即隔离制度、劳作制度、监督制度和合同制度。

（一）隔离制度

边沁在论及监禁刑时，对被监禁人之间的“交叉感染”表现出了相当的反感与担忧，为此还列举出了几点理由，比如加强犯罪动机、减弱自身约束、习得犯罪技巧等，这已在之前行文中有所说明。借用了病理知识的“交叉感染”之称谓，边沁主张应当将犯罪人予以单独监禁，以杜绝该项较为特殊的人际交往。但是，这仅为理由之一，另一理由即为边沁在初期追捧的所谓心灵通过独处而达致善的观点。边沁提及了上帝以及犯罪人内心的反省，而与他在绝罚中的逐出教堂的惩罚中所持的世俗人立场形成了一定的反差。基于这两种主要的理由，边沁关于独居制（solitude）的想法得以成形。

之后边沁意识到，“如此运用独居制，特别是在伴随暗居制和低劣饮食的场合，实际上就是折磨，只不过没有这么声名狼藉罢了”[①]。这缘于边沁对之前想法的反思。他认为禁闭要达到两个目的，一为阻止不良引导的传播，二为阻止为了逃跑的预谋，而永久且不予赦免的独居制对于这两个目的的达成都是不必要的。边沁进一步反问自己，对于改造、对于儆戒，需不需要独居制，得到的答案也并非十分肯定。[②] 这样，独居制对人的精神的巨大摧残开始比较性地显现出来，而引导了边沁对于其替换措施的思考。于是，双人居住制（double instead of single）开始浮出水面，甚至，边沁还认为可以扩张到三个人，但最多不能超过四个。换言之，边沁采取了一种较为折中的进路，既要避免多数人聚集在一起的交叉感染，又要解决独居制遗留下来的问题。毋庸置疑，这种新的隔离制度相对独居制而言，扫清了精神孤寂带来的身体损害。同时，边沁提到了监管人员裁量权的重要性，认为后者可以通过较为合适的分类而让居住在一起的被监禁人互相之间形成监督。[③] 而以边沁对于中心监视的重重构建之努力以及这方面的自信，使得对2—4个人居住在一起的活动的管理于他而言也不是什么大问题了。但是，边沁这方面的认识似乎显得有点过于乐观了。

对于独居制或单独监禁，作为刑事实证学派的代表人物菲利也表示了非常不满。他说道，“独居制这种无益、愚蠢、不人道、耗费很大的‘活人坟墓’，即使意大利新刑法将其缩小到最低期限……时，也必须废除它”[④]。菲利的抨击是直接而猛烈的，具体而言有以下几方面内容。首先，

① John Bowring ed., *The Works of Jeremy Bentham* (4), London: Simpkin, Marshall, & Co., 1843, p. 74.

② Ibid., pp. 72-73.

③ Ibid., p. 76.

④ ［意］恩里科·菲利：《犯罪社会学》，郭建安译，中国人民公安大学出版社2004年版，第314页。

对于犯罪人的改造和隔离是没有效果的。在此，菲利站在了他的犯罪原因论的立场，也就是说，在社会环境得不到改善的前提下，无论怎么关押罪犯都必将是徒劳的。其次，单独监禁会导致一种成为监狱癫狂的精神病。这是菲利从人道主义出发进行批判的一把利器。再次，独居制对于不同类型的人的影响程度不一致，因而不满足平等性。最后，如果将独居制作为唯一监禁方式，将会在经费上造成巨大损耗。[①] 可见，在第一点上，菲利和边沁的起始立场有所不一；在第二点上，菲利和边沁的看法是一致的；在第三点上，菲利实际上考虑了不同人的敏感性，这种观点在边沁之前就有提到，因而两者并不相悖；在第四点上，则形成了菲利与边沁的截然不同，因为边沁对于全景监狱的设计始终遵循了一个节约、经济的指导路线，即便是作为初期想法的独居制，也并没有说因为过于违背全景监狱的建设路线而与之不容。菲利对于单独监禁耗费巨大的认识，可能与大陆国家的意大利并未将全景监狱作为模型予以推广有关，因而就一般监狱的构造而言，采用独居制的方式来监管犯罪人就得在成本上有较大付出了。不过，在反对独居制的共同观点上，菲利和边沁又可谓是殊途同归了。

在隔离制度上，除了从前期独居制向后期双人居住制（或三人、四人）的转向，边沁还论及了关涉性别、群类的隔离。就性别隔离而言，边沁在他的全景监狱中，采取了一种两分处置的策略。在监狱入口的右边，留给男性犯罪人，而左边留给女性犯罪人。这相当于一种混合但有区别的性别隔离制。接着，边沁又对两边各自的独立楼梯、用帆布来屏蔽视线、限制靠近隔离墙的距离来禁止谈话以及其他细节性要素予以了考虑。[②] 这种性别的隔离，主要是避免两性关系之间的复杂化，同时也是出于对不同性别犯罪人的生活、生产有区分的管理的需要。就群体和类别的隔离而言，边沁言及了相关的七种模式：一为混杂居住制，二为绝对的独居制，三为划分为有限的群体，四为根据类别的划分而进行的隔离，五为杂居制与独居制的交替，六为划分为有限的群体与独居制的交替，七为根据类别来进行的隔离与独居制的交替。对于第一、二种模式，边沁均予以了否

① ［意］恩里科·菲利：《犯罪社会学》，郭建安译，中国人民公安大学出版社 2004 年版，第 314—317 页。

② John Bowring ed., *The Works of Jeremy Bentham* (4), London: Simpkin, Marshall, & Co., 1843, pp. 134-137.

定；而在第三、四种模式之间，边沁更偏好第三种，尽管第四种要好于第一、二种；而第五、六、七种模式，边沁认为第七种是对第五种的改进，而第六种仅为补充模式完全性的需要而列出。[①] 可见，边沁对第三种模式最为欣赏，这也再次表明了他在杜绝交叉感染上的坚决态度与取向。

双人居住制，加上性别隔离和群类隔离的补充，共同构成了边沁在监狱行刑隔离制度上的代表性主张。

（二）劳作制度

在监禁刑思想的部分，边沁痛斥了不少种类的恶，其中就包括一种"被迫的懒惰"（forced idleness）。人概意思为，监狱没有提供给被监禁人任何事务，而致使后者终日无所事事。事实上，懒惰与赌博、醉酒等作为犯罪的根源，受到人们的公认由来已久，并引发了广泛程度的谴责。边沁对于劳作性惩罚的大加赞赏，很大部分的原因来自于该种惩罚可以有效地祛除被监禁人的懒惰习性。由此，在监禁刑的执行过程中引入劳作，成为了应对被监禁人懒惰方面的思考方向。除此之外，以边沁持有的功利惩罚观来看，被监禁人的劳作本身还可以产生一种经济上的利益，并且相对财产性惩罚具有原生性，又避免了在有些惩罚中存有的经济上纯粹支出而无回报的情形，因而在节俭性上具有优势。

看似各方面都比较不错的劳作制度，被边沁引入了全景监狱计划中来。并且，呈现出了以下五个方面的特色。第一，这种劳作并非一种完全没有报酬的付出。边沁指出，"有必要确保他的每次努力都能获得报酬；但相应的报酬没有必要过高，以至于比他在其他地方工作所获的还要高"[②]。对于监禁人劳作给了一定报酬的提倡，是边沁正视人之普遍、通常心理的又一例证。通过劳作获得的奖赏，可以用来改善自己的生活；更重要的是，让被监禁人在监禁刑执行的过程中建立起一种"付出—回报"的理性思维，对于那些曾经因好逸恶劳、游手好闲而锒铛入狱的犯罪人尤其具有启发意义；而且，通过这种报酬的给付，被监禁人也能感受到在人格上的被尊重，有利于调动劳动积极性，而不会完全陷入一种受强制而为

① John Bowring ed., *The Works of Jeremy Bentham* (4), London: Simpkin, Marshall, & Co., 1843, p. 137. 根据边沁的定义，群体即一群人（company）的数目是确定的，类别即一类人（class）的数目是不确定的。

② John Bowring ed., *The Works of Jeremy Bentham* (4), London: Simpkin, Marshall, & Co., 1843, p. 54.

之的被动境地。第二，边沁在监狱雇用制中提到了劳作式（laborious）亦即需要费力的工作与久坐式（sedentary）亦即不需要太费力的工作的不同。他认为，无论是劳作性质的还是久坐性质的工作，从事时间长了以后都要改换一下方式，如此考虑的出发点在于不能忽视被监禁人的身体健康。而恰巧的是，劳作性质与久坐性质可以形成互补，因而从劳作性质的工作换成久坐性质的工作，或者反之，既可以起到缓解前面工作压力的作用，又能在“工作”的意义上予以继续，从而能够创造出最大的利益。为此，边沁还取了一个名称，“混合工作制”（mixture of employments）。[①] 在不同性质的工作交替上，边沁充分展示了其较为灵活的处理手腕，实现了对被监禁人的体恤又达成了自己想要的目的。第三，边沁反问道，一个人就不能在工作中找到乐趣吗？为了说明在惩罚中收获乐趣如何得以可能，边沁甚至引用了洛克曾经举过的一个例子，实际上就是借助了教育的力量而在人的心中产生一种确信，而引导出对所从事工作的快乐的关注。[②] 尽管对于这方面的内容边沁只是稍加提及而没有详细论证，但这种点题是非常有意义的。对于监狱的管理来说提供了一条可以继续予以深入探讨的路子，以尽可能地使监狱摆脱完全消极、压抑、沉闷的气氛；对于从事劳作的被监禁人来说，也可以在忙碌之中获得心理上的轻松，对于效率的提高同样有所助益。第四，必须要说，仅靠工作中的乐趣还不足以保证效率的提高，因为这是属于盖然性的结果，而确定性的获得必须从其他机制入手。为此，边沁举了一个例子，即在轮动装置上采用水平作业的方式，从而能够使更多的人参与进来，在较短时间内完成非常繁重的任务。[③] 这个原理是比较简单的，即将不同人的零散工作集中到一起，亦即一种集体协同的工作机制。第五，在工作时间上，边沁将久坐式的工作设为了 14 个小时，而将在轮机上工作的时间设为了 1 个小时。[④] 可以说，边沁制定出了一张类似工厂劳作休息的时间表。

劳作制度是继隔离制度之后边沁在全景监狱中的又一重要设计。边沁

---

① John Bowring ed., *The Works of Jeremy Bentham* (4), London: Simpkin, Marshall, & Co., 1843, p. 141.

② Ibid., p. 142.

③ Ibid., p. 46.

④ Ibid., p. 162. 在时间分配上，边沁区分了两种模式，一种为一般工作日，另一种为星期日和教会假日。“工作时间”主要是就一般工作日而言。

在他的劳作性惩罚思想中，曾经提及人们将劳作性惩罚视为奴役而予以反对的情形，但没有立即就如何杜绝、防范前者向后者的转化做出相应的说明。到了全景监狱，这一问题可以得到解决。这并非是依靠劳作制度本身，而是有赖于边沁构建起的一套相互监督机制。监督的存在，在边沁看来，足以抵消将劳作变异为无尽的剥夺和压迫的可能。换言之，边沁意欲设计一套环环相扣的制度，对此，在下文中有进一步的阐释。同时，相对如何合理隔离这个令人头疼的问题而言，劳作制度中的报酬给付、工作交替、集体协同、时间分配就属于并不用大费周折的事情了，关键在于将这些业已设计好的方案付诸实践。至于边沁提到、颇有新意的在惩罚中找到乐趣的方面，龙勃罗梭也持有相似的意见，“劳动应当被用来重新激发委顿的精力，被作为对生活的调剂……当作是对狱中烦闷的排遣”[①]。而森普尔则有所保留，认为被监禁人在全景监狱中劳作的艰辛，与19世纪恶名昭彰的曲柄、踏车相关的工作的繁重程度相差无几，而和边沁关于劳作能够而且应当有乐趣的观念相去甚远了。[②] 由此来看，到底是龙氏的“见仁”还是森氏的“见智”，还得依靠于监狱管理人员在劳作安排上的具体智慧了。

（三）监督制度

在上文已知，全景监狱由监视屋的原型发展而来，基本是围绕中心不可见性建立起来的。监管人员对被监禁人的监视，是紧紧联系于全景监狱的重要内容。然而，这并不是全部。森普尔就认为，边沁的监视体系中至少还包括了其他四项内容：总管对下属行为的监视、下属对总管的监视、囚犯之间的互相监视，以及整个建筑对公众的开放。[③] 森普尔所言的这些方面，实质上已由注重于对犯罪人不良或违法行为的简单监视转变为了一种对于与全景监狱相牵连的所有人员的监督制度。

概括地说，森普尔发掘的这五项内容，前四项都是属于内部监督。进一步地，内部监督又分为横向监督和纵向监督。管理人员对犯罪人的看管，以及居住在一起的被监禁人之间，可谓形成了横向的制约；而管理体

---

① ［意］切萨雷·龙勃罗梭：《犯罪人论》，黄风译，中国法制出版社2005年版，第362—363页。

② Janet Semple, *Bentham's Prison—A Study of the Panopticon Penitentiary*, Oxford: Clarendon Press, 1993, p. 159.

③ Ibid., p. 140.

系中的上级对下属、下属对上级之间，又构成了纵向的制约。于是，一张较为复杂的网络已经形成。但这到底是森普尔的臆测，还是边沁的本意呢？关于横向的监督，已经不需多加论证了，边沁对于中心监管房的设计以及双人居住制的制定，已经可以说明问题。关于纵向的监督，则要仔细看看边沁是如何说的了。“在任何情况下他的下属都能执行或者偏离他们的职责，但他必须知道他们这么做的时间、程度和方式。”① 可见，边沁要求管理体系中的总管或负责人对其下属的行为有确切的知悉。而相对地，下属对上级的监督呢？边沁提及了一种所谓的“同事在办公室的出现”，亦即一种存在于管理人员之间的公开。② 这被森普尔拿来作为了下属监督上级的证据。③ 由此，森普尔对于边沁的相关意思还是把握得比较准确的。但是，这里要说的，如同在双人居住制中所要表达的一样，边沁的内部监督——被监禁人相互之间的监督与下属对上级的监督——还停留在一种朴素的初级阶段。对于如何具体地开展，有没有其他的辅助监督措施，边沁都还没有打开局面。从宣言上，边沁已经将其囊括了进来，而在措施上，边沁还有很多工作要做。这就导致了一个可能，即边沁看似密不透风的监督体系出现了两个漏洞，而最终还是皈依了权力的控制疆域，亦即只剩下了管理人员对被监禁人和上级对下属的监督。

而在公众参观全景监狱这一事项上，边沁实际上充当了狱政公开的“领头羊”。通过特定的通道，公众得以进入位于中心位置的监管房，而在360°全方位的无阻拦、无遮蔽的条件下，将监狱内的被监禁人生活、生产状况与执法人员的工作状况悉数收入眼帘。这样，公众扮演了监管人员的角色，体验了后者权能范围内的监督。同时，就公众本身能够进入全景监狱的核心部分来看，又承载了这样一种使命，即社会对于监管人员在执行监禁刑过程中相关行为的监督。关于监狱中存在的丑陋情形，边沁曾经为之恼怒不已。在监禁刑论述的部分，边沁就描述了当时监狱中存在的狱政人员滥收费用、腐败横流的肮脏景象，而这与有效制约机制的缺乏脱不了干系。引入一种外来的民众视线，可以打破监狱中业已形成的同流合

---

① John Bowring ed., *The Works of Jeremy Bentham* (4), London: Simpkin, Marshall, & Co., 1843, p. 45.

② Ibid., p. 85.

③ Janet Semple, *Bentham's Prison—A Study of the Panopticon Penitentiary*, Oxford: Clarendon Press, 1993, p. 141.

污的格局，给监狱管理人员造成心理压力，来促进监狱在整体制度运作上的良性发展。其实，边沁引入公众参观的机制还有另外一个重要目的，相比监督而言更为直接地体现了功利惩罚观的印记，就是儆戒性或者一般预防。相比曾经提到过的关押重罪犯的“黑色监狱”而言，边沁在全景监狱的计划中更加倾向于让参观者了解监狱内发生的真实事件或景象，而非简单地驻足于外而仅被监狱的外观所威吓。[①] 因此，对公众的警示与公众对监狱内部情况的视察，构成了一种双向交互的机制。以边沁的常态逻辑观之，这种“一物二用”可谓达到了最佳的效果。

整体而言，在边沁的全景监狱计划中，由于外部监督的加入，内部监督存在的部分缺失可以得到一定程度的填补。这种公开性，也因边沁的“透明”（transparent）理念的提出，而变得更令人向往与寄托厚望。[②] 在今天，绝对权力的恶害性已经受到人们的高度警惕，而外部监督有了较之以往更为显著和突出的地位。比如在英国，对于监狱的外部监督已经有了皇家监狱检查署、监狱及缓刑服务渎职调查机构和独立监督委员会这“三驾马车”。仅独立监督委员会而言，其在监督方式和内容上就包括了探访监狱、处理囚犯申诉的问题、参与在押人员死亡事件的处理、年度报告等这几项举措。[③] 又如在我国，依法履行法律监督职能的检察机关，已经将监所监督作为了重要任务。在优化配置监所检察权方面，也出现了良多的对策，如赋予检察机关对刑罚执行和监管活动中违法行为的调查权、要求协助调查权、对相关责任人员的提请惩戒权、对刑罚变更执行的提请权和法院审理活动的参与权等，都是以加强检察机关对监所的法律监督为目的所付出的重大努力。[④] 诸如此类的事例，已经表明外部监督在提升狱政服务质量、保障被监禁人人权中占据了牢不可摇的位置。可以说，边沁倡导的监狱公开的内涵与精神品质，已经随着历史的长河无声息地流淌了下来。在此意义上，边沁圆满地完成了抛砖引玉的任务。

---

① Jeremy Bentham, *The Rationale of Punishment*, New York: Prometheus Books, 2009, p. 280.

② Ibid., p. 279. 当下，“透明”已经成为了谈及公权力运作时经常听到的字眼，诸如“透明选举”“透明政府”“透明市场”等。

③ 叶旺春：《英国监狱社会监督制度的考察及对我国的借鉴价值》，载赵秉志《刑法论丛（25）》，法律出版社 2011 年版，第 315—331 页。

④ 白泉民、刘继国：《监所检察权的优化配置和立法完善》，《人民检察》2009 年第 13 期；张雪妲：《刑罚执行监督权的立法完善》，《法学》2006 年第 8 期。

（四）合同制度

用合同或契约制度取代国家力量来实现监狱的管理，在全景监狱制度的设计中也属于一个不可忽视的重要环节。之所以采用这种制度，边沁的目的是非常清晰的，即出于经济上的考虑。对此，边沁毫不讳言，合同制度比其他监狱管理的制度更为优越就在于它能最好地实现经济性。①

在边沁的劳作制度的设计中，一个颇为生动的近乎工厂的劳作画面已经跃然纸上。大量的利益，从被监禁人的手中、脚下源源不断地冒了出来。这种情景，显然让边沁怦然心动。而在当时，合同制度也已经开始运用到了大量的公共服务中，比如在较早地将犯罪人放逐至北美地区的惩罚中就有所涉及。② 或许，边沁从中受到了启发，进而形成了这样的想法，即将合同制度吸收进全景监狱计划来服务于生产利益的创造。具体措施上，边沁谈到了承包人（contractor）的存在，并建立起了工作好坏与利益分配的关联机制。相对地，这就否定了传统监狱中监管人员的固定薪水制。在传统模式中，无论监管人员是否认真、勤勉地工作，得到的回报都是固定的，积极性难以长期保持。这种情形如发生在边沁的全景监狱中，监管人员的懒散就变得更为可能，因为他们的“不可见”。因此，边沁通过一种可以变动的付出与回报的联结，从而取得了在心理驱动上相对以前的更大优势。

为了让承包人能够放开手脚来将精力投入监狱事务的管理中，边沁认为赋予他们一定的权力是必要的。但是，为了防止权力的滥用，边沁又要求他们公开监狱管理的过程和细节。③ 在此，边沁对于滥权的遏制只是轮廓性的，亦即促成一种自我监督。在更详细的场合，边沁明确主张，执行人员没有使被监禁人遭受饥饿的权力。④ 可以说，不提供面包、水等生活所需在监狱改革以前已是屡见不鲜的变相体罚方式。边沁提出这点来，一是出于人道主义的关心，二来也与一个健康有活力的人能够从事监狱生产

---

① John Bowring ed., *The Works of Jeremy Bentham* (4), London: Simpkin, Marshall, & Co., 1843, p. 128.

② Janet Semple, *Bentham's Prison—A Study of the Panopticon Penitentiary*, Oxford: Clarendon Press, 1993, pp. 134-135.

③ John Bowring ed., *The Works of Jeremy Bentham* (4), London: Simpkin, Marshall, & Co., 1843, p. 48.

④ Ibid., pp. 52-53.

而创造更多的利益有关。同时，对于现实中完全可能存在的被监禁人不服监管的情形，比如在拿取食物时或在接受教育时攻击相关人员，边沁认为必须对之予以矫正，但需要将实施惩戒的情况、原因等载入“矫正记录本”（correction-book）。[①] 换言之，既实施矫正又制衡矫正。

但是，必须承认，无论是外在的促成自我监督，还是直接的禁止或者制衡，在保证承包人不滥施惩罚的成效上都比不上其发自于内心的真正确认。在这点上，边沁并非没有顾及，相反，这早就已经暗含或者说补足在了关于利益分配的设定中。在很显见的层面，利益与工作的关联性分配可以调动承包人的积极性，使之在如何促进与提高被监禁人的劳作效率上下一番功夫，但这并非就是简单的威吓、强迫与责罚所能完成的。这涉及被监禁人的抵触情绪，也关系到了被监禁人的身体健康，如从长期获利的层面上考虑，必然导向承包人对被监禁人的基本尊重与悉心照顾。由此，劳作向奴役的异化以及不公正的虐待、滥施惩罚，都被纳入了承包人的全盘计算中，而狭窄的眼光迈向了宽广的视野。在此意义上，边沁声称的“责任与利益的同一”得以实现。[②] 边沁似乎觉得还不够，又补充了一些主张，即事先给承包人一定数目的金钱，如果到年底真的出现有人死亡或逃跑的情形，则承办人要根据相应的规则支付出相应的金钱。[③] 这种因职责上的过失而丧失可得利益的例子，是边沁在承包人的利益与被监禁人的利益同一化上所做的反向挂钩的举措。

经济性作为合同制度引进全景监狱计划的首要原因，在边沁的直接言说下已属无可非议的事情。在此之外，边沁还受到了另一种认识的影响。可能在合同管理上给边沁带来启发的放逐性惩罚，在历史上经历了以北美地区为目的地到以新南威尔士为目的地的转化。在北美模式中，合同或契约式的做法非常流行；但是到了新南威尔士，执行放逐所需的所有开支已由国家全部承担起来。[④] 前文已经论及，尽管政府取代了中介和放逐地的农场，但在管理上产生的却是各级官员腐败、违法犯罪横行、烈性酒精失

---

① John Bowring ed., *The Works of Jeremy Bentham* (4), London: Simpkin, Marshall, & Co., 1843, p. 53.

② Jeremy Bentham, *The Rationale of Punishment*, New York: Prometheus Books, 2009, p. 279.

③ John Bowring ed., *The Works of Jeremy Bentham* (4), London: Simpkin, Marshall, & Co., 1843, pp. 53-54.

④ Jeremy Bentham, *The Rationale of Punishment*, New York: Prometheus Books, 2009, p. 266.

控的混乱状况。这一切，无疑在边沁心中造成了对政府管理的不信任。而边沁对于监禁刑是非常看重的，可以想象，重演放逐地发生的事情是无论如何也不能被他所容忍的。因此，在首要的经济利益的驱使之外，对政府信任度的降低也促使了边沁在制度上要求推行合同制。

通过合同制，边沁阐发了监狱私营化的重要概念。在后来，边沁的想法一度在英美国家付诸实践，也呈现出了跌宕起伏之势。[①] 本质上，边沁的合同制并没有动摇国家惩罚权的基础。原因很简单，私营结构或组织要取得执行和处理监狱事务的权力，必须首先与政府签订权责及相关内容的合同，亦即获得授权。只是这终究属于惩罚执行上的内容，在操作得不好或出现问题的场合，即便政府与承包人之间能够确定责任的归属，可能也难以在公众面前给出一个让所有人皆大欢喜的解释。另外，就政府本身而言，也涉及一个放权的取舍问题。在理论上单一的说放还是不放，都不是务实的态度，这取决于政治家的理性、民主科学的决策以及当地、当时的具体情境。因而，监狱私营化的问题，已经远远超过了惩罚执行方式的本身，而踏入了更加广泛的政治考量范畴。边沁的提议并非没有道理，只是其赖以生存的土壤还得去好好找寻。

至此，对于边沁在全景监狱计划中四种主要的制度设计，已经完成了一个初步的梳理和解读了。以边沁预设好了的惩罚目的来看，隔离制度就防止犯罪人之间的交叉感染而言，是有益于改造的，同时也是在一定程度上对犯罪能力的剥夺；劳作制度上，如果真正贯彻边沁的指示，除锻炼了被监禁人的身体、培养了勤劳的习惯之外，也可能为被监禁人复归社会提供了技能上的培训，从而服务了改造的目的；监督制度，主要实现了对被监禁人的威吓，同时通过向公众开放也给儆戒的达成创造了条件；合同制度，与惩罚目的的直接联系不强，从促进劳作制度的更好施行方面，与有益于改造具有了一定的关系，而从宗教人员如何与以营利为目的的管理人员共存来看，又减弱了有益于改造的可能。

二　监狱改革的悖论

完整的结构、精心的设计，以及在边沁笔下能够节省相当资源的这么

---

① 陈颀：《美国私营监狱的复兴——一个惩罚哲学的透视》，载尤陈俊、缪因知《北大法律评论（第10卷第1辑）》，北京大学出版社2009年版，第148—170页。

一个全景监狱，在计划上已经问世，而只差付诸实践运用了。然而，边沁的心血终究付之东流而一去不复返了。关于这段历史，引起过一些学者的细致探究。

菲利普·斯科菲尔德（Philip Schofield）对边沁心中的"邪恶利益"观念的出现予以了梳理。就全景监狱而言，这种邪恶利益具体化到了一个事实，即边沁难以获得合适土地来实现他的伟大计划，因为他的选址与显贵家族的直接利益有关。[①] 这种对于权贵阶层的不信任，几乎贯穿了边沁的整个晚年。关于全景监狱计划的失败，森普尔做了基于史实的更为全面的阐述。在其笔下，边沁的政治幼稚、政府的拖延、邪恶利益、土地获得的困难等都还不是最为主要的因素，全景监狱计划最终没能推行，还包括了以下几方面的深层次原因：在出现的时机上有不合适的地方；法国革命的爆发；改进监狱的丑闻等产生了拖累作用；新闻媒体与出版界对全景监狱也没有过高的评价；来自持有不同计划的爱丁顿的攻击；全景监狱计划未公开发布，没能产生足够的公众影响；边沁的好友兼支持者兰斯多恩爵士的去世；其他同盟者的支持力度较为薄弱；海福委员会的最终否决。[②] 在缠绕、交织于一起的如此复杂多变的因素的共同作用下，边沁的全景监狱计划走向没落，也就不足为奇了。

然而，假若暂时将这些有据可循的或深或浅的原因搁置起来，对那些受到相对广泛认可而在命运上显得不那么悲悯的改革建议进行简要的陈述和解析，然后将之与边沁的全景监狱计划进行一番比较，或许能够在如何看待边沁的革新性构思的命运这个问题上有更为透彻的领悟。采取的方式，就是将全景监狱计划"放入"历史的嬗嬗与流变中去，在深厚而广阔的历史背景中去找寻它应有的定位。

首先，要从在英国监狱改革史上占有极其重要地位的约翰·霍华德（John Howard）说起。18 世纪可被视为西方监狱改革的元世纪，当时的监狱存在普遍性的黑暗、腐朽和落后，霍华德在《英格兰及威尔士监狱状况》的著作中对此有所披露。[③] 食物、水、寝具的供给不畅，空气混浊而

---

① ［英］菲利普·斯科菲尔德：《邪恶利益与民主——边沁的功用主义政治宪法思想》，翟小波译，法律出版社 2010 年版，第 148—151 页。

② Janet Semple, *Bentham's Prison—A Study of the Panopticon Penitentiary*, Oxford: Clarendon Press, 1993, pp. 254-281.

③ 陈兴良：《刑法哲学（修订三版）》，中国政法大学出版社 2004 年版，第 410 页。

不流通，“监狱热”疾病的侵袭，都给被监禁人带来了无尽的苦恼和悲痛；新进监狱之人被欺辱、赌博之风盛行、被监禁人身负沉重的刑具、审判与监狱不在同一地点、监管人员住所离监狱较远、形形色色的人拥挤在一起，以及其他，也都成为了监狱中见怪不怪的丑陋情景。[①]“18 世纪的看守所是一个狄更斯式的暴力和悲惨噩梦。在这场噩梦中，只有强者才能活下来。”[②] 堪忧的现实，促使霍华德认为健康、秩序与安全是监狱所必须要予以保证的，并以此为基础提出了一个改进方案。其中，有对建筑的建议，但更多的是制度上的，比如夜晚隔离、男女隔离、欠债之人与重罪之人的隔离，比如要求保持监狱的干净和安静，比如被监禁人参加劳动，比如禁止看守醉酒、要求其洁身自好，比如医生的介入，比如在看守人员之外设立检察官，比如不允许滥收费用，以及其他。[③] 在惩罚实践中，霍华德的建议得到了较为正面的回应，后来英国监狱的发展及其相关立法的走向在这方面都有明显的体现。可以看出，边沁在相对稍晚时候的关于全景监狱的计划，在很多地方都承袭或认可了霍华德的理念，两人对致力于建立起一个更为人道、更符合他们那个时代特征的监狱体系有共同的梦想与追求。事实上，边沁也对霍华德表示了足够的敬意，这可以通过他早期著作中，比如《惩罚原理》将霍华德作为监狱管理方面的权威来提及这一事实得到一定的印证。尽管边沁和霍华德本人的性格特征不大相同，而且在全景监狱计划中，边沁采用了当时在英国可称得上革命的建筑结构，在制度设计上除了从独居制转向双人居住制外，还包括了劳作制度的细化和契约管理的引入，但是，以惩罚目的观之，边沁和霍华德都怀有通过改善和加强外部条件以促进被监禁人的更好改造的初衷，这是毋庸置疑也无法否认的。

19 世纪初期，伊丽莎白·弗莱（Elizabeth Fry）成为了英国监狱改革史上的又一英雄式角色。1780 年，弗莱出生在诺里奇的一个基督教贵格会家庭。因为家境比较宽裕，从小就接受了好的教育，并在母亲的影响下

① John Howard, *State of the Prisons in England and Wales*, Warrington: William Eyres, 1777, pp. 7-34.

② ［加］西莉亚·布朗奇菲尔德：《刑罚的故事》，郭建安译，法律出版社 2006 年版，第 23 页。

③ John Howard, *State of the Prisons in England and Wales*, Warrington: William Eyres, 1777, pp. 38-77.

接触了许多穷人家庭，培养了她关心和怜悯他人的品质。[①] 到其成年后，弗莱开始参加广泛的社会活动。1813 年，在她的努力下一个当地的妇女协会成立起来；1816 年，弗莱更为直接地参与到了监狱机制的改进，在英国的监狱里破天荒地建立起学校；1817 年，成立了“新门监狱女性犯罪人改造者协会”，开设了供被监禁人劳作的监狱工厂。犯罪人的分类处遇、生活和医疗的基本保障、宗教教育的导入与开展等，都成为了弗莱大力提倡的监狱革新的基本内容。[②] 作为一名女性，弗莱对于社会活动的热衷以及在监狱问题上的特别重视，某种意义上是当时女权主义兴起的一个例证。弗莱的言行，表明以她为代表的女性可以同其他男性一样，在关系社会重大问题的应对上提供同样甚或更为出色的解决方案；事实上，她在监狱改革领域的最初起步，也是以对女性被监禁人的权利保障为主要内容的。弗莱取得了不小的成功，她的影响扩及了苏格兰、泽西岛、爱尔兰和欧洲的其他国家。[③] 无疑，在监狱改革的声誉上，弗莱已经远远超过了边沁。但必须要说，弗莱的主张在很多方面并没有实质性地超越边沁的思想范畴，至少体现在以下四点上：第一，同样反对苦役而采取更为人性化的劳作；第二，主张被监禁人的分类隔离而非单独监禁；第三，提倡宗教指导和教育的介入，尽管边沁的主张相对较弱；第四，建议改进监狱的卫生环境和条件。[④] 可见，在主要议题上，弗莱的态度和边沁达到了惊人的类似。往前走点，在霍华德的年代及其以后的一段时间里，很多监狱改革人士都对独居制的运用表示了赞同，对此大加批判的弗莱，似乎与以霍华德为代表的改革路线产生了一定分歧。但是，从前述对霍华德建议的梳理中可以明显感受到，弗莱在诸多地方都遵从或者说契合了前辈霍华德早就提出的倡议，在将惩罚的目的设定为改造的这个基本认知上，弗莱、霍华德和边沁三人之间不存在本质性的区别。

在不同的历史时代，霍华德和弗莱的建议陈词获得了较高程度和较广范围的认同，但这并不是说，双方提出的改革措施都得到了全盘的肯定和接纳。霍华德的大部分建言可谓形成了监狱改革的主流思想，但因在独居

---

① 王晓建：《伊丽莎白·弗莱与英国监狱制度改革》，硕士学位论文，山东大学，2008 年。

② 同上。

③ 同上。

④ Robert Alan Cooper，“Jeremy Bentham，Elizabeth Fry，and English Prison Reform”，*Journal of the History of Ideas*，Vol. 42，1981，pp. 675-690.

制上存在的激烈分歧而不能说取得了全局的胜利。弗莱的倡议也占据了一定的市场，尽管没有全盘推翻独居制，却形成了一个与之相关的抵抗，这在相关的事例中可以反映出来，即1835年监狱法起草中对中央政府建立专业的巡查队伍检查独居制有所提及。然而，尽管没有沦落至边沁全景监狱计划遭受否定的地步，霍华德和弗莱追求的真义却实质性地被否定了。这么说，基于以下几个理由：首先，1835年的民意已经表现出自己的力量，认为之前的监狱改革活动使得监狱和监禁刑不再拥有足够的恐惧来实现对犯罪的威吓了；① 其次，1860年在犯罪率和累犯率上出现了新高，给决策层带来了当时惩罚体系仍然不够具有威吓力的认识，进而出现了逐步提升严厉性的相关应对措施，但局面在得以改观后没有维系多久，又出现了累犯率的强劲反弹。② 换言之，监狱在经历了错综复杂、兴师动众的改革之后，无论在改造还是威吓上都还是没有建立起一种长期的效力，而陷入了一种近乎无解的循环。这样的历史无疑会给人带来许多沉思，也提供了一个做出假设的难得契机，即边沁的全景监狱计划如若存活了下来，会取得不同或者说更好的效果吗？从上述历史的经验来看，监狱改革的反复与不彻底成功性，归根结底还是缘于惩罚目的设定上的张力。重刑威吓的效果不太见效了，思潮开始涌向改造犯罪人的一方；到改造也不大起效果的时候，又不得不回过头来求助于新的威吓。无论是霍华德的建言也好还是弗莱的倡议也罢，都难以逃离出这种无穷尽摇摆的掌控，因而形成了一种监狱改革上的悖论。就边沁的全景监狱而言，其追逐儆戒性、有益于改造和经济性等，必然同样地落入这种摇摆或者悖论中，因此，即便该计划被政府全盘采纳而予以推广，结局其实早就已经注定了。这是“核心”的同质性使然。③

那么，进入20世纪后，监狱及其监禁刑有没有处理好遗留下来的紧

① Robert Alan Cooper, “Jeremy Bentham, Elizabeth Fry, and English Prison Reform”, *Journal of the History of Ideas*, Vol. 42, 1981, pp. 675-690.

② Barbee-Sue Rodman, “Bentham and the Paradox of Penal Reform”, *Journal of the History of Ideas*, Vol. 29, 1968, pp. 197-210.

③ 需注意，这里提及边沁与霍华德、弗莱在人道性改造上的共同之处，是对18、19世纪英国监狱改造发起初衷的关注。这并非是说，边沁的全景监狱计划就都是改造的内容，因为就监视来看也存有威吓的内容。改革初衷的未彻底达成，佐证了正文中所说的不同惩罚目的之间的紧张关系。

张关系呢？对此，挪威学者托马斯·马蒂森（Thomas Mathiesen）在细致考究的基础上做出了非常绝然的论断。马蒂森认为，尽管自 20 世纪以来西方世界的监狱体系获得了成长，但未必就已经证明监狱是成功的或者说站住了脚。他论证的大概内容可以归纳如下：首先，工作、学校教育、道德感化和规训，构成了“更生”这个意识形态的内涵，然而，监狱系统利益的侵入并因而与更生思维形成的冲突，使得真正更生的结果无法出现；其次，就一般预防效果而言，由于涉及沟通过程中的过滤以及符号诠释的困难，使得这一结果的获得也是不确定和不清楚的；再次，在隔离上存在预测准确的难度，而监狱文化中的不信任与敌意消磨掉了吓阻的力量，这样，预防目的的另外两个支柱被无情地敲碎了；最后，监狱甚至在正义上也是有问题的，监禁的时间并非客观也未能形成一种比例模式。[①] 可以看出，马蒂森在惩罚目的的名下把监狱和监禁刑批驳得近乎体无完肤，在某种意义上走上了一个极端的路径。然而，不得不承认马蒂森给人带来的震撼是巨大的，他所言的部分内容并非就不是其他很多人所认为的，何况在论证的过程中还加以了大量的统计数据和社会学分析。尤其是马蒂森对于“更生”亦即改造的分析，揭示了利益冲突而导致的改造失败这个令人羞愧但又必须予以正视的事实。实际上，从历史来看，西方主要国家在 20 世纪 70 年代左右出现过以预防犯罪为目的的结果主义的衰退和报应主义理念的回潮。[②] 这表明，自 18、19 世纪以来的惩罚模式的反复和互换，到 20 世纪末也未能完全消停。于是，预防目的内部的紧张关系还没来得及处理，就淹没在了更大的矛盾和争演之中。在一个足够合理的前提下，即近现代的监狱条件得到了根本性改观、监禁刑的执行被注入了更新的观念，惩罚的现实窘迫与尴尬却依然照常发生，那么可以推之，边沁在 18 世纪末到 19 世纪初所提出的全景监狱幸免于难的可能性就更小了。

行文至此，富有激情的监狱改革家们所掀起的那一段段高潮似乎已经走向了沉寂。然而，这样一个事实是存在的，即监禁刑毕竟在当代惩罚体

---

① ［挪威］Thomas Mathiesen：《受审判的监狱》，许华孚译，台北洪叶出版社 2005 年版，第 60—61 页、第 98—100 页、第 129—130 页、第 167—169 页。

② R. A. Duff, *Punishment, Communication and Community*, Oxford: Oxford University Press, 2001, p. 7.

系中充当了主要的角色，毕竟还处在不断努力使自身变得更好的进程中。如何从不矛盾和没有歧义的角度，来看待监狱和监禁刑的存在与所失呢？这就涉及了一个评价标准的问题。有学者在论及监禁行刑时提到，受刑人的改造成效不能完全依赖于实证意义上的数据统计；再犯率只是评价监禁行刑成功与否的一个方面；“防止进一步恶化”开始成为主流的监禁行刑成功与否的判断标准。[①] 这种观点注意到了认识与实践的局限性，从退守的角度来看是值得欣赏的。但是，这仍然只是看到了问题的一个方面，因为这种所谓“主流化”的实现必须以达成一个起码的共识为前提，而这并不像想象中的那么容易。其实，尽管在预防犯罪的目的设定上，监狱和监禁刑未能获得圆满的成功，但在报应性上却是始终拥有稳固的地位的。在这点上，马蒂森关于“时间是不客观的以及不能形成比例”的观点是不可信的，其主张绝对的不确定性避免不了沦为一种惩罚的虚无主义。在报应上获得的相当程度的证立，足以使得监狱和监禁刑在功利的质疑声中继续存活下去。因此，监狱改革的悖论是存在的，但不会侵蚀到监狱和监禁刑的存在根基。边沁的命运也是必然的，尽管他的建筑结构有着特别的新意，尽管他的制度设计可以给公共支出减轻负担，尽管他的改造思维看上去十分美好。

在某种意义上，边沁的失败反而是一件好事，因为它避免了在推行过程中必将遭遇的实质性失败。甚至可以这么说，全景监狱在监狱史上的留名，与它的传奇经历有不可分割的联系，而吸引了无数的后人对其予以褒扬、叹服，或者遗憾与失落。这也与其他监狱形成了一定的反差，后者在现实的困境当中被无情地鞭挞、批判、鄙夷与嘲弄，最后被丢弃在阴暗的角落里，而永远地埋没在了历史的尘埃中。

第三节　主体：消亡抑或重生？

在本章的最后一节中，将专门探讨一个曾在思想史上引起巨大轰动和强烈反响的话题。在近半个世纪里，这个话题的中核几乎成为了学者们著书立作而频繁使用的范式，而其提出者也因此享誉思想界与学术界，他就是法国思想家——米歇尔·福柯（Michel Foucault）。之所以在本节中讨论

① 王云海：《监狱行刑的法理》，中国人民大学出版社2010年版，第71页。

福柯的若干思想，基于一个公认的事实，即福柯在边沁的全景监狱思想中找到了生发出其一生所思所想的源泉。而本节要做的，并非仅限于对福柯思想的简单论述，还要将之与作为源头的边沁的全景监狱思想进行比较，以期发掘出一些两者之间的微妙联系，并且做出自己的独立分析。

一 规训：主体的消亡

福柯的作品繁多，而与监狱主题有直接联系的为《规训与惩罚》，加注的副标题是“监狱的诞生”。关于福柯的写作手法，在学术思想领域有较为一致的看法，即反传统性。以叙述、描述和讲故事为主的表达，在风格上迥异于注重归纳、演绎的常规性方法。① 由于相关论著的产生时间，大致与西方社会后现代主义思潮的兴起处在同一步调之上，因而现在也存有一些视福柯为后现代主义阵营中重要成员的观点。反叛、激情、颠覆等词，都不同程度地用在了这位法兰西学者的身上。福柯没有将全部精力投入惩罚理论当中去，相反，他的关于惩罚的话语是为他的权力观之建构服务的。这种模式，与边沁的做法有异曲同工之妙，后者对于惩罚的分析实际上是功利主义在具体范畴内的一次考验。但是，也正是在此，福柯实现了与边沁的区别，因为福柯的论证并没有围绕惩罚的正当性或不正当性以及在实践情形中的优劣来展开，而是借用了监狱的特殊场域和监禁刑这种特别的惩罚。因此，对于这么一个另类的福柯，要深入其中对其思想有所领会，就有必要沿着他的个性化用词与独特的解析手法走下去了。

（一）公开性及作用的对象

1757 年的一次公开处决与 80 年后的一份作息时间表，被福柯作为了《惩罚与规训》的开场白。在前者中，一个叫做达米安的人被要求公开认罪，然后游街示众，到行刑台上被撕裂身上的肉，被用硫黄烧伤右手，被灌滚烫的铅汁、松香、蜡等，在号叫与无比疼痛中被分尸，最后用火烧为灰烬；在后者中，少年犯监管所里的犯人准点起床、做祈祷，然后按照业已做好的规定劳动、进餐、学习，最后做晚祷、就寝，于是平静的一天宣告结束。② 这种叙事手法，宛如今天一些先锋电影中的画面。在两个极端

① 苏力：《福柯的刑罚史研究及对法学的贡献》，《比较法研究》1993 年第 2 期。

② ［法］米歇尔·福柯：《规训与惩罚——监狱的诞生》，刘北成、杨远婴译，生活·读书·新知三联书店 2007 年版，第 3—7 页。

的对比之中，阅读者仿若从万般炼火炙烤的地狱一下子来到了充满着祥和、安宁的天堂，经历一次跨度非常之大的旅程。这就是福柯意欲让人所感知的，尽管相隔不到一个世纪却是完全可以截然划分为“古典”与“现代”的两种惩罚方式。

在时间上，福柯的举例契合了西方 18 世纪在惩罚领域掀起的改革。这种重大变化，并没有局限在前文所述的监狱场所，而是一场从外部发起而朝着监禁刑方向演进的运动。福柯指出，在这个过程中酷刑消失了，并且是在作为公共景观的意义上消失的。不仅如此，一种有着紧密联结的耻辱刑也慢慢走向了淡化，“在法国，公开展示犯人的做法延续到 1831 年，并受到激烈的批判……这种做法最终在 1848 年 4 月被废除”[①]。这些事情的发生，表明了惩罚在两个方面的转向：一为公开性开始弱化，二为对象不再紧紧联系于肉体。

就前者而言，以往喧闹、震撼、戏剧化的宏大场面被摒弃，而转为了较为平淡、细致和略显程式化的微观景致。如果边沁没有去世，或许要为这样的情景而失落了。因为在边沁那里，一般预防被设定为了惩罚的最为主要的目的，公开行刑无疑有利于儆戒性的实现；而耻辱刑的存在，也被边沁作为一种可以满足诸多惩罚特性的惩罚而予以善待。可以想象，对于公开性的取消或者忽视，必将对边沁在惩罚功利性上的追求形成不小的打击。关于传统惩罚一般预防目的的设定，福柯并非没看到，“公开处决的目的是以儆效尤，不仅要使民众意识到最轻微的犯罪都可能受到惩罚，而且要用权力向罪人发泄怒火的场面唤起恐怖感”[②]。但是，福柯也提到了一种随之产生的副作用，即可能引发旁观的民众对被执行惩罚之人的同情、怜悯以及对执行惩罚之人的抗议、愤恨，亦即呈现出了一种所谓的“多义性”。[③] 在此，需注意福柯并不是就副作用而谈副作用，而是要借此为他的权力观的引介和阐释铺平道路。换言之，惩罚权力以公开处决的方

① ［法］米歇尔·福柯：《规训与惩罚——监狱的诞生》，刘北成、杨远婴译，生活·读书·新知三联书店 2007 年版，第 9 页。

② 同上书，第 63 页。

③ 对于福柯的所谓“仪式的多义性”，边沁完全有所定论，即将仪式调整或事先设计为妥当的不易于引起民众反感的方式。换言之，在边沁看来，公开处决或仪式可能造成的民众反感，完全可以一种相对较为缓和的方式来予以避开。参见 Jeremy Bentham, *The Rationale of Punishment*, New York: Prometheus Books, 2009, p. 79。

式运作既已被证明是有瑕疵的，那么对此予以改进或修正便是符合情理的事情了，这才是福柯真正想要表达的意思。

然而，福柯的论证是有失片面的，或者说根本就是有预谋的选择性论证。在提及边沁的全景监狱计划时，福柯指出，“……任何人都可以来到中心瞭望塔，行使监视功能，在这种情况下，他可以清楚地了解监视的运作方式”①。对于公众视察机制的特别说明，被福柯拿来作为了论证他的权力理论的一个范例，即传统的权力受到了制约，并且，在某种意义上这种公众的视察成长为了一种新的权力。但是，福柯并没有对边沁当初设计该制度时的另一个初衷予以阐释。在边沁的意图中，公众的检查或视察还承载了一种重要的机能，即通过监狱内部真实情况的展现来反向形成对参观监狱的公众的儆戒或警示。福柯的这种说其一而不说其二的未必完全符合事实的简化或浓缩，尽管和他整体的习作风格亦即带有抽象的符号化倾向是一脉相承的，但不得不说蒙蔽了若干本应予以完整呈现的要义。或许，福柯主要是想强调戏剧化场面的消失，但全景监狱中存在的或许是更为平静的公开性确实服务了儆戒性，福柯要将其权力逻辑贯彻到底，就必须回答为什么不是儆戒性提出的新要求导致了惩罚方式的变迁这个问题。无疑，对此问题的回答会削弱他的权力理论的统治性；但是，绕开不提的做法，实际上也在同样的程度上降低了他的相关论证的有力性。

就肉体刑的减少适用而言，这与西方启蒙运动及人道主义的倡导有着密不可分的关系。中世纪以来，“残酷”“严苛”等一度成为了惩罚的代名词，大量的肢体刑、死刑被运用到实践当中，将人的健康、尊严乃至生命贬低得近乎一文不值。自由、平等、人道等启蒙理念的出现，在那一片黑暗无尽的天空中划出了一道口子，使得人文关怀的阳光散落到大地而开始温暖被物化了许多的人们。对此，福柯也有所关注。② 同样地，福柯将之纳入了他的权力策略转变的论调之中，使得这些启蒙理念成为了权力理论的背景材料。“‘启蒙思想家’已经建构的话语……为统治权力的行使提供了一种通用的处方：权力以符号学为工具，把‘精神’（头脑）当作

① ［法］米歇尔·福柯：《规训与惩罚——监狱的诞生》，刘北成、杨远婴译，生活·读书·新知三联书店2007年版，第232页。

② 同上书，第81—83页。

可供铭写的物体表面；通过控制思想来征服肉体。”① “从肉体到灵魂”，标志着福柯权力观核心内容的初步成形。②

其实，关于肉体的惩罚，在边沁的思想中也呈现出尽可能减少适用的倾向。尽管边沁乐于看到犯罪人的公开展示，执迷于一套戏剧化的仪式来实现预防犯罪的惩罚目的，但并非意味着他就属于重刑威吓的追捧者。在监禁刑的执行中，为了实现一般预防目的，边沁主张相关情形的公开化，但又基于有益于改造的目的而提出了一种给犯罪人戴上面具的方案，尽管这种策略可能不会获得成功，但至少反映出了边沁内心中的温和倾向；在理论预设中，边沁对于表面价值和实在价值的区分，也明显地体现出了他的惩罚并非一定要及于犯罪者本人的观点。对此，前文“惩罚的发动”中已经做出详尽的分析。边沁思想的真正逻辑会导致轻罪重罚以及惩罚无辜者的情形，但他的真实意图却是行走在了与之相反的方向上。可以说，边沁确实没有一定要通过对肉体的折磨与制造物理性痛苦来实现惩罚目的的意思。至于惩罚到底作用到了何处，以苦乐学说和心理联想主义观之，边沁是看到了惩罚在心理上的巨大影响的。这似乎构成了与福柯所说的灵魂的类同，但是稍后一点的地方会指出，福柯的话语中蕴藏着一种深沉的消极性，而与边沁较为中性甚或略带点积极性的论调形成了本质性的差异和二分。

因而，从上述展现的内容来看，福柯对于以往思想的解构与对其权力理论的结构，最初是从公开性和对象性上着手的。在公开性的解读中，福柯的论证是存在一定缺陷而不完满的；而在对象性上，福柯又充分地向人们显露出了他不同于常人的深邃之处。这两处，成为了福柯在关于监狱的兴起这一特殊现象的解释上所依赖的重要突破口。

（二）权力—知识—身体

尽管在关于公开性的论述上存疑，福柯还是创立出了一套属于他自己的独特学说。《规训与惩罚》不是他的学说体系的全部展示，但可以说是对他的权力理论的集中阐释。其中，福柯运用一系列怪癖、别致的词汇以

① ［法］米歇尔·福柯：《规训与惩罚——监狱的诞生》，刘北成、杨远婴译，生活·读书·新知三联书店2007年版，第113页。

② 张杰：《从肉体到灵魂：权力的运作艺术——福柯对刑罚演进的解说》，《船山学刊》2006年第4期。

及稍显散乱、破碎的话语，实质性地架构起了权力理论的主干体系。

1. 首先是权力本身。权力有很多种表现形式，惩罚只是其中之一。在福柯的论述中，大部分时候将“惩罚”“权力”和“惩罚的权力”同质化使用了。因此，对于惩罚相关内容的解析，也可将之当成权力来看待。关于传统的惩罚方式，福柯已经通过前述两幅画面的比较，将旧有权力控制在外观上的陡然性、激烈性表露无遗。从旁观之人到被观看之人，从完好无损之人到遍体鳞伤之人，从活着的人到死去的尸体，都无不向外发出惩罚十分严厉的信息，而宣示了自身的威武与存在。对于传统惩罚的起源已无确切的证据可考，但初民社会存在的血亲复仇无疑可视为一个笼统意义上的渊源。随着岁月的流逝和社会的变迁，惩罚变成了一种主权行为，但野蛮的基因并未完全剔除干净，福柯所指的传统型惩罚或者说“古典”样式实际上就是身带这种基因的典范。在形态上，18、19 世纪西方社会正在酝酿着一场较为剧烈的转型，经济的发展以及民智的渐开，使得人们行为方式较之以往变得纷繁复杂而越发难以掌控。不能完全排除这种可能，即社会变化给当权者带来了应对上的挑战，进而促使了其运用更为严厉的惩罚来遏制犯罪并引导规范行为。于是，惩罚的“返祖”现象频繁发生了。另外，不考虑全景监狱公开内部狱政的部分，福柯意图通过监禁刑来表达新生权力操作方式的隐蔽性，从而反向指出旧有权力控制方式的张扬性。这是容易理解的，因为权力要实现控制的效能，首先就要证明其正在实施控制。在一个不为人所知的地方对犯罪人施加残暴的惩罚，肯定属于人类惩罚实践历史的一部分；但除了犯罪人及其身边之人，其他的民众对于诸如此类惩罚的具体内容及其程度是不知晓的，因而惩罚从幕后走向台前成为了权力展示自身的必要途径。但是，这种张扬性基于福柯所说的“副作用”而构成了对权力控制的抵抗，亦即从权力体现的不足一下子跨越到了权力的过分展示，而引起了作为权力对象之人的本能反击。在权力“过犹不及”上的发现，表明福柯在理论开拓上到达了一个较深的境地。惩罚的集中性，作为了激烈性、张扬性之外受到福柯关注的又一惩罚的传统特征。“司法的瘫痪状态与其说是司法被削弱的结果，不如说是由于权力分布杂乱无章，权力集中若干点上，造成了冲突和断裂。”① 在

① ［法］米歇尔·福柯：《规训与惩罚——监狱的诞生》，刘北成、杨远婴译，生活·读书·新知三联书店 2007 年版，第 89 页。

此，福柯进入了对惩罚权力内部的考察，权力体系的不匀称为其发挥作用平添了重重阻碍，而建立起一种分布更为合理的机制成为了必然的取向。如果说在前两个惩罚传统特征的分析上，福柯表现出了一种冷静的理性，那么在集中性上，他的批判已经变得尖锐起来，明确指向了权力运行的最核心之处。①

2. 惩罚改革及向监禁刑的靠拢，按照福柯的意思，就是要将激烈性变为缓和性、将张扬性变为隐蔽性、将集中性变为适度的分散性，来“建构关于惩罚权力的新结构和新技术”②。如何将之落到实处，则依赖于各种具体的组织、制度、策略和手段了。为此，福柯归纳了一个特性的组合：单元性、有机性、创生性和组合性。③ 实际上，就是通过空间的分隔、时间的划分以及通过人的教育和训练来达到规范意识养成的目的。尽管福柯主要是就军队、工厂、医院、学校等机构来予以论述的，但这些纪律性举措可以适用于监狱却也是显而易见的。事实上，在边沁的监狱计划中，福柯的这些规训手段都可以找到对应的部分：建筑上的监禁格与制度上的隔离措施，可以视为空间的分隔；劳作休息时间表的出现，完全就是时间的划分；而在劳作制度、引入宗教指导上，也是以促成规范意识养成为出发点的。因此，福柯的这些规训手段，不过是以边沁为代表的监狱改革者的主张的重现。但是，福柯将其扩张到了其他机构组织，这是其一；而在第二点上，福柯是以权力的微观操作为进路的，而边沁等改革家主要是追求被监禁人得到改造这么一种效果，这就形成了福柯的独特之处。既然权力是以精细化的形式在施加影响的，那么，可采用的方式就变得不尽其数了。层级监视、检查、登记、档案以及其他，只要能够实现教育、训练、规范等的指向，就都可以用来充当规训的手段。按照福柯的观点，所谓的现代型惩罚，已经开始通过准确的细节、有序的过程和较长的时期，进入被惩罚之人身体的各个部位以及展开的各项动作了；这种模式可谓“润物细无声”，缺少立竿见影之效，无法立马抛出相应的成就，但通过不断地积累，一旦时机成熟，效果便能够稳定而可靠地呈现于人眼前了。

---

① 在此处，福柯指出了他的权力观与极权主义的根本不同。关于极权主义的经典小说，参见［英］乔治·奥威尔《一九八四》，董乐山译，上海译文出版社 2009 年版。

② ［法］米歇尔·福柯：《规训与惩罚——监狱的诞生》，刘北成、杨远婴译，生活·读书·新知三联书店 2007 年版，第 99 页。

③ 同上书，第 188 页。

福柯的这种“政治解剖学”，既有合理的一面，也有不尽合理的一面。说其合理，是因为他看到了权力运用各种途径或称为“知识”的东西来生产或复制出能够参照固定模式行事的人的极大可能；说其不尽合理，是因为他犯了同监狱改革家们类似的错误，即过多地迷失在了理论的美好之中，而忽略了现实中存在的某些恒久、复杂而紧张的关系。然而，福柯的关于权力运用知识作用于身体的理论结构终究基本形成了。

3. 边沁打造了“全景监狱”（panopticon）的具体计划，而福柯则在边沁的基础上将之发展成为了“全景敞视主义”（panopticism）。福柯特别关注了全景监狱建筑中所体现的“可见但不被可见”或称单向可见的原则。在他眼里，这简直就是对权力操控的极简、完美的体现。在全景监狱中，监禁格里的被监禁人不能看到处在中心的监管房里的情形，因此不能知悉他自己有没有被监管人员注视或观察；相反，正因为不能被处在外围的被监禁人所看到，监管人员在或不在就都属于同样的情形了。那么，以下的假设是完全可能的，即监管人员早就离开了中心监管房，而被监禁人却一直保持着被监视的心理状态和行为模式。这样的假设实际上构成了一个隐喻：权力已经去中心化了，而权力的作用却依然不断地生产出来。用福柯的话说，就是“一种虚构的关系自动地产生出一种真实的征服”①。这或许才是全景监狱和以此为模板的其他机制最为神奇的地方！在这里，人们看到了结构起来以后的一劳永逸性，而产生了对其无尽的向往与追求；在这里，人们也看到了权力运用知识的巧妙方式，而大大增强了操控方面的信心。但是，还缺少对一个地方的考察——身体。福柯在边沁的全景监狱中提取出来的权力自动化运行的命题，在权力监视与单向可见的技术上是没有问题的，但还得需要被监禁人亦即权力作用到的对象的配合。前面的假设是在一般意义上论及的，而在个别情形下总还存在一些顽固恶劣、不服监管的犯罪人。对于这部分人，直接、显性的惩罚都无法达到目的，何况一种无形的权力监视呢？这就引出了一个重要的支撑性理念，即身体向权力的臣服。换言之，权力要将身体作为运作的载体，也要身体愿意与其配合。在福柯的世界中，权力的力量之大足可使身体配合与否的情形忽略不计，这是完全值得质疑的。因此，只能说福柯总结出了权力运作

---

① ［法］米歇尔·福柯：《规训与惩罚——监狱的诞生》，刘北成、杨远婴译，生活·读书·新知三联书店2007年版，第227页。

的一般情形和效果，而不能说他的权力学说就是放之四海而皆准的真理。

在《规训与惩罚》中所体现出来的福柯学说，已经呈现出了“权力—知识—身体”的三维架构。对于权力如何通过知识来达到对身体的操控，福柯用到了一个“规训”的字眼来予以涵括。这个词的法文为“surveiller”，根据福柯本人建议，对应英文为“discipline”。[①] 将规训与惩罚联结在一起，可以体会出福柯将惩罚予以象征化、符号化、程式化的意味。福柯也确实是这么做的，他将“监狱”这一符号推广到了真实的监狱之外，而在理念上建构起了所谓的“监狱群岛”“监狱网络”“监狱体系”“监狱连续统一体”。[②] 于是乎，权力以一种无中心、无范围却又无处不在的关系、网络和场的形式出现了。[③] 于是乎，规训开始弥散化，而作为权力规训的对象——人——开始迷失在这漫无边际的无形操控之中。至此，隐藏在福柯权力学说中的压抑、窒息和没有希望的消极景象，才真正、完全而无保留地显露了出来。到今天，在边沁的全景监狱中体现而经由福柯之手加工过了的敞视，与单视（synopticon）、全视（omnipticon）一道，几乎占据了人们生活的整个空间。[④] 在这种逻辑下，人的形象在无形且无尽的关系网络之中已经变得日趋渺小而近乎微不足道了，而人的主体性则必然走向了消亡。

二　改造：与主体一起“重生”

福柯笔下的全景监狱俨然化约为了权力操控的叙事符号，而受到权力范式推崇者的顶礼膜拜。但是，全景监狱计划毕竟是在边沁的精心培育下诞生的；从原生性来看，该计划所蕴含的精神取向应该是与边沁的惩罚思想和理论同一化的。这就形成了两个全景监狱，亦即变异了的福柯式全景监狱和原生性的边沁式全景监狱，实有区分开来的必要。

（一）个别威吓之下的改造

在全景监狱的中心，边沁安放好了监管房。这是整个监狱运转开来的至关重要之处。按照边沁的打算，监管房的中心性可以实现监管人员对于

① ［法］米歇尔·福柯：《规训与惩罚——监狱的诞生》，刘北成、杨远婴译，生活·读书·新知三联书店 2007 年版，第 375 页。

② 同上书，第 341—346 页。

③ 陈炳辉：《福柯的权力观》，《厦门大学学报（哲学社会科学版）》2002 年第 4 期。

④ 胡泳：《从敞视、单视到全视》，《读书》2008 年第 1 期。

监狱内部无障碍的观察。通过这种观察，监管人员实现了对被监禁人的监督，而在一般情形下，被监禁人也会因为被监视而在行为举止上有所收敛。通过简单的心理机制的调动，对被监禁人的干预亦即实质上的个别威吓就形成了。

在此，需要介绍一下相关的背景。在“惩罚的目的”中，个别威吓被边沁作为了一般预防之下的次级目的，共同服务于预防犯罪的终极目的。在多个场合，边沁都提到了威吓，但大多是一般预防意义上的威吓。如在放逐的惩罚中，边沁指出大多数人因为对于放逐要经历些什么不太清楚而无所畏惧，尤其以不谙世事的小孩为例做了说明；又比如在死刑中，边沁一再强调带苦役的终身监禁（偶尔单独监禁）比死刑更能给人起到儆戒的效应，并提到了心灵深处的慎重思考。[①] 对于个别威吓的特别关注，相对一般威吓而言则要少得多，尽管惩罚对此目的的寻求在边沁的功利逻辑下是不言而喻的。全景监狱计划的出现，使得两者之间的通常性关系有了一些新的微妙变化。因为中心监视机制的介入，使得个别威吓成为了自然也是首先被考虑到的事情，而单向可视性又在此基础上增加了个别威吓的效力。并且，节俭性上也不成为太大问题，使得没有理由不认为边沁在个别威吓上是加大了重视力度的。当然，因为公众参观机制的提出及监狱外观的若干想法，说明边沁也没有忽略全景监狱的儆戒性，但在相对意义上个别威吓的地位显然已经得到了提升。

在此之外，边沁在制度上设计了相互衔接的劳作制度，并提出引入合同的方式来革新监狱陈旧的管理模式，其中固然有以谋取经济利益为考量的因素，但也为被监禁人改造的进行创造了条件。这不仅在边沁所谓的积极劳作观以及理性合同人的假设上有所体现，而且还在边沁处于监狱改革风起云涌的时代这一事实和他本人对监狱卫生、供给等方面的关注上有所证明。在宗教教化上，从边沁关于惩罚的论述很难察觉到他在此方面的虔诚，甚至在他对与宗教相关的惩罚的评论中，可以感觉出他较为明显的世俗化倾向。然而，在全景监狱的管理中，边沁从一开始就引入了牧师的教育指导机能。在他的畅想中，牧师站在监狱中间位置做引导，而参与仪式

---

① Jeremy Bentham, *The Rationale of Punishment*, New York: Prometheus Books, 2009, p. 178.

的人可以直接留在监禁格中聆听。[①] 在“后记”的第一部分，边沁赋予了宗教教化进一步的重要性；在“信件”中牧师在临时性场所进行教育的情况有了改观，一个固定的场所开始被设置到了监狱的中心地带。[②] 这一改进，可能与边沁对英国本土化的考量有关，但相关举措在指向犯罪人改造这点上是明白无误的。加上为人熟知的隔离措施，应当说，全景监狱的建筑和制度是能够体现人文关怀的。

于是，全景监狱既注重对被监禁人的个别威吓，又采取了有益于被监禁人改造的诸种手段。对于被监禁人的惩罚，看似在两个并行不悖的方向上同时展开了追求。然而，这种双重的诉求能在怎样的程度上来实现呢？在对这个问题予以回答之前，先来完成上文提到的辨识福柯式全景监狱与边沁式全景监狱的要求。福柯权力学说的基本内容已不需要再重新介绍一次，而边沁在全景监狱中对于惩罚改造目的的初始设定，无疑被福柯完全抛诸了脑后。不过，边沁意图实现的个人威吓的机能，却被福柯用犀利的目光注意到，而被拿来充当了他的论证逻辑的基础材料，并且被他一味地放大而充斥了整个监狱空间，进一步又扩散到了监狱之外的任何一个角落。因此，可以毫不夸张地说，福柯笔下的全景监狱是一个变异了的部分的边沁式全景监狱。在此，两者的界限应该比较清晰了。这样的分析，也同时解答了怎样看待边沁式全景监狱的双重诉求的问题。具体而言，即福柯确实将个人威吓拔高到了一个极限的高度，但他的这种拔高也不能说一点原因都没有，事实上全景监狱整体模式的确代表了一种传统权力的掌控，只不过不如福柯所说的那般泛化，没有像福柯的隐喻那样神奇。因此，将福柯的绝对看法予以缓和及淡化一些，并顾及监狱的改造一面，就可以达成比较公允的认识：个别威吓在边沁的全景监狱中是比较关键的要素，对被监禁人的改造也非常重要，但与前者相比只能屈居为第二位了。

可见，边沁的改造实质上是位于个别威吓之下的改造。与福柯的权力规训相比，边沁的学说不会那么压抑、沉闷到连主体的身影都看不到。然而，当人们兴致勃勃地谈论被监禁人的改造之时，却发现仍然被笼罩在了一种令人噤若寒蝉的管教之下。其实，这才真正构成了边沁的全景监狱计

---

① John Bowring ed., *The Works of Jeremy Bentham* (4), London: Simpkin, Marshall, & Co., 1843, p. 43.

② Ibid., p. 67.

划即便付诸实践也逃离不了失败命运的内在因素。前文做了一个非历史的分析，通过对实践中获得了更大重视程度的改革措施相关命运的简要梳理，意图说明监狱改革中出现的在威吓和改造之间来回摇摆的情形也同样会出现在边沁倡行的模式中。而在此处，边沁模式中个人威吓与改造的并存及前者凌驾于后者的情形，其实早已提前预示和内在地决定了激烈矛盾在以后的必然爆发。这不能全怪边沁，他所处的时代决定了他的视野只能扩及这样的程度。然而，通过体味边沁思想中的这种内在矛盾，并从中获得若干的有益启示，这才是更为重要的事情。

（二）走向监狱之外的协同

18、19 世纪的脚步已经走远了，20 世纪的历史才翻过去不久。人类在理论和实践两个层面同时展开的摸索与探寻，在整体上始终都朝着一个更为文明、开放和人性化的方向而努力。休谟的人性箴言，已经为此做了最好的注脚。[①] 这个基本的价值取向，在惩罚领域也受到了并应当继续予以认同和尊崇。就监狱行刑而言，在边沁所为的能与不能之间，已经深刻地揭示出了理念之间存在的纠葛，并提出了进一步厘清的要求；同时，对于良好理念付诸实践的范围亦即作用域，以及关涉的不同视角，也值得予以一番必要的考察。这些事项，构成了本章在结束之前的讨论议题。

1. 改造与行刑社会化

首先应当认识到，边沁在监狱行刑上的功利性欲求不是孤例。即便被后世认为本质立场仍然属于报应主义的德国刑法学者迈耶，也在其“分配理论”中主张刑罚的报应和预防是通过立法、审判、行刑的不同过程及权能来依次实现的，行刑重在预防，即根据法律及政策对犯罪人实行教育改造、使之尽快复归社会。[②] 可见，监禁行刑存在功利倾斜是受到了认可的。但是，基于上文的分析以及随着社会的进步与时代的发展，边沁所倡导的改造在个别威吓的桎梏下变得越来越难以发挥或正常发挥作用，同时，两者之间的回路也给人造成了监狱改造不是很稳定的感觉，从而加剧了人们对其的不信任。那么，一方面监禁行刑的功利追求是可欲的，另一方面监狱弊病依然存在而改革收效不是很大，从而引发了一场重大危机。人们不得不做出抉择，是完全退回至报应主义的立场而不去追求可欲的功

① 陈兴良：《刑法的人性基础》，中国方正出版社 1999 年版，第 1 页。

② 马克昌：《比较刑法原理——外国刑法学总论》，武汉大学出版社 2002 年版，第 36 页。

利，还是以无畏的勇气去直面困境带来的巨大挑战。

晚近行刑社会化思潮的兴起，以全新的面貌做出了正面的回应。“刑罚执行的社会化原则，是指在刑罚执行的过程中，要调动监狱外的一切社会积极因素，合力救助改造犯罪分子并保证和巩固刑罚执行的效果，确保行刑目的的实现。”①可以说，这是监禁刑理念的一次重大变革，它植根于对监狱传统执行方式的深刻反思，而促使人们将目光从监狱之内转向监狱之外；它不是一次简单的内部调整和改良，而真正实质性地改变了陈旧的思维定式、拓展了更为开放的视野。该理念看到了这么一个事实，即监禁刑剥夺自由，但迥异于死刑对生命的剥夺（监禁期间滥用刑罚及发生意外导致的死亡除外），不是对人的绝对消灭而是相对限制，因而必然指向刑期执行完毕的终点亦即犯罪人重获自由的一刻（终身监禁除外）。同时，该理念特别关注了长期监禁刑执行中的恶，主要是指被监禁人在心态上形成的双重裂变：其一为对自由从不关注到极其渴求，并进而产生外向性的仇视社会的观念；其二为离开社会时日已久、不太跟得上社会生活方式发生的变化，以致引发内心更深处的自卑之感。

无疑，行刑社会化的出现为被监禁人复归社会创造了有利条件，同时也缓解了监禁刑完全由监狱承担所带来的压力。但须注意，这并不意味着改造理念就高枕无忧了，因为行刑社会化中的复归理念与改造理念看似相同，而实则是两码事。这种通常让人产生混淆的关系，需要予以必要的澄清。监禁刑的终点是指向犯罪人重获自由之时，表明了“复归社会”自始为一个事实问题。也就是说，无论犯罪人的主观世界是否发生变化都必将重新踏入社会生活。以往在说回归社会时，许多人会不经意地将之与犯罪人得到了改造的说法联结起来；而就是这种不经意之举，将作为事实的复归赋予了改造理念的内涵，导致了复归从事实到理念的谬误性升华。然而，改造是一种功利，复归却是另一种功利。被监禁人在行刑社会化的影响下，可能祛除了陌生感、建立了自信心，而能够在刑满释放以后迅速地投入社会生活，既给自己带来好处也不给社会增加负担，这当然是一种功利，但这与被监禁人的主观世界发生了质的变化是不同的。因此，打破上述的谬误性理念联结，而提倡“复归”的事实属性、实现它在升华后的复原，就变得有必要了。又或者说，复归事实可以形成自己的理念，但绝

① 马克昌主编：《刑罚通论》，武汉大学出版社2006年版，第514页。

非改造的理念。结合改造失败的教训，应当进一步地确立起这样的指导：将“复归”事实置于改造或矫正等理念之前，作为对待被监禁之犯罪人（尤其是临近释放之时）所首先需要考虑的问题，亦即复归社会之事实为第一位，改造或矫正等理念为第二位。

唯有如此，才可能形成以下的循序渐进：第一，正视被监禁的犯罪人最终将回归社会的现实，在最低限度上确保司法公正及对犯罪人的人权保障；第二，放弃控制犯罪人主观世界的不切实际的想法，从而形成一种以往和当下同样急需的司法理性；第三，在为犯罪人提供与创造整体性的良好条件与适当氛围的过程中，促成部分犯罪人的规范意识生成，在较高程度上获得功利性成效。边沁的惩罚目的论严谨地贯彻了他的功利哲思，在若干地方比如犯罪人戴面具的例子中也反映出了一定的对犯罪人回归社会的考虑，但终究没能在内容上明确复归社会的重要地位，不能不说是一种遗憾。这可能要归结于他在惩罚目的设定中对预防犯罪的强烈渴求，因而在某种程度上忽视了作为惩罚对象的人的主观复杂性与不可控性。行刑社会化为犯罪人复归提供了保证，但在促进犯罪人改造的问题上，只能提供一种并非保证的可能。

2. 场域与视角之协同

从监狱之内走向监狱之外，主要涉及一个场域的问题。有学者借用布迪厄的“场域—惯习”理论指出，“惯习既反应历史又建构历史，于是行刑过程中的外在客观条件对罪犯的新惯习重塑就有着非常重要的作用”①。边沁的时代，尚还处在国家本位的历史局限之中。国家与个人之间的社会还没有真正兴起。这就决定了边沁遭遇的困境无法在他的时代得到化解。时至今日，市民社会具有了世界性的影响，并在诸多国家与地区兴盛起来。在这一过程中，社区的建构日益走向成熟，而为抽象的场域提供了看得见、摸得着的具体模型。那么，如何来具体和准确地理解监禁刑执行的两个不同场域亦即监狱和社区的关系呢？按照“场域—惯习”的说法，监狱和社区都外在地决定了行刑的客观条件，相应产生的“场域”效应都对犯罪人之“惯习”存有深厚的影响。相对监狱行刑而言，社区行刑实现了以空间为载体的社会关系从狭窄化向宽泛化的演进，因而提供了一

---

① 骆群、顾津江：《布迪厄“场域—惯习”理论对行刑社会化的解读》，《法治论丛》2007年第6期。

个监狱之外的“场域”；但是也要看到，犯罪人毕竟尚处在服刑期，必然要受到相对的限制而不能给予绝对的自由，还是要服从有权机关的管理而不能完全与社区生活同一化，因而确切地说，社区行刑提供的是尽管在监狱之外却又较为特殊的开放式环境，亦即完全封闭与完全开放之间的中间性“场域”。在此之中，犯罪人能够实现一个缓和、渐进、平稳地过渡。

除了场域的协同之外，还涉及视角的协同。因为不同人站立的角度不同，会对同一事物有不同的看法。如何在这些差异之间寻求一种不至于断裂的和谐，以保持适度且合理的平衡，成为了需要特别关注的问题。首先是主权者。无论是监狱行刑还是社区行刑，都是惩罚权的拥有者才能进行的活动，因而在运用行刑权的过程中，作为主体的主权者不可避免地要同时承担起观察者的角色，这涉及行刑效果的测定。但有这样的可能，即主权者在权力运作的过程中容易满足于其取得的效果，而或多或少地忽视了或不太愿意承认其不足或失效之处。因此，需要建立一种分权的沟通机制，以避免单一主体行刑的擅断而又同时加强多元主体之间的信息交流。其次是社会公众。对于监狱行刑，基于话语与叙事的垄断，社会公众几乎不可能准确地得到关于犯罪人动态的信息，而只能出于想象、杜撰或讹传；而对于社区行刑，毕竟能够更多地见识与接触到犯罪人的生活与行为，从而更能形成较为符合事实的感官认识。然而，社会公众是个集合名词，其中包括了一般公民、被害者的亲友以及犯罪人的亲友，在将感官认识固定为理性认知的过程中，不同关系者的努力程度是不尽相同的。因而，一种普遍的启蒙就显得必要了，倡导、建立起“片段式人生”的理性认知观，来抵抗“天生犯罪人”观念的迷信、误导及侵扰。最后，在主权来源于民的前设下，主权者的行为与认知极大甚或决定性地受制于社会公众的整体努力，因而，“监狱—社区”二元行刑观能否最终存活下来并保持长期的稳定，重点仍然在于社会公众的接受程度，以及对贯穿于其中的“复归”事实之应然优先性的认同。因此，辨识民意、集中民智与疏导民愤成为了主权者应当做好的功课，这也是检验主权者是否合格的基本性要求。

无疑，走向监狱之外的协同模式是一种放权，然而却是一种“必要的放手”。福柯从传统意义的监狱出发，将整个社会视为了他的规训世界中的大型监狱，而边沁则自始至终都在画地为牢，将自己限定在了传统意义的监狱之中。无论是福柯的权力规训还是边沁的教育改造，都无一例外地物化了活生生的人。如果前者是将人性予以赤裸裸地丢弃，那么后者呈现出的则是一种半推半就的游离态。这些都是强制造成的“罪”。避免的方法，唯有降低强制的强度，让渡出适当的空间，而塑造出一种强制与非强制之间的半强制形态。因而，边沁的学说，不仅引发了福柯的极端强制思想，也为一种适度强制的出现提供了启示。结合前文对于改造与行刑社会化关系的梳理，作为主体的人同改造理念一道实现了重生。

第八章

边沁惩罚思想的定位

至此，一段学术探索之旅已近尾声。边沁的惩罚思想该如何定位是好，是本研究关注的最后一个问题。通常见解认为，边沁的惩罚思想就是“功利主义惩罚观”，后者以标签的方式指明了定位。不可否认，这一语词高度凝练和概括了核心要义，其统领之下的边沁惩罚思想的宏大体系构造、复杂而细致的论证以及诸多充满争议性的话题，都在前文分析论述中得到了不同程度的展示。而众所周知的是，边沁学说并不限于惩罚这一议题，也涵括了其他极富研究价值的内容，这就意味着，对于边沁惩罚思想的认识需要跳出其本身，从“功利主义惩罚观”的本体蕴含向相互间关系拓展。因此，需要进一步推进研究工作，首先即为观察视角的选取。本章拟采取内部与外部相结合的方式。所谓“内部视角”，即立足于边沁自身思想体系之中，尝试初步厘清边沁惩罚思想与其相关学说之间的关系，具体又分两个方面来加以探讨，一个是刑法与民法的关系，另一个是实体法与程序法的关系。所谓“外部视角”，则意图在不同的时空场域中，对边沁的惩罚思想在中西方学术研究演进史上的作用与地位进行必要的阐释和解读。通过此种努力，应该可以为边沁研究者提供广阔的视野，真正全面、深刻地把握边沁惩罚思想的定位。

第一节　刑法与民法关系的角度

边沁的惩罚思想体现了其功利主义思想的精华，随之容易产生的一种幻象是，边沁的惩罚思想等同于或约等于他的刑法思想。[①] 事实上，恰恰

---

① 导致这种误会的原因不少，既可能是研究者浅尝辄止，没有深入原著论说中去，也可能是研究者被边沁所处国度、时代及法律传统的一般印象干扰，毕竟英美法系国家的刑罚论相对于犯罪论而言，具有更为广泛的对话基础。

与前述幻象相反，边沁的刑法思考并不限于惩罚，其在法典编纂及不同性质法律界分的问题上发表了篇幅不少的论说，这些论说与惩罚思想一道，共同组成了边沁的刑法思想。因此，立足于边沁的自身思想体系之中来定位其惩罚思想，无疑是值得努力的一个方面。先从边沁为世人所铭记的卓著功勋之一说起，即法典编纂（codification）之力倡。这种对于法律法典化的推崇与边沁所在时代相映衬，达到了历史性的巅峰，成功塑造了边沁作为一个旧制度改革家的形象。[①] 其实，不仅对于英国法的近代化，就是扩及英美法系乃至世界法律制度的发展而言，边沁的重大贡献都是毋庸置疑的。法典编纂的历史由来已久，千多年前优士丁尼的故事至今仍为法学研习者所传颂，甚至有研究认为，受希腊哲学影响，在优士丁尼以前法典编纂的思潮就已经出现在罗马法学圈中。[②] 不过，彼时的法典编纂与边沁时代的努力存在很大程度的不同。我国学者徐国栋先生指出，优士丁尼法典编纂并非按法律部门来进行，亦非以法律规范为单位，并将同一问题的多种意见收录于其中。[③] 两相比较，边沁的法典编纂设想更具有与现时代的贴合性，因而显现出"原创"而非"抄袭"之意味。

要注意的是，边沁对法律法典化的推崇与提倡是在整体层面上进行的。换言之，边沁不仅要求刑法法典化，也要求民法法典化、其他法律法典化。其中，颇值玩味也特别引人关注的是其对刑法与民法关系的思考。从边沁手稿的整理与编辑来看，相关构思发轫于边沁的早期创作之中。在广为人知的《道德与立法原理导论》一书中，边沁在命名为"刑法的界限"的第十七章中简要谈到了民法与刑法，但多以提出问题的方式寥寥几笔带过。[④] 之后的"末注"中，边沁对这些问题予以初步的说明，谈到了民法典与刑法典的界限、民法典和刑法典的内容。[⑤] 明显可见，边沁在此处的见解是模糊的，并不能让读者轻易领悟他确切的所思所想。20 世纪 70 年代，被认为是《道德与立法原理导论》续篇的《论一般法律》（*Of*

① 我国学者曾撰文分析边沁在英国法律改革中的作用。参见张寿民《边沁与英国法的近代化》，《法学》1992 年第 6 期。

② 徐国栋：《优士丁尼之前的法典编纂研究》，《金陵法律评论》2010 年春季卷。

③ 徐国栋：《优士丁尼法典编纂研究》，《法治研究》2010 年第 8 期。

④ ［英］边沁：《道德与立法原理导论》，时殷弘译，商务印书馆 2000 年版，第 366—368 页。

⑤ 同上书，第 375—376 页。

Laws in General）问世，边沁的该部作品由英国著名学者哈特编辑，在充溢着浓厚的分析法学色彩的环境之中，边沁相对详细地阐述了民事部门与刑事部门的分离和类型。[①] 后来领衔边沁研究项目的是英国著名学者斯科菲尔德，在哈特打下的坚实基础之上整理出了一个新的版本，将之取名为 *Of the Limits of the Penal Branch of Jurisprudence*（尚未有中文译本），修正了哈特版本中存在的若干谬误。[②] 不仅在以上经过精心编辑出来的著作中，在其他大量的手稿中，边沁都不厌其烦地提到了刑法与民法的关系这一重要问题。随之而来的，与在前文专注于惩罚思想本身的考究中遇到的困难类似，正是由于这种主题的重复性与展开分析上的庞杂性，导致后世学者在探析其学说逻辑和写作意图时往往难以把握边沁的核心论证，容易陷入理解上的凌乱境地，而产生一些似是而非的印象。值得庆幸的是，美国学者杰拉德·波斯特玛（Gerald J. Postema）的研究抽丝剥茧，为人们穿越边沁的理论迷雾提供了有力帮助。

在《边沁与普通法传统》（*Bentham and the Common Law Tradition*）一书中，波斯特玛犀利地指出，“随着边沁思想的发展，在他的理论词汇表中，‘安全’取代了‘正义’，而尊重既有预期的观念的核心地位则保持不变”[③]。通过“安全”“正义”与“预期”这些重要概念之间关系的处理，波斯特玛提出了他所看到的边沁学说中法的任务，“……执行私法和公（宪）法的任务分派给了刑（penal）法。其余任务则都分派给了‘分配性法’（民法或宪法）”[④]。这一论断是有据可循的，在边沁发表的《对一个完备法律大全的总体看法》（*A General View of a Complete Code of Laws*）当中能一窥端倪。[⑤] 首先，边沁笼统刻画了刑法与民法的关系，按

① 关于“*Of Laws in General*”，我国学者毛国权先生将之翻译为“论一般法律”。另一场合，即在美国学者波斯特玛《边沁与普通法传统》著作的翻译中，我国学者徐同远先生将之译为“法律概论”。该著作与《道德与立法原理导论》的联系，在时殷弘先生翻译的后一著作的中文译本导言部分有基本介绍。

② 斯科菲尔德版本对哈特版本的具体改进，参见 Philip Schofield ed.，*Of the Limits of the Penal Branch of Jurisprudence*，Oxford：Clarendon Press，2010，pp. xi-xv。

③ ［美］杰拉德·波斯特玛：《边沁与普通法传统》，徐同远译，法律出版社 2014 年版，第 193 页。

④ 同上书，第 195 页。

⑤ 此处名称采用了我国学者徐同远先生在《边沁与普通法传统》中文译本中的翻译。

照他的表述，即“在这两个法理学分支之间存在着最紧密的联系，它们在各个方面都相互渗透”[①]。接着，其旗帜鲜明地指出，“民法是确立权利的法律，刑法是由于民法确立了一项权利之后而以某种特定方式指导对违反者的惩罚的法律”[②]。再往后走，其区分了“解释性事项”（matters of explanation）和“命令性部分”（commanding part），强调前者归属于民法典，而后者构成了刑法典。[③] 显而易见，这一行文逻辑自然导向了波斯特玛的结论，也较为明确地宣示了刑法作为其他法律的保障法的地位。对此，或许会有人加以反对，第一个理由，即边沁在同一论作中主张刑法具有相对民法、宪法的排序上的优先性，第二个理由，即边沁在单一论作中的认识是不周延的，不能也无法代表他在其他论作中的看法。在继续下文的论证前，有必要对以上见解做出回应。针对第一个反对的理由，波斯特玛已经在著作中指出，排序上的优先性并不等于功能上的优先性。[④] 这一观点是中肯的。边沁使用“precede”一词之前，设置了一个总问题，即“构成一部完整法典的不同部分应该按何种顺序来排列”[⑤]。如联系该篇论作题目中的“a complete code of laws”，便知边沁是在他所认为的理想法典情境下来考虑不同法律分支的编排次序的，所谓“优先性”仅限于此。关于第二个反对的理由，在不可能穷尽边沁所有文稿中相关论述的情形下，对之做完全否定性评价似乎也不具有足够的说服力，但在法国学者迪蒙（Pierre Étienne Louis Dumont）的一个说明那里，人们也许可以获得极富意义的启示。作为边沁文稿早期重要编者之一的迪蒙，坦承在整理、编辑工作中遭遇了文稿碎片化、论述粗线条化等困阻，不过其仍然乐观地宣称，“由于到处都有这条路线，所以我一直不怕自己迷路”[⑥]。迪蒙的态度揭示了应对分析边沁天量文稿这一高难度任务的最佳方法和路径，即沿着

---

① John Bowring ed. , *The Works of Jeremy Bentham* (3), London: Simpkin, Marshall, & Co. , 1843, p. 160.

② Ibid. .

③ Ibid. , p. 161.

④ ［美］杰拉德·波斯特玛：《边沁与普通法传统》，徐同远译，法律出版社 2014 年版，第 201—203 页。

⑤ John Bowring ed. , *The Works of Jeremy Bentham* (3), London: Simpkin, Marshall, & Co. , 1843, p. 161.

⑥ Ibid. , p. 156.

逻辑清晰的主要脉络前行。事实上，边沁明确指出，“因此，把囊括一切的刑法，看作法律所有其他部分的基础，是适当的”[①]。于是，以下论断能够得到相当程度的支持，即边沁通过刑法与民法关系的界分，体认了刑法的保障法属性。

通过以上分析得出的边沁的这一见解，以及关涉到的刑法作用与地位的话题，在时光长河中并未失去其令人着迷的魅力，在今天看来依然具有推敲、琢磨和深思的必要。刑法作为保障法的定位，也决定了刑罚的定位，在很大程度上与“刑罚不到万不得已不得动用”这一趋于口头禅化的理念联结起来。前面所提及的从刑法与民法的界分的角度来审视边沁惩罚思想的定位，其深刻意义即在于此。为了在当下语境中获得更加清晰的认识，下面还需要完成一些任务，涉及不同法系相关理论的简要比较。首先，在大陆法系尤其以德日刑法理论为代表，出现了一种“可罚的违法性”学说，其特点在于通过拓展刑事违法性的内部构造，使得一般违法性与刑事违法性的判断差异化、阶层化，从而将违法性与可罚性以递进的方式关联起来。该学说的出发点在违法性的判断，将重心放在了不同领域违法性的识别之上，因强调“法秩序统一”而可归入违法一元论，但从其落脚点来看，还是在于刑罚的可罚而非一般的处罚。[②] 其次，相映成趣的是，我国刑法学界近年来兴起了“二次违法性”理论。与前述可罚的违法性学说不同，该理论在生成根源和适用语境上具有自身特色，即应对的是现时代法定犯日趋增多这一状况，同时也是在我国现行法律体系中来进行的。不过，两者有相同之处，都认为刑事违法性的认定建立在具备一般违法性的基础之上，也都具有慎用刑罚权、促使刑法真正回归保障法之定位的意图。受限于人之个体存在的历史局限性，边沁的认识和思考不可能与当下时兴的学说、理论具有完全同一性，后者有其各自独特的视角、构造、内涵、场域，但难以否认的是，在刑法保障性和刑罚慎用性的认识上，边沁与诸多后世学者达成了基本共识。

综上所述，通过将分析视野扩展到边沁的刑法学说这一更广的范畴，

---

① John Bowring ed., *The Works of Jeremy Bentham* (7), London: Simpkin, Marshall, & Co., 1843, p. 163.

② 在违法性判断问题上的一个详细解读，参见王昭武《法秩序统一性视野下违法判断的相对性》，《中外法学》2015年第1期。

具体是其对刑法与民法关系的思考，有关边沁惩罚思想的定位的认识就从“本体”走向了“关系”。惩罚思想相对有关违法犯罪的论述，在边沁整体思想体系中占据了更为重要的位置。边沁在早期创作中，将惩罚作为了功利主义学说体系建构的关键之一，对其倾注的心血已在前文研究当中显露出来。当他有意将论域延展至法的所有领域，期望建立一个无所不包的万全法体系时，民法的分配属性就必然凸显出来了，刑法则因其保障属性而要退到后位了，这就决定了惩罚也应同步保持克制，毕竟其不是民法而是刑法的配置。当然，在边沁较为清晰的论证逻辑主线之外，也存有不少模糊和不确切的地方，时至今日这些问题仍考验着人们的智识。一个典型的情况，即在法域竞合、规制对象相同的场合，民法与刑法、非刑措施与惩罚的功能次序自然可以根据前述观念来进行安排，但在法域分化、规制对象不同的其他场合呢？不仅在解释论的层面，这一问题在立法论的层面也同样存在。以我国为例，为了应对社会变迁提速和新生事物泉涌的态势，“积极刑法立法观”的理念开始出现并得到越来越多的认同。[①] 在此情境下，如若民法、行政法等其他领域没有跟进与刑法同等积极的立法建设，应当采取何种措施和努力来消解人们的担心，从而依然能够维护好刑法的保障人权机能和打击犯罪机能的平衡呢？边沁围绕惩罚展开的本体及相关思考，没有给此类问题提供明确的答案，但无疑开启了一个值得认真对待的开端。

第二节 实体法与程序法关系的角度

在本书第六章关于边沁惩罚发动思想的解读中，一个比较直观的感受是边沁论述的重心偏向实体。的确，边沁在《惩罚原理》中专注于功利主义指导下的惩罚根基的拟定，其在惩罚的定义、目的、价值的概念上的论说，对十三条比例规则、十二个特性的设计，以及将之运用于惩罚种类的分析和惩罚发动、执行的检验，至今仍体现出常人无法企及的理论精致性，成为其惩罚思想卓越的证明。然而，惩罚的发动可分解为立法层面的发动与司法层面的发动，在后一层面来看，惩罚的司法裁判如何以符合功利主义的方式进行，边沁在《惩罚原理》一书中的论证十分有限。这部

① 周光权：《积极刑法立法观在中国的确立》，《法学研究》2016 年第 4 期。

分必要说明的缺乏，无疑对于认识功利主义惩罚的全流程实现有较大影响，从研究的角度看，也不利于把握其惩罚思想的准确定位。不过，作为一名旧制度的改革家，边沁显然不会允许这种缺憾的存在，一定会想方设法将其在实体法方面的智慧结晶与司法实践中的具体运作一体化地联系起来，来共同支撑起其功利主义理论的大厦。由于《惩罚原理》论及司法方面的内容少且不系统，因此，边沁的这种努力需要到其关于司法程序与证据的其他著作文稿中去寻觅踪迹。

据英国学者威廉·特文宁（William Twining）的最新考证，边沁在证据、程序、司法组织（EPJ）议题的写作上投入了大量的精力，除了已经出版的15—20本著作外，现存于世的文稿超过了13000页。[①] 特文宁的研究，昭示了边沁司法思想的研究仍存在深入发掘的空间，后世学者在此领域依然拥有大量的机会。具体到本书及在此的任务，主要是通过补充边沁在司法裁量方面的重要核心思想来贯通性地理解其惩罚思想的定位，因此还是秉持主线思维来加以解析。边沁关于司法程序与证据的作品，比较重要的有两个：一个是《司法程序原理，及程序法典纲要》（以下简称《司法程序原理》），收录在鲍林版《边沁全集》（*The Works of Jeremy Bentham*）中的第二卷；另一个是《司法证据原理，特别适用于英国实践》（以下简称《司法证据原理》），收录在同一全集中的第六卷、第七卷。[②] 在前一论作中，边沁一如既往地将其细致分析的功底充分展现出来，触及了当时英国司法制度许多方面的问题。也许存在这样的认识，即边沁的裁判学说在很多地方并没有将刑事裁判与民事裁判区分开来，并且很多论述似乎都是围绕民事事务的法院、仲裁庭等来进行的。这与边沁当初的雄心有关，即尝试建构一部体系完备的程序法典，但即便采用这种处理手法，边沁关于刑事程序的特别看法及其与惩罚之间的联系仍在多个关键之处体现出来：其一，分门别类地阐述了程序体系的刑事分支与非刑事

---

① William Twining, "Bentham's Theory of Evidence: Setting a Context", *Journal of Bentham Studies*, Vol. 18, 2019.

② 此处与司法程序相关的论作，其标题原文为"Principles of Judicial Procedure, with the Outlines of A Procedure Code"，笔者参照《道德与立法原理导论》一书标题的中文译法，将这里的"principles"译为"原理"，故定名为《司法程序原理，及程序法典纲要》。此处与司法证据相关的论作，其标题原文为"Rationale of Judicial Evidence, Specially Applied to English Practice"，笔者将之译为"司法证据原理，特别适用于英国实践"。

分支容易碰到的问题，就刑事方面而言，即违法者不受惩罚和不正当惩罚；[①] 其二，在诉讼种类一章，区分了非刑事性质的诉讼和刑事诉讼；[②] 其三，指出刑事诉讼是最需要调查的，但在任何情况下，其重要性都可能超过烦恼；[③] 其四，再次提及《惩罚原理》中在惩罚发动议题之下归纳的若干不适合发动的情形；[④] 其五，大声疾呼，惩罚无辜的人比不惩罚有罪的人的恶要更大；[⑤] 其六，强调未经上诉司法机构和司法部长的明确确认，不得以惩罚之名或其他名义发布事关人身性的难以恢复的接受执行的命令，涉及死刑、毁损人体外在部分的惩罚、污名化等情形。[⑥] 这些论述以点带面，加上关于程序法的一般性解释，为边沁提出"自然体系裁判模式"铺平了道路。[⑦] 至于后一论作，则更可谓鸿篇巨制。鲍林版《边沁全集》共十一卷，《司法证据原理》就独占了两卷，篇幅达千页之多！边沁在该巨著中安排了证据种类、收集、认定、排除等诸多议题，几乎涵盖了当今证据法学研究中的重要问题。其中，引起后人特别关注的是证据的可采性和证明力，边沁主要通过三个部分加以了探讨，尤其在证据的可采性问题上，采取了诊疗式的论证手法：首先，将"技术体系裁判模式"下证据排除的原因罗列出来；其次，从烦恼、耗费、延迟、不相关、欺骗、利益等维度，对排除证据的适合与否给予了叙述和评价；最后，导出他所提倡的不排除证据的主张。以上两部重要作品中的核心论证，基本勾勒出了边沁在司法裁判中运用程序和证据的立场，与他在实体法方面的思考形成了鲜明对比。

在最初印象上，边沁的司法裁判学说是令人感到困惑的。众所周知，也是边沁功利主义哲思所要求的，作为人类事务指导原则的功利主义旨在以最少付出获得最大回报，主张能节俭的应当一律节俭。这一逻辑在边沁的功利伦理、惩罚理论等地方，都有过充分的展现。但是，边沁在程序方

---

① John Bowring ed., *The Works of Jeremy Bentham* (2), London: Simpkin, Marshall, & Co., 1843, p. 19.

② Ibid., p. 80.

③ Ibid., p. 92.

④ Ibid., p. 118.

⑤ Ibid., p. 133.

⑥ Ibid., p. 169.

⑦ Ibid..

面提倡的自然体系的裁判模式类似家庭事务的处理，在一定程度上牺牲了专业效率，而在证据方面主张的不排除证据的设想，可能导致司法实践中证据辨识和审查成本的增加。这种做法不是与常人所理解的功利主义原则背道而驰吗？费力而不讨好，肯定不是精打细算的边沁所追求的目标。的确，边沁在司法程序与证据上的论证，与他在惩罚理论中的逻辑演绎的内容有很大不同，这本身是由分析对象的不同所决定的。程序与证据领域要考虑的是烦恼、耗费、延迟等评价指标，与惩罚领域中所要考察的可变性、表征性、儆戒性、节俭性等要素显然有本质不同。但更为重要的，是当时英国法中过于复杂的程序设计及由此衍生的不正当裁判，让边沁充满了鄙夷与愤怒，在这种情境下所谓功利的实现是无从谈起的。进言之，边沁明确认识到，改革程序模式、证据规则可能产生的成本，是追求整体更大利益的必然付出。某种意义上，是边沁的不得已而为之。论及于此，不得不介绍一下西方学界围绕边沁司法裁判学说所展开的直接功利主义（direct utilitarianism）与间接功利主义（indirect utilitarianism）之争。作为前一阵营的代表人物，波斯特玛在《边沁与普通法传统》中谈到了他的见识，“不论法官从属于立法者对边沁来说是什么意思，很明显，它没有法官不诉诸相关（功用主义）的道德——政治因素就适用立法者针对具体案件颁布的不变规则的意思”①。后一阵营的反对者弗朗切斯科·费拉罗（Franceco Ferraro）则认为，波斯特玛没有注意到法官在裁判中的功利主义微调限于程序性规定，而不能超越实体法的限制。② 这场论战的背后，其实质就是如何看待法官裁判与立法规定关系的问题。司法官员受邪恶利益驱动，利用构造复杂的司法制度做出不正当裁判，这样的情形必须得到防范与遏制，边沁费尽心思写下宏大著作，目的之一即在于此。

边沁在程序法上的思考，呼应了前文分析中所展现的其对死刑裁判司法错误的担忧，也进一步佐证了前文在惩罚发动思想部分的观点，即他不希望无辜的人得到惩罚，对其惩罚理论中存在的逻辑不足，在此也只能期待通过程序法审查效用的发挥来尽可能地弥补了。应当肯定的是，边沁对

① ［美］杰拉德·波斯特玛：《边沁与普通法传统》，徐同远译，法律出版社 2014 年版，第 486 页。

② Franceco Ferraro, “Direct and Indirect Utilitarianism in Bentham's Theory of Adjudication”, *Journal of Bentham Studies*, Vol. 12, 2010.

程序与证据的重视态度，是值得后世敬仰的。边沁的法典化主张，及在此主张之下司法运作如何展开的思考，扩宽了人们的思路，提供了参考。时至今日，轻程序、重实体的过往逐步被抛弃，而程序与实体同等重要的观念，开始成为越来越多法治文明国家的共识。基于不同的历史传统与现实情形，每个国家都会形成符合自身需要的司法改革目标与方向，但边沁提出的司法改革建议的价值不在于其是否得到具体的采纳，而在于其中所体现出来的精神理念和取向。以我国当下进行的司法改革为例，以审判为中心的理念强调庭审实质化，这与边沁提出的自然体系裁判模式在司法公正这一目标的追求上异曲同工；在现代刑事诉讼中确立非法证据排除规则的做法，表面上与边沁的不排除证据主张相左，但从人权保障的角度来看又是具有共通性的；量刑规范化的开展，是规范法官裁量权、提升司法公信力的重要举措，恰好与边沁通过实体法与程序法来规避司法不公和错误的努力不谋而合。

在上述解读的基础上，可以得出一个确定的认识，即功利主义惩罚的全流程实现，不能机械化地来加以理解，而要依据边沁的理论安排与学说演进，从惩罚思想与司法裁判学说的不同逻辑的区分来展开。诸如前文所述，在关于惩罚发动思想的讨论中，已隐晦地涵括了立法发动与司法发动的双重内容，但边沁的论述并没有明显体现与司法裁判的直接联系，原因在于边沁当时的研究重心是在实体法上。边沁司法裁判学说的问世，以及后来学者的探究与论争，为准确认识其惩罚思想的定位提供了更好的契机。关于边沁惩罚思想的功利主义具体展开，与其司法裁判学说的功利主义具体展开在内容上不具有同一性，但是应当承认，两者在利弊分析的逻辑论证手法上具有一定相似性。惩罚的功利主义全流程实现对应了惩罚的立法与司法，是一个静态迈向动态的过程，不仅包括种类的设计，也包括司法裁判与付诸具体的执行。在此意义上，惩罚总体功利的达致，需要划分不同的环节，然后通过这些部分的整合来予以实现，在整体呈现出“并列—叠加”的关系，其中裁判成本的付出无法回避，既是允许也是必要的。如此一来，以往观察的局限性被粉碎了，对边沁惩罚思想定位的理解也就更加深刻了。

第三节 学术研究演进史的角度

以上两节是立足于边沁思想体系的分析，相关考察是从内部进行的，主要依靠的是不同学说之间关系的梳理。下面将尝试从外部的视角来省视，即在学术研究演进史上，来合理定位边沁的惩罚思想。鉴于边沁学说影响的全球性，在研究过程中必然涉及不同时空的转化，因此分为两条线路来推进，一条是西方学术研究的演进史，另一条是我国学术研究发展的进程。

一　在西方学术演进史上的地位

要进入刑罚理论研究的殿堂，首先要做的就是了解学术思想的演进史，功利主义的诠释路径便是其中需要明晰的内容之一。不难发现，在刑罚哲学与法理的探讨中，功利主义惩罚观的说明俯拾即是，被数不胜数的西方学者提及和关注。在绝大多数的著作和论文中，边沁的惩罚思想被拿来作为了介绍功利主义惩罚观的示例，并与贝卡里亚、费尔巴哈、龙勃罗梭、加罗法洛、菲利、康德、黑格尔等学术名人一起，成为西方刑罚思想史研究中不可绕过的灵魂人物。至今仍为人们津津乐道的经典学术话题之一，便是以贝卡里亚、边沁为代表的功利主义阵营与以康德、黑格尔为代表的报应主义阵营的辩论与抗衡。无疑，边沁与相关学者学术思想的比较，构成了找寻其惩罚思想定位的传统路径，前文在适当场合也进行了必要的论述，但笔者在此想继续讨论的，是边沁的惩罚思想给研究者们带来了什么，或者说研究者们是如何围绕其来开展工作的。这一新路径的选取，将进一步加强人们对边沁惩罚思想学术地位的认识。

首先是围绕边沁文稿展开的编纂性质的研究。边沁将毕生献给了他所热爱的研究事业，留下了浩如烟海的文稿，其中一些已经整理出来成为传世经典，另一些正在整理之中，还有一些早已灭失。边沁长于写作而不擅于编纂，因而此类任务交到了他的学生和信徒手中。早期问世的边沁作品，如《边沁全集》和《惩罚原理》等，就是由鲍林、迪蒙等人花费心思整理出来的。当时的工作主要是在不违背边沁原意的前提下，尽可能确保其作品的论证合乎逻辑地展示给世人，因为边沁正在发起对英国法陈旧制度的挑战，急需将其功利主义学说以容易为人接受的方式传播出去。与此同时，对这些作品的背景、内容的说明开始以导言、广告等形式出现，这些说明也许是依据惯例，但其中不乏编者或推荐人自己对于边沁创作的看法，分析研究的性质开始初步体现。经历一段沉寂之后，自 20 世纪 60 年代开始，边沁文稿的编纂工作再度启动。这次活动规模更为浩大，尤以

“边沁项目”（Bentham Project）为典型，大批西方学者加入其中，计划之一便是通过重新校对边沁手稿，形成大约为六十五卷的《边沁精选文集》（*The Collected Works of Jeremy Bentham*），以取代早期由鲍林编辑的十一卷本的《边沁全集》。[①] 在此风潮之下，边沁著作的很多早期版本开始升级为新的版本。以《惩罚原理》一书为例，詹姆斯·麦克休（James T. McHugh）撰写了一个长达三十多页的导言，实际上已成为一篇质量上乘的学术论文，并且该版本以九百多个尾注的方式对书中所涉内容的来源、版本、含义等多个方面进行了阐释，读者仅仅弄清楚尾注说明就需要大量时间，可见相关工作已超越了一般程式化的编纂，而真正具有了学术研究的性质。编纂性研究的出现，反映出边沁的惩罚思想及相关学说具有与众不同的魅力，这一待遇唯有人类学术历史上卓绝非凡的人才能享受，因此其在西方学术研究史上的地位可见一斑。

其次更为常见的，是以边沁惩罚相关作品为依据的阐释性研究和演绎性研究。就前者而言，论及内容无所不有，既有宏观层面对功利惩罚思想的总体解读，也有微观层面对惩罚之目的、犯罪与惩罚之间关系、死刑废止及其证据规则、全景监狱计划等具体问题的探讨。从形式来看，也呈现百花齐放的状况。例如，边沁经常喜欢就同一议题反复发表论述，这些文本分散在不同年代，研究者们据此开展了丰富的比较研究。又如，边沁的监狱改良思想是以浸透到建筑结构、管理制度中去的方式来得以展示的，如前文所述，维里特、斯蒂德曼等学者采用了建筑结构学和空间学的方法来进行跨学科的分析，这在其他学者思想的研究中恐怕并不多见，体现了边沁的惩罚思想具有超乎寻常的广延性。此外，尤其以美国学者比多为代表，诸多学者在《边沁研究杂志》（*Journal of Bentham Studies*）上撰文发表相关见解，在学术研究上形成了一道亮丽的风景线。这些阐释性研究的出现，推动了边沁惩罚思想的研究向纵深发展，树立了后世同类研究的榜样和参照系。就后者而言，主要以法国学者福柯为典型，前文已对其权力学说与边沁的惩罚思想进行过较为详细的比较和解读。阐释性研究中当然有演绎，之所以特别强调福柯学说的“演绎”性而将其提取出来归为单独的一类，是因为福柯是在后现代的语境中来生成和发展其监狱理论的，

---

① 对“边沁项目”基本情况的介绍，可访问 https：//www. ucl. ac. uk/bentham - project/about-bentham-project。

这一情况与边沁的立论语境已是迥然不同。类似福柯的这类演绎性研究，相对阐释性研究来说并不多见，但可以看出作为原型的边沁惩罚思想蕴含的丰富性，不然也不会给予后来学者以灵感和启发。通过阐释性研究和演绎性研究，边沁的惩罚思想为更多的人所了解，而反过来可谓汗牛充栋的这些研究，也证明边沁超越了很多的西方学者，真正扮演了学术议题供给者的重要角色。

编纂性研究、阐释性研究、演绎性研究三位一体，结合对边沁惩罚思想地位的传统认知，烘托出了其在西方学术研究尤其是刑事法学领域中的极其重要性。令人欣喜的是，相关工作并未止步不前。英国学者开展的“边沁项目”，其中一项内容就是开放边沁手稿的在线转录。[①] 可以预见，随着这一进程的向前发展，尚未公开的边沁文稿将借力新兴的互联网参与方式，以完整、清晰的面目呈现在人们面前。在此基础上，完全有理由相信后来学者会在边沁惩罚思想的研究上取得更大的突破。

二　对中国学术发展进程的影响

边沁的学说思想不仅在西方世界产生了深远影响，也与我国的学术发展有着不解之缘。首先要提及的人物是梁启超（1873—1929），作为清末民初的重要思想家，其于 1902 年撰写了《乐利主义泰斗边沁之学说》，发表在当时主持的《新民丛报》上。该篇文章梳理了边沁的个人生平、伦理思想和政法思想，也让“乐利主义”这一译名从此为众人所知。[②]不过，梁启超没有提到边沁的惩罚思想。稍晚时期的王觐（1890—1981）早年留学日本学习法律，回国以后整理创作了《中华刑法论》，对西方刑法思想、犯罪论、刑罚论的大量知识进行了说明和论述，其中就包含了边

① 对边沁手稿在线转录工作的介绍，可访问 https：//www. ucl. ac. uk/bentham-project/transcribe-bentham。

② 关于“乐利”一词的含义如何，我国学界存在不少有价值的研究。例如，有学者认为，戊戌时期的思想家没有完全接受西方功利主义的预设，乐利学说传承的是中国传统文化，对西方的现代性进行了修正。参见冯洁《论戊戌时期的乐利学说》，博士学位论文，华东师范大学，2009 年，第 5—6 页。又如，有学者认为，近代中国学界将“Utilitarianism”的译词从“乐利主义”最终固定为“功利主义”，是借用西词来重构墨学思想，既彰显了爱国色彩也交流了东西方文化。参见聂韬、吴满意《功利主义与近代墨学重构》，《四川大学学报（哲学社会科学版）》2017 年第 5 期。

沁惩罚思想的内容，但主要以学派观点的方式来引介，而没有刻意突出边沁的名字。[①] 西学东渐之风下，国内学者开始翻译一些西方学者的学术著作，如刘麟生（1894—1980）在商务印书馆出版了《朗伯罗梭氏犯罪学》，即现今被通译为“龙勃罗梭”这一新派人物的代表作，相比之下，边沁惩罚思想相关论作几乎未受到关注。

中华人民共和国成立以后，学术研究迎来前所未有的繁荣发展机遇。在大的环境与背景下，无论是对边沁学术论作的翻译，还是对其学说思想的研究，都取得了突飞猛进的成绩。就学术翻译而言，边沁诸多的重要著作被译成中文出版。例如，沈叔平先生翻译的《政府片论》，时殷弘先生翻译的《道德与立法原理导论》，李贵方先生等翻译的《立法理论》，毛国权先生翻译的《论一般法律》，邱兴隆先生翻译的《惩罚原理》第一部分等。同时，国外学者涉及阐述边沁学说思想的若干论著也得以引进。例如，曹海军先生等翻译的《哲学激进主义的兴起：从苏格兰启蒙运动到功利主义》，白利兵先生翻译的《论边沁与柯勒律治》，翟小波先生翻译的《邪恶利益与民主：边沁的功用主义政治宪法思想》，徐同远先生翻译的《边沁与普通法传统》，吴洪淇先生等翻译的《证据理论：边沁与威格摩尔》等。不限于以上所列的诸多译作的出现，极大地拓展了国内学者的学术视野，其意义不亚于西方学者的编纂工作。就学术研究来看，又可分为两个阶段。前一阶段主要从 20 世纪 80 年代到 21 世纪初，以边沁的功利主义基本原理和实体惩罚思想为主线，我国从事法理学、法制史、刑法学研究的诸多学者纷纷加入其中，一时之间“边沁热”蔚然成风。著作方面，以马克昌先生的《比较刑法原理——外国刑法学总论》、陈兴良先生的《刑法的启蒙》、邱兴隆先生的《关于惩罚的哲学——刑罚根据论》等为代表，对边沁惩罚思想的要点进行了集中阐述。论文方面，则以贾宇先生的《边沁刑法思想述评》为典型，分上、下两篇进行了评析。随着实体法视角的解读日渐丰富，后一阶段的研究重心偏向了程序法学，主要是对边沁的程序与证据思想进行比较考察。此外，围绕边沁的思想学说，我国学界在不同场合举办了形式多样的学术研讨活动，许多硕士、博士研究

① 参见王觐《中华刑法论》，姚建龙勘校，中国方正出版社 2005 年版。需说明，同一时期除了王觐之外，陈瑾昆等学者亦对西方刑法学派的观点予以了介绍，中国近代刑法学的诞生与发展离不开他们的重要贡献。

生也以之为研究对象撰写了毕业论文。由此可见，中华人民共和国成立以后尤其是近四十年来，我国学界与边沁思想学说之间形成了直接、紧密、真切的互动关系，正是经此历程，我国学者初步掌握了包括惩罚思想在内的边沁学说的体系、内涵与外延，得以在此基础之上开展借鉴性和批判性的双重分析，大大提升了学术研究的素养和水平。

进一步追根溯源会发现，边沁的惩罚思想对我国学术发展产生的重要影响，其实从我国刑罚理论体系的早期建构开始就已经存在了。具体而言，这一影响是通过我国学者对罪刑关系的思考来实现的。早在 1987 年，我国学者陈兴良先生和邱兴隆先生就在《中国社会科学》上合作发表了《罪刑关系论》一文。该文探讨的是犯罪与刑罚的辩证关系，提出了国家刑事法律活动的两条基本原则，即论者所说的“刑从罪生与刑须制罪相结合”和“刑当其罪与刑足制罪相结合”。[①] 在新中国刑罚理论与罪刑关系的研究中，这一论断是具有奠基性意义的，而在“罪刑关系论”学说进行的扬弃之中，边沁的功利惩罚观的价值得到了体现。另外，还值得提及的是，当下“刑事一体化”的思想已经在我国学界取得广泛认同，这一思想在我国最先由储槐植先生提出，分为了观念和方法两层意思，强调要在“关系”之中去理解刑法。[②] 21 世纪初以来，我国学者刘仁文先生又提出了“立体刑法学”的概念，认为“刑法学研究要瞻前望后、左看右盼、上下兼顾，内外结合”[③]，也是意在指出应从“关系”角度来认识刑法。在前文分析中，边沁惩罚思想的广延性及与其他学说的关联性已经充分展现出来，在很大程度上，边沁的研究路径与上述重要思想、概念所倡导的方向形成了契合。事实上，边沁的惩罚思想体系的确就是这么形塑而成的，本书研究也正是依照边沁的这一建构方式来进行的。这种与当下主导研究理念在方向上的同步性，也意味着边沁惩罚思想的影响不限于过去，其在未来可能发挥进一步的潜藏的正面影响。

经过上述多重考察以后，边沁惩罚思想的定位应当已经清晰地显现出来。在即将结束全文研究之前，再简要回顾一下。边沁是西方世界中的一

---

① 陈兴良、邱兴隆：《罪刑关系论》，《中国社会科学》1987 年第 4 期。

② “刑事一体化”提出于 20 世纪 80 年代末，参见储槐植《建立刑事一体化思想》，《中外法学》1989 年第 1 期。对该思想内涵的进一步拓展，参见储槐植《再说刑事一体化》，《法学》2004 年第 3 期。

③ 刘仁文：《提倡“立体刑法学”》，《法商研究》2003 年第 3 期。

位思想大家，古典功利主义的集大成者。与其他学者不同，由于他生前写下的文稿不计其数，至今仍在被后人整理、编辑与解读中。为了避免深陷其学说的细枝末节，本书采用了牢牢抓住逻辑主线的方式，选择了边沁在惩罚议题上的最重要著作《惩罚原理》，以之为主要参考素材，结合边沁其他论作中的相关内容，首先对惩罚思想的本体进行了有序的分析、阐释和论证。这一本体性的研究，占据了全书的绝大多数篇幅，涉及了五大块内容，即功利思想源流、惩罚理论根基、惩罚种类思想、惩罚发动思想和惩罚执行思想，分为了七章来论述。其次，为了进一步深化认识，本文做了跳出本体的尝试，通过站在刑法与民法关系的角度、实体法与程序法关系的角度、学术研究演进史的角度，在更广阔的视野中把握了边沁惩罚思想的定位。最后，必须说明的是，边沁的思想生成于特定的时空之中，其在西方世界取得巨大成功，自有诸多原因。然而，本研究的目的不在于停留“他处”，而在于通过对边沁的惩罚思想的批判和借鉴，古为今用、洋为中用，为立法、司法的新实践和学术研究的新发展提供有益启示，促成最终回归我国的“本土”和“当下”。唯其如此，本研究的意义才真正体现。

参考文献

一　中文文献

（一）中文著作

白建军：《罪刑均衡实证研究》，法律出版社 2004 年版。

曹刚：《道德难题与程序正义》，北京大学出版社 2011 年版。

陈兴良：《刑法的启蒙》，法律出版社 1998 年版。

陈兴良：《刑法的人性基础》，中国方正出版社 1999 年版。

陈兴良：《刑法哲学（修订三版）》，中国政法大学出版社 2004 年版。

陈兴良：《刑法的价值构造（第二版）》，中国人民大学出版社 2006 年版。

储槐植：《美国刑法》，北京大学出版社 2005 年版。

窦炎国：《情欲与德性——功利主义道德哲学评论》，高等教育出版社 1997 年版。

范忠信选编：《梁启超法学文集》，中国政法大学出版社 2000 年版。

高铭暄、马克昌主编：《刑法学》，北京大学出版社、高等教育出版社 2000 年版。

何勤华、夏菲主编：《西方刑法史》，北京大学出版社 2006 年版。

胡景钊、余丽嫦：《十七世纪英国哲学》，商务印书馆 2006 年版。

胡云腾：《死刑通论》，中国政法大学出版社 1995 年版。

黄伟合：《英国近代自由主义研究——从洛克、边沁到密尔》，北京大学出版社 2005 年版。

霍存福：《复仇・报复刑・报应说——中国人法律观念的文化解说》，吉林人民出版社 2005 年版。

姜敏：《对贝卡里亚刑法思想的传承与超越》，法律出版社 2010

年版。

李兰英：《间接故意研究》，武汉大学出版社 2006 年版。

罗国杰、宋希仁主编：《西方伦理思想史（上卷）》，中国人民大学出版社 1985 年版。

马克昌：《比较刑法原理——外国刑法学总论》，武汉大学出版社 2002 年版。

马克昌主编：《刑罚通论》，武汉大学出版社 2006 年版。

马克昌主编：《近代西方刑法学说史》，中国人民公安大学出版社 2008 年版。

牛京辉：《英国功用主义伦理思想研究》，人民出版社 2002 年版。

强世功：《惩罚与法治：当代法治的兴起（1976—1981）》，法律出版社 2009 年版。

邱兴隆：《刑罚理性导论——刑罚的正当性原论》，中国政法大学出版社 1998 年版。

邱兴隆：《罪与罚讲演录（第一卷·2000）》，中国检察出版社 2000 年版。

邱兴隆：《关于惩罚的哲学——刑罚根据论》，法律出版社 2000 年版。

邱兴隆：《刑罚的哲理与法理》，法律出版社 2003 年版。

邱兴隆主编：《比较刑法（第一卷·死刑专号）》，中国检察出版社 2001 年版。

邱兴隆主编：《比较刑法（第二卷·刑罚基本理论专号）》，中国检察出版社 2004 年版。

曲新久：《刑法的精神与范畴》，中国政法大学出版社 2003 年版。

盛庆琜：《效用主义精解》，台湾商务印书馆 2003 年版。

盛庆琜：《统合效用主义与公平分配》，浙江大学出版社 2006 年版。

舒远招、朱俊林：《系统功利主义的奠基人——杰里米·边沁》，河北大学出版社 2005 年版。

孙运梁：《福柯刑事法思想研究——监狱、刑罚、犯罪、刑法知识的权力分析》，中国人民公安大学出版社 2009 年版。

王海明：《伦理学方法》，商务印书馆 2003 年版。

王觐：《中华刑法论》，姚建龙勘校，中国方正出版社 2005 年版。

王云海：《监狱行刑的法理》，中国人民大学出版社 2010 年版。

吴新民：《柏拉图的惩罚理论》，中国社会科学出版社 2010 年版。

吴宗宪：《西方犯罪学史》，警官教育出版社 1997 年版。

肖世杰：《清末监狱改良：思想与体制的重塑》，法律出版社 2009 年版。

谢望原：《欧陆刑罚制度与刑罚价值原理》，中国检察出版社 2004 年版。

熊选国：《刑法中行为论》，人民法院出版社 1992 年版。

杨思斌：《功利主义法学》，法律出版社 2006 年版。

瑜青主编：《休谟经典文存》，上海大学出版社 2002 年版。

张杰：《刑事归责论》，中国人民公安大学出版社 2009 年版。

张明楷：《外国刑法纲要》，清华大学出版社 1999 年版。

赵秉志主编：《外国刑法原理（大陆法系）》，中国人民大学出版社 2000 年版。

赵秉志主编：《英美刑法学》，中国人民大学出版社 2004 年版。

周光权：《刑法学的向度》，中国政法大学出版社 2004 年版。

周敏凯：《十九世纪英国功利主义思想比较》，华东师范大学出版社 1991 年版。

（二）中文论文

白泉民、刘继国：《监所检察权的优化配置和立法完善》，《人民检察》2009 年第 13 期。

车浩：《论被害人同意的体系性地位——一个中国语境下的“德国问题”》，《中国法学》2008 年第 4 期。

车浩：《“被害人承诺”还是“被害人同意”？——从犯罪论体系语境差异看刑法概念的移植与翻新》，《中国刑事法杂志》2009 年第 11 期。

陈炳辉：《福柯的权力观》，《厦门大学学报（哲学社会科学版）》2002 年第 4 期。

陈颀：《美国私营监狱的复兴——一个惩罚哲学的透视》，载尤陈俊、缪因知《北大法律评论（第 10 卷第 1 辑）》，北京大学出版社 2009 年版。

陈晓平：《功利与情感之间——评休谟的道德哲学》，《哲学研究》2003 年第 2 期。

陈兴良、邱兴隆：《罪刑关系论》，《中国社会科学》1987 年第 4 期。

陈兴良：《一般预防的观念转变》，《中国法学》2000 年第 5 期。

储槐植：《建立刑事一体化思想》，《中外法学》1989 年第 1 期。

储槐植：《再说刑事一体化》，《法学》2004 年第 3 期。

邓子滨：《刑法目的初探》，《环球法律评论》2008 年第 1 期。

邓子滨：《人道主义是废除死刑的最终推动力》，《中国法律评论》2014 年第 2 期。

窦竹君：《连坐：中国传统社会治理的制度基础——关于连坐与社会治理的思考》，《河北法学》2010 年第 6 期。

方潇：《中国古代的代亲受刑现象探析》，《法学研究》2012 年第 1 期。

费小兵：《贝卡里亚 47 章原版〈论犯罪与刑罚〉的重新发掘——几何学精神与敏感精神的结合》，《时代法学》2010 年第 2 期。

冯洁：《论戊戌时期的乐利学说》，博士学位论文，华东师范大学，2009 年。

冯卫国、储槐植：《刑事一体化视野中的社区矫正》，《吉林大学社会科学学报》2005 年第 2 期。

高艳东：《从仇恨到接纳罪犯：个人与社会立场间的刑法抉择》，《环球法律评论》2006 年第 3 期。

龚群：《对以边沁、密尔为代表的功利主义的分析批判》，《伦理学研究》2003 年第 4 期。

郭明：《改造：现代刑罚的迷误及其批判——兼及刑罚范式革命与制度变革的思考》，《环球法律评论》2005 年第 5 期。

何勤华：《布莱克斯通与英美法律文化近代化》，《法律科学》1996 年第 6 期。

胡泳：《从敞视、单视到全视》，《读书》2008 年第 1 期。

黄明儒：《也论行政犯的性质及其对行政刑法定位的影响》，《现代法学》2004 年第 5 期。

黄明儒、金泽刚：《行政犯立法构想新论》，《政治与法律》2005 年第 6 期。

黄永峰：《英国法对自杀者的惩罚与宽宥——福柯刑罚政治经济学的一个扩展》，《暨南学报（哲学社会科学版）》2009 年第 3 期。

贾宇：《边沁刑法思想述评（上）》，《甘肃政法学院学报》1996 年第 2 期。

贾宇：《边沁刑法思想述评（下）》，《甘肃政法学院学报》1996 年第 3 期。

江溯：《社会学视野下的刑罚：刑罚社会学研究》，《刑事法评论》2008 年第 2 期。

江溯：《社会团结、集体意识与刑罚——涂尔干刑罚社会学思想研究》，《昆明理工大学学报（社会科学版）》2009 年第 3 期。

冷必元：《刑法的权力运作引论》，硕士学位论文，湘潭大学，2007 年。

黎宏：《被害人承诺问题研究》，《中国法学》2007 年第 1 期。

李翠：《俄罗斯东正教教堂的文化诠释（14—16 世纪）》，硕士学位论文，首都师范大学，2005 年。

李杰赓：《布莱克斯通法律思想研究——以法律稳定性与变动性关系为视角》，博士学位论文，吉林大学，2010 年。

李立景：《诉诸舆论的司法：耻辱刑的现代流变及启示》，《南京师大学报（社会科学版）》2006 年第 5 期。

李小桃：《俄罗斯东正教教堂的文化意义》，《四川外语学院学报》2003 年第 5 期。

梁景山：《边沁的功利主义刑罚观》，硕士学位论文，吉林大学，2007 年。

林奇富：《契约论批判与批判的尺度——杰里米·边沁功利主义政治哲学探析》，《吉林大学社会科学学报》2003 年第 1 期。

刘清华：《西方效用理论发展史上的三次重心转移》，《经济评论》2000 年第 1 期。

刘琼豪：《密尔功利主义容纳个人权利的方法探析》，《齐鲁学刊》2010 年第 6 期。

刘仁文：《提倡“立体刑法学”》，《法商研究》2003 年第 3 期。

卢建平、叶良芳：《重罪轻罪的划分及其意义》，《法学杂志》2005 年第 5 期。

罗伟玲：《休谟道德哲学的道义论倾向》，《山东师范大学学报（人文社会科学版）》2011 年第 3 期。

骆群、顾津江：《布迪厄“场域—惯习”理论对行刑社会化的解读》，

《法治论丛》2007年第6期。

毛兴贵：《伯纳德·威廉斯对功利主义的批判》，《中国人民大学学报》2010年第3期。

聂韬、吴满意：《功利主义与近代墨学重构》，《四川大学学报（哲学社会科学版）》2017年第5期。

牛京辉：《从快乐主义到幸福主义——J. S. 密尔对边沁功用主义的修正》，《湖南社会科学》2002年第6期。

逄锦温：《边沁的功利主义刑罚观探析》，《法学评论》1998年第6期。

彭小瑜：《历史语境中的宽容（二）——12世纪西欧教会法论异端与绝罚》，《首都师范大学学报（社会科学版）》2001年第4期。

彭颖：《费尔巴哈“心理强制说”研究》，硕士学位论文，湘潭大学，2006年。

邱兴隆：《从一元到多元：一般预防论的流变》，《法学评论》2000年第5期。

邱兴隆：《个别预防论的源流》，《法学论坛》2001年第1期。

邱兴隆：《从信仰到人权——死刑废止论的起源》，《法学评论》2002年第5期。

邱兴隆：《死刑的效益之维》，《法学家》2003年第2期。

邱兴隆：《死刑的价值分析》，载游伟《华东刑事司法评论（7）》，法律出版社2004年版。

萨·巴特尔：《论休谟的德性效用价值论》，《北京师范大学学报（社会科学版）》2008年第6期。

盛晓明、马婷婷：《在行动与规则之间——论效用主义与道义论的关系问题》，《浙江大学学报（人文社会科学版）》2009年第3期。

舒国滢：《从司法的广场化到司法的剧场化——一个符号学的视角》，《政法论坛（中国政法大学学报）》1999年第3期。

苏力：《福柯的刑罚史研究及对法学的贡献》，《比较法研究》1993年第2期。

童世骏：《关于“重叠共识”的“重叠共识”》，《中国社会科学》2008年第6期。

童颜：《第十四讲 关于西方国家重罪与轻罪的问题》，《国外法学》

1987 年第 6 期。

仝宗锦：《布莱克斯通法律哲学的两张面孔》，载高鸿钧《清华法治论衡（第 5 辑）》，清华大学出版社 2005 年版。

万斌、顾金喜：《功利主义与公共政策伦理：如何从冲突走向和谐》，《浙江大学学报（人文社会科学版）》2009 年第 2 期。

万俊人：《论道德目的论与伦理道义论》，《学术月刊》2003 年第 1 期。

王奎：《死刑正当程序论》，博士学位论文，湘潭大学，2007 年。

王立峰：《评罗尔斯的规则功利主义惩罚思想》，《国家行政学院学报》2004 年第 2 期。

王文华：《论刑法中重罪与轻罪的划分》，《法学评论》2010 年第 2 期。

王晓建：《伊丽莎白·弗莱与英国监狱制度改革》，硕士学位论文，山东大学，2008 年。

王昭武：《法秩序统一性视野下违法判断的相对性》，《中外法学》2015 年第 1 期。

吴映平：《从快乐或幸福到偏好——黑尔对功利界定的改进》，《西南民族大学学报（人文社会科学版）》2010 年第 5 期。

吴映平：《黑尔对功利主义和义务论的统一》，《四川大学学报（哲学社会科学版）》2010 年第 5 期。

向泽选、李伟：《从〈立法理论——刑法典原理〉看边沁的法律思想》，《法律科学》1997 年第 1 期。

邢馨宇：《死刑威慑论——一个比较的考察》，硕士学位论文，湘潭大学，2005 年。

徐爱国：《再审视作为法学家的边沁》，《华东政法学院学报》2003 年第 3 期。

徐国栋：《边沁的法典编纂思想与实践——以其〈民法典原理〉为中心》，《浙江社会科学》2009 年第 1 期。

徐国栋：《优士丁尼之前的法典编纂研究》，《金陵法律评论》2010 年春季卷。

徐国栋：《优士丁尼法典编纂研究》，《法治研究》2010 年第 8 期。

杨彩霞：《功利刑法观的滥觞——边沁刑法思想述评》，《中南大学学报（社会科学版）》2004 年第 1 期。

杨鸿雁：《中国古代刑罚中的耻辱刑刍议》，《西南政法大学学报》2000 年第 4 期。

杨伟清：《功利主义：平等主义抑或目的论》，《社会科学研究》2010 年第 1 期。

叶旺春：《英国监狱社会监督制度的考察及对我国的借鉴价值》，载赵秉志《刑法论丛（25）》，法律出版社 2011 年版。

尹景旺：《休谟对洛克观念论的批判及其政治意蕴》，《哲学研究》2010 年第 12 期。

曾鼎忠：《论边沁对贝卡里亚刑法思想的继承和发展》，《求索》2005 年第 11 期。

曾龙、刘晓虎：《中世纪英国死刑制度考》，《求索》2007 年第 3 期。

张丹：《费尔巴哈的罪刑法定原则》，硕士学位论文，湘潭大学，2006 年。

张杰：《从肉体到灵魂：权力的运作艺术——福柯对刑罚演进的解说》，《船山学刊》2006 年第 4 期。

张明楷：《新刑法与并合主义》，《中国社会科学》2000 年第 1 期。

张钦：《休谟伦理思想研究》，博士学位论文，湖南师范大学，2005 年。

张寿民：《边沁与英国法的近代化》，《法学》1992 年第 6 期。

张维迎、邓峰：《信息、激励与连带责任——对中国古代连坐、保甲制度的法和经济学解释》，《中国社会科学》2003 年第 3 期。

张晓东：《“准则功利”抑或“行为功利”？——兼评西方新旧功利主义道德理论》，《学海》2007 年第 3 期。

张雪妲：《刑罚执行监督权的立法完善》，《法学》2006 年第 8 期。

张智辉：《论检察权的构造》，《国家检察官学院学报》2007 年第 4 期。

赵敦华：《休谟的经验论真的摆脱了矛盾吗？》，《河北学刊》2004 年第 1 期。

郑海珍：《边沁的功利主义死刑观初探》，硕士学位论文，湘潭大学，2006 年。

周光权：《刑罚进化论——从刑事政策角度的批判》，《法制与社会发展》2004 年第 3 期。

周光权:《积极刑法立法观在中国的确立》,《法学研究》2016 年第 4 期。

(三) 中译著作

[爱尔兰] 约翰·莫里斯·凯利:《西方法律思想简史》,王笑红译,法律出版社 2010 年版。

[澳] J. J. C. 斯马特、[英] B. 威廉斯:《功利主义:赞成与反对》,牟斌译,中国社会科学出版社 1992 年版。

[德] 安塞尔姆·里特尔·冯·费尔巴哈:《德国刑法教科书(第十四版)》,C. J. A. 米特迈尔出版、徐久生译,中国方正出版社 2010 年版。

[德] 格吕恩特·雅科布斯:《行为 责任 刑法——机能性描述》,冯军译,中国政法大学出版社 1997 年版。

[德] 汉斯·海因里希·耶塞克、托马斯·魏根特:《德国刑法教科书(总论)》,徐久生译,中国法制出版社 2001 年版。

[德] 黑格尔:《法哲学原理》,范扬、张企泰译,商务印书馆 1961 年版。

[德] 康德:《法的形而上学原理——权利的科学》,沈叔平译、林荣远校,商务印书馆 1991 年版。

[德] 李斯特著、施密特校订:《德国刑法教科书(修订译本)》,徐久生译、何秉松校订,法律出版社 2006 年版。

[法] 埃利·哈列维:《哲学激进主义的兴起——从苏格兰启蒙运动到功利主义》,曹海军、周晓、田玉才等译,吉林人民出版社 2006 年版。

[法] 赫尔维修:《精神论》,杨伯恺译,辛垦书店 1933 年版。

[法] 卡斯东·斯特法尼:《法国刑法总论精义》,罗结珍译,中国政法大学出版社 1998 年版。

[法] 孟德斯鸠:《论法的精神(上篇)》,张雁深译,商务印书馆 1963 年版。

[法] 米歇尔·福柯:《规训与惩罚——监狱的诞生》,刘北成、杨远婴译,生活·读书·新知三联书店 2007 年版。

[古希腊] 亚里士多德:《尼各马科伦理学(修订本)》,苗力田译,中国社会科学出版社 1999 年版。

［古希腊］伊壁鸠鲁、［古罗马］卢克来修：《自然与快乐：伊壁鸠鲁的哲学》，包利民、刘玉鹏、王玮玮译，中国社会科学出版社 2004 年版。

［加］西莉亚·布朗奇菲尔德：《刑罚的故事》，郭建安译，法律出版社 2006 年版。

［美］阿拉斯代尔·麦金太尔：《伦理学简史》，龚群译，商务印书馆 2003 年版。

［美］伯尔曼：《法律与宗教》，梁治平译，中国政法大学出版社 2003 年版。

［美］伯尔曼：《法律与革命（第一卷）——西方法律传统的形成》，贺卫方、高鸿钧、张志铭等译，法律出版社 2008 年版。

［美］布莱克：《法律的运作行为》，唐越、苏力译，中国政法大学出版社 1994 年版。

［美］E. 博登海默：《法理学：法律哲学与法律方法》，邓正来译，中国政法大学出版社 2004 年版。

［美］杰拉德·波斯特玛：《边沁与普通法传统》，徐同远译，法律出版社 2014 年版。

［美］理查德·A. 波斯纳：《正义/司法的经济学》，苏力译，中国政法大学出版社 2002 年版。

［美］理查德·波斯纳：《法官如何思考》，苏力译，北京大学出版社 2009 年版。

［美］诺尔曼·李莱佳德：《伊壁鸠鲁》，王利译，中华书局 2005 年版。

［挪威］Thomas Mathiesen：《受审判的监狱》，许华孚译，台北洪叶出版社 2005 年版。

［日］庄子邦雄：《近代刑法思想史序说——费尔巴哈和刑法思想的近代化》，李希同译，中国检察出版社 2010 年版。

［苏联］赫·恩·蒙让：《爱尔维修的哲学》，涂纪亮译，商务印书馆 1962 年版。

［意］贝卡里亚：《论犯罪与刑罚》，黄风译，中国大百科全书出版社 1993 年版。

［意］贝卡里亚：《论犯罪与刑罚（四十七章版）》，黄风译，中国方正出版社 2004 年版。

[意] 贝卡里亚：《论犯罪与刑罚》，黄风译，北京大学出版社 2008 年版。

[意] 贝卡里亚：《贝卡里亚刑事意见书 6 篇》，黄风译，北京大学出版社 2010 年版。

[意] 恩里科·菲利：《犯罪社会学》，郭建安译，中国人民公安大学出版社 2004 年版。

[意] 恩里科·菲利：《实证派犯罪学》，郭建安译，中国人民公安大学出版社 2004 年版。

[意] 加罗法洛：《犯罪学》，耿伟、王新译，中国大百科全书出版社 1996 年版。

[意] 切萨雷·龙勃罗梭：《犯罪人论》，黄风译，中国法制出版社 2005 年版。

[英] 边沁：《政府片论》，沈叔平等译，商务印书馆 1995 年版。

[英] 边沁：《道德与立法原理导论》，时殷弘译，商务印书馆 2000 年版。

[英] 边沁：《立法理论》，李贵方等译，中国人民公安大学出版社 2004 年版。

[英] 边沁：《论一般法律》，毛国权译，上海三联书店 2008 年版。

[英] 戴维·罗斯：《正当与善》，林南译，上海译文出版社 2008 年版。

[英] 菲利普·斯科菲尔德：《邪恶利益与民主——边沁的功用主义政治宪法思想》，翟小波译，法律出版社 2010 年版。

[英] 罗素：《西方哲学史（上卷）》，何兆武、李约瑟译，商务印书馆 1963 年版。

[英] 乔治·奥威尔：《一九八四》，董乐山译，上海译文出版社 2009 年版。

[英] 斯图亚特·布朗主编：《英国哲学和启蒙时代》，高新民、曾晓平、殷筱等译，中国人民大学出版社 2009 年版。

[英] 塔拉·史密斯：《有道德的利己》，王旋、毛鑫译，华夏出版社 2010 年版。

[英] 休谟：《人性论》，关文运译、郑之骧校，商务印书馆 1980 年版。

[英] 休谟:《道德原则研究》, 曾晓平译, 商务印书馆 2001 年版。

[英] 约翰·穆勒:《功利主义》, 徐大建译, 世纪出版集团、上海人民出版社 2008 年版。

[英] 约翰·穆勒:《论边沁与柯勒律治》, 白利兵译, 世纪出版集团、上海人民出版社 2009 年版。

(四) 中译论文

[丹麦] 阿斯格·索伦森:《义务论——功利主义的宠儿与奴仆》, 肖妹译、韦海波校,《哲学分析》2010 年第 2 期。

[德] 弗朗兹·冯·李斯特:《刑法的目的观念》, 丁小春译、赵丹校, 载邱兴隆《比较刑法(第二卷·刑罚基本理论专号)》, 中国检察出版社 2004 年版。

[美] 雨果·亚当·比多:《边沁对死刑的功利主义批判》, 邱兴隆译、孙长永校, 载邱兴隆《比较刑法(第一卷·死刑专号)》, 中国检察出版社 2001 年版。

(五) 中文辞书

薛波主编、潘汉典总审订:《元照英美法词典》, 法律出版社 2003 年版。

二 外文文献

(一) 外文著作

Frederick Rosen, *Classical Utilitarianism from Hume to Mill*, London: Routledge, 2003.

Ian R. Christie, *The Benthams in Russia*, 1780 - 1791, Oxford: Berg Publishers Limited, 1993.

Janet Semple, *Bentham's Prison—A Study of the Panopticon Penitentiary*, Oxford: Clarendon Press, 1993.

Jeremy Bentham, *The Theory of Legislation*, London: K. Paul, Trench, Trubner & Co. Ltd., New York: Harcourt, Brace and Company, 1931.

Jeremy Bentham, *The Rationale of Punishment*, New York: Prometheus Books, 2009.

John Bowring ed., *The Works of Jeremy Bentham* (1), London: Simpkin, Marshall, & Co., 1843.

John Bowring ed. , *The Works of Jeremy Bentham* (2), London: Simpkin, Marshall, & Co. , 1843.

John Bowring ed. , *The Works of Jeremy Bentham* (3), London: Simpkin, Marshall, & Co. , 1843.

John Bowring ed. , *The Works of Jeremy Bentham* (4), London: Simpkin, Marshall, & Co. , 1843.

John Bowring ed. , *The Works of Jeremy Bentham* (6), London: Simpkin, Marshall, & Co. , 1843.

John Bowring ed. , *The Works of Jeremy Bentham* (7), London: Simpkin, Marshall, & Co. , 1843.

John Howard, *State of the Prisons in England and Wales*, Warrington: William Eyres, 1777.

Philip Schofield ed. , *Of the Limits of the Penal Branch of Jurisprudence*, Oxford: Clarendon Press, 2010.

R. A. Duff, *Punishment, Communication and Community*, Oxford: Oxford University Press, 2001.

William Blackstone, *Commentaries on the Laws of England* (4), Portland: Thomas B. Wait and Co. , 1807.

(二) 外文论文

Amanda Alexander, "Bentham, Rights and Humanity: A Fight in Three Rounds", *Journal of Bentham Studies*, Vol. 6, 2003.

Andrew von Hirsch, "Proportionality in the Philosophy of Punishment", *Crime and Justice*, Vol. 16, 1992.

Anthony J. Draper, "An Introduction to Jeremy Bentham's Theory of Punishment", *Journal of Bentham Studies*, Vol. 5, 2002.

Barbee-Sue Rodman, "Bentham and the Paradox of Penal Reform", *Journal of the History of Ideas*, Vol. 29, 1968.

Ben Saunders, "J. S. Mill's Conception of Utility", *Utilitas*, Vol. 22, 2010.

Brian Calvert, "Bentham and the Death Penalty", *Dialogue*, Vol. 45, 2006.

Catherine Pease-Watkin, "Jeremy and Samuel Bentham—The Private and the Public", *Journal of Bentham Studies*, Vol. 5, 2002.

Franceco Ferraro, "Direct and Indirect Utilitarianism in Bentham's Theory of Adjudication", *Journal of Bentham Studies*, Vol. 12, 2010.

Francisco Vergara, "A Critique of Elie Halévy: Refutation of an Important Distortion of British Moral Philosophy", *Philosophy*, Vol. 73, 1998.

Guyora Binder and Nicholas J. Smith, "Framed: Utilitarianism and Punishment of The Innocent", *Rutgers Law Journal*, Vol. 32, 2000.

H. A. Bedau, "The Limits of Utilitarianism and Beyond", *Ethics*, Vol. 95, 1985.

Jacques-Alain Miller and Richard Miller, "Jeremy Bentham's Panoptic Device", *October*, Vol. 41, 1987.

James E. Crimmins, "'A Hatchet for Paley's Net': Bentham on Capital Punishment and Judicial Discretion", *Canadian Journal of Law and Jurisprudence*, Vol. I, 1988.

James T. McHugh, "Utilitarianism, Punishment, and Ideal Proportionality in Penal Law: Punishment as an Intrinsic Evil", *Journal of Bentham Studies*, Vol. 10, 2008.

John Rawls, "Two Concepts of Rules", *The Philosophical Review*, Vol. 64, 1955.

Maria Dimova-Cookson, "Bentham, Mill and Green on the nature of the good", *Journal of Bentham Studies*, Vol. 6, 2003.

Oscar Sherwin, "Crime and Punishment in England of the Eighteenth Century", *The American Journal of Economics and Sociology*, Vol. 5, 1946.

Philip Steadman, "The Contradictions of Jeremy Bentham's Panopticon Penitentiary", *Journal of Bentham Studies*, Vol. 9, 2007.

Philippe Mongin and Nathalie Sigot, "Halévy's Bentham Is Bentham", *Philosophy*, Vol. 74, 1999.

Richard A. Posner, "Blackstone and Bentham", *The Journal of Law and Economics*, Vol. 19, 1976.

Robert Alan Cooper, "Jeremy Bentham, Elizabeth Fry, and English Prison Reform", *Journal of the History of Ideas*, Vol. 42, 1981.

Ruut Veenhoven, "Greater Happiness for a Greater Number—Is that Possible and Desirable?", *Journal of Happiness Studies*, Vol. 11, 2010.

Simon Werret, "Potemkin and the Panopticon: Samuel Bentham and the Architecture of Absolutism in Eighteenth Century Russia", *Journal of Bentham Studies*, Vol. 2, 1999.

Wesley C. Mitchell, "Bentham's Felicific Calculus", *Political Science Quarterly*, Vol. 33, 1918.

William Twining, "Bentham's Theory of Evidence: Setting a Context", *Journal of Bentham Studies*, Vol. 18, 2019.